W0094041

Gregor Gysi • Hans-Dieter Schütt
Auf eine Currywurst mit Gregor Gysi

 aufbau

GREGOR GYSI
HANS-DIETER SCHÜTT

Auf eine Currywurst mit Gregor Gysi

 aufbau

Dank für Unterstützung
an Roger Sokol und Hendrik Thalheim.
Vor allem aber an Katja Volkmann.

ISBN 978-3-351-04214-1

Aufbau ist eine Marke der Aufbau Verlage GmbH & Co. KG

1. Auflage 2023
© Aufbau Verlage GmbH & Co. KG, Berlin 2023
www.aufbau-verlage.de
10969 Berlin, Prinzenstraße 85
Der Verlag behält sich das Text- und Data-Mining nach
§ 44b UrhG vor, was hiermit Dritten ohne Zustimmung des
Verlages untersagt ist.
Einbandgestaltung zero-media.net, München
Satz LVD GmbH, Berlin
Druck und Binden CPI books GmbH, Leck, Germany

Printed in Germany

Man kann es sich nicht aussuchen,
aber man kann sich etwas herausnehmen.

VOLKER BRAUN

Wahrheit ist immer auch das,
was wir infrage stellen.

JÖRN JACOB ROHWER

Sich eine sehr dünne Haut zulegen,
aber nicht aus ihr fahren.

THOMAS BRASCH

Inhalt

ZUVOR

Heiß und fettig. Das indische Gewürzpulver, mit Ketchup gemixt, über das Fleisch gekippt. Dazu Pommes. Das ist sie, die Currywurst – als Imbiss beliebt über die Maßen. Aus jener puren Nachkriegsnot Mitte des vergangenen Jahrhunderts, da es keinen Naturdarm für Wurst gab, wurde mit der Zeit eine Berliner Kultur mit soßigem Flair. Nur Spaghetti Bolognese, so sagt man, sei inzwischen eine ernst zu nehmende Populär-Konkurrenz geworden.

Wer in Berlin an Currywurst denkt, dem fällt zuerst »Wurstmaxe« Konopke ein, seit beinahe hundert Jahren eine Imbiss-Ikone in der Schönhauser Allee, am U-Bahnhof Eberswalder Straße, früher Dimitroffstraße. Er hat 1960, kurz vor dem Mauerbau, die Currywurst aus Westberlin »eingeführt«, 90 Pfennig, das war der Ost-Premierenpreis. Und die Soße? In ihr offenbarte sich auf Höchstniveau die wahre DDR-Kunst, nämlich: Improvisation. Paprikapulver aus Ungarn, Tomatenmark aus Jugoslawien, Gewürze aus dem gesamten Ostblock. Man aß die Wurst am Stück, die fettigen Finger gehörten gleichsam zur Kultur; die geschnittene »Curry«, dazu Gabel oder Spieß, ist ein späterer Westimport.

Eine Currywurst mit Gregor Gysi: Originell mutet das nicht an. Die Idee entstand vor Jahren, ich begleitete den Politiker als Moderator seiner Buchvorstellungen, mal hierhin, mal dorthin. Rund um die Veranstaltungen gab es viele Zufallsgespräche zwischen Tür und Angel. Sie behandelten auch Fragen, die während der zahlreichen Auftritte ohne Antworten geblieben waren. Wie nun eine Form finden, um sie vielleicht festzuhalten? Irgendwann hatten wir uns selber weichgeklopft fürs Klischee: die Currywurst.

Wurstbratereien dienen den Medien gern als obligater, fotografisch also arg strapazierter Interview-Hintergrund. Würstelstände wurden zum Szenenbild für »Tatort«-Kommissare und andere serielle Detektive – dramaturgisch gesetzte Pausenorte, um die ermittlerische Ratlosigkeit in dunkler roter Würzbrühe zu ertränken. Oder um jenem Dauerappetit auf Krimirätsels Lösung ein paar Energien zuzuführen. Gerhard Schröders Vorliebe für Currywurst mit Pommes führte sogar zum Wort von der »Kanzlerplatte«. Und Herbert Grönemeyer sang: »Gehste inne Stadt / Wat macht dich da satt / 'ne Currywurst / Kommste vonne Schicht / Wat schönret gibt et nich' / Als wie Currywurst …« Auch in die Literatur fand Deutschlands beliebtester teils pellenloser Sattmacher Eingang: »Die Entdeckung der Currywurst« heißt eine Novelle von Uwe Timm. Eine von vorn bis hinten erfundene Geschichte, freilich mit dem entschiedenen Zusatz des Autors: »Über die Currywurst aber nichts als die Wahrheit.«

Currywurst steht für: Fünf-Minuten-Dialog; für Reaktionsfreude, die nicht jedes Wort auf die Waage legt; für Appetit auf Häppchen; für Philosophien, die gewissermaßen auf eine Serviette passen. Ein Angebot für Eilige. Ich fand es anregend, wie große und kleine Fragen einander die Hand reichten, als gäbe es zwischen ihnen Kameradschaft. Ein Versuch in Beiläufigkeit. Keine vorherige Themenauswahl, sondern spontaner Beginn, spontaner Verlauf. Und Bekenntnis zum Fragment. Jede Abschweifung – so es die Kürze der Zeit gestattete – war geradezu gewünscht: mal sehen, wo es uns hinschmatzen, hinschwatzen würde. Nur nicht verklemmen in Ambition. Bloß nichts zu wichtig nehmen, wo doch aller Untergrund nur ein Pappteller ist. Erstaunlich die ausdauernde Aufgeräumtheit Gregor Gysis; eine bisweilen erlahmende Redelaune, selten genug und aus welchen Gründen auch immer, minderte doch seine Reaktionsschnelligkeit nicht, und ein bisweilen aufgekratztes Befinden, befördert durch einen guten Tagesverlauf, setzte doch jene Kontrolle nicht außer Kraft, die in all seinen Antworten – in seiner gesamten Wesensart! – mitschwingt. Gern gibt er kund, ungern jemanden preis. Entblößung ist ihm keine Gesprächsart.

Die Currywurst ist konkret und Metapher. Wir haben tatsächlich gemeinsam gegessen. Manchmal aber auch nicht. Saßen im Auto, gingen durch eine Stadt, harrten in einer Bühnengarderobe aus, oder wir notierten in anderen, sich spontan ergebenden Warteständen, was unlängst, beim Signieren der Bücher, aus langen Warteschlangen heraus, so alles gefragt worden war. Unterwegs mit Gregor Gysi ist zu erfahren, was Weltveränderung unmittelbar sein kann: sich die Bedingungen der eigenen Existenz mit Lust, List und einer gewissen Lässigkeit so herzurichten, dass man unter allen oder jedenfalls unter vielen Umständen sein kann, wie man ist. So entsteht und hält sich Kraft, um politischen, sozialen Verhältnissen aufbessernd bis grundlegend beizukommen.

Hans-Dieter Schütt
Juli 2023

BERLIN
»Diese Kantine hat keinen Charme«

HANS-DIETER SCHÜTT: *Herr Gysi, die Currywurst ...*
GREGOR GYSI: Ein-, zweimal im Jahr esse ich sie gern. Öfter eigentlich nicht.

Mit Pommes?
Notgedrungen, weil's nun mal zusammengehört. Aber ich esse von den Pommes nur ein bisschen. Sind mir zu fett.

Was ist typisch für Berlin?
Kulinarisch? Na, neben der Boulette unbedingt auch die Bockwurst.

Und sonst?
Berlinerinnen und Berliner leben vorwiegend in Kiezen. Und dann haben sie so eine leicht grobe, brummige, provozierende Art, Fragen zu beantworten. Aber auch wenn sie brubbeln, sind sie solidarisch und hilfsbereit. Fragt eine Frau im Linienbus: »Kommt als Nächstes der Alexanderplatz?« Antwortet der Busfahrer: »Nee, der kommt nicht, da müssen 'se schon hinfahren.« Typisch Berlin.

Ist Berlin eine würdige Hauptstadt?
Erstens haben wir keine bessere, und zweitens ist es die einzige Stadt in Europa, die vierzig Jahre lang sowohl West- als auch Osteuropa war. Leider hat die Politik aus dieser Erfahrung, aus dieser geschichtlichen Stellung nichts gemacht.

Berlin war in den Fünfzigern eine offene Stadt. Sind Sie damals, als Junge, oft in den Westen gefahren?
Nee. Selten. Viele Schülerinnen und Schüler sind rüber nach Westberlin, sie tauschten Ostgeld im Kurs von fünf zu eins in

Westgeld um und gingen vor allem ins Kino AKI, in dem ich leider niemals war. Meine Eltern duldeten es nicht. Die Ausnahme waren Besuche bei der Großmutter in Nikolassee. Aber als Ulbricht 1961 auf einer Pressekonferenz sagte, niemand denke an den Bau einer Mauer, wusste mein Vater, dass sie kommt. Offenbar hatte er plötzlich ein schlechtes Gewissen und wollte, dass wir wenigstens einmal Westberlin gesehen haben. Er organisierte, dass ein Freund der Familie, ein Franzose, mit Fahrer, meine Schwester und mich durchs Brandenburger Tor fuhr, zur Siegessäule, zum Kurfürstendamm.

Gab es an Ihrer Schule nur kommunistische Lehrer?
Die Lehrerschaft war gespalten, es gab sehr unterschiedliche Weltsichten. In Erinnerung ist mir ein Lehrer, der begeistert von seinen Erlebnissen im Zweiten Weltkrieg erzählte, andere wiederum betonten ihre Übereinstimmung mit der DDR: endlich ein anderes Deutschland!

Gingen in Ihre Klasse viele Kinder von Kommunisten?
Außer mir gab es in der Klasse noch einen weiteren Schüler mit antifaschistischen Eltern. Die Väter und Mütter der anderen hatten in der Nazidiktatur möglichst unauffällig gelebt. Die meisten Väter waren Soldaten im Zweiten Weltkrieg gewesen. Mir fiel auf, dass diese sehr wenigen antifaschistischen Eltern politisch mehr zu sagen hatten als die anderen – die anderen aber doch die Mehrheit waren. Eine antifaschistische Minderheit hatte in der DDR die Macht übernommen, aber sie blieb Minderheit. So hatte sie Gründe, misstrauisch zu bleiben.

Rechtfertigte das die diktatorischen staatlichen Methoden?
Natürlich nicht, aber es erklärt sie. Die Antifaschisten waren von den Nazis grausam behandelt worden. Als sie nun selber die Macht besaßen, schwang immer die Angst mit, diese Macht wieder zu verlieren und dann womöglich erneut gedemütigt und verfolgt zu werden. Aus dieser Furcht heraus glaubten sie, Demokratie einschränken und Freiheit beschneiden zu dürfen. Sie fanden nie das Vertrauen beim Großteil der Bevölkerung.

Verbinden Sie mit Ihrer Berliner Kindheit ein bestimmtes Geräusch?
Geräusch nicht, im Gegenteil: Ruhe. Wir wohnten in Johannisthal. Dort wäre man nie auf die Idee gekommen, man lebte in einer Großstadt. Das hatte alles etwas Gemütliches. Wir sagten: »Wir fahren in die Stadt«, wenn es in Richtung Friedrichstraße ging.

Berlin ist eine Stadt der Seen. Welche Beziehung haben Sie zum Segeln?
Als Kind und Jugendlicher bin ich in einem Verein mit dem dortigen Boot »Pirat« gesegelt. In meinem Wahlkreis in Berlin Treptow-Köpenick gibt es heute Tausende Seglerinnen und Segler. Ein schöner Sport.

Was an Berlin würden Sie abschaffen?
Das, was ich überall gerne abschaffen würde: Armut und Obdachlosigkeit.

Hing Ihr Herz am Palast der Republik? Wenn ja, warum?
Mein Herz hing nicht besonders am Palast, weil ich zum Zeitpunkt seiner Eröffnung schon andere Einrichtungen hatte, die ich mehr mochte. Aber für die Jüngeren war der Palast wichtig, schon allein deshalb, weil es ein Bowlingzentrum gab und eine Disco. Außerdem fand ich es völlig falsch, den Palast mit einer Begründung abzureißen, die für Gebäude in Westberlin nicht galt.

Asbest.
Unter anderem. Aber wenn man ihn schon abreißen wollte, dann hätte man entscheiden sollen, an dieser Stelle ein Gebäude mit einer bestimmten sozialen, kulturellen Zweckbestimmung zu errichten. Dann hätte man eine internationale Ausschreibung machen können, für ein Gebäude, das sowohl an das frühere Berliner Schloss als auch an den Palast der Republik erinnert. Das wäre mal eine produktive, offene Vereinigung gewesen!

Welchen Ort in der Stadt mögen Sie besonders?
Neben vielen Gaststätten den Tierpark und den Zoo.

Aha, Gaststätten ... Wie finden Sie »Berliner Weiße«?
Ich bin generell kein besonderer Freund einer »Weißen«, egal,
ob grün oder rot.

*An Imbissbuden findet man Sie eher selten. Beschreiben Sie den
Charme der Kantine im Reichstag.*
Diese Kantine hat keinen Charme. Es gibt aber in der Deutschen
Parlamentarischen Gesellschaft eine Art Kneipe, die wirklich
etwas Gemütliches hat.

Hat der Bundestag einen Weinkeller?
Glaube ich nicht.

*Gäbe es einen Staatsempfang für Sie – welchen Wein würden Sie
kredenzen lassen?*
Den billigsten. Wegen der Steuern, von denen er bezahlt werden
müsste.

Hat der Reichstag einen Biergarten?
Bei der erwähnten Deutschen Parlamentarischen Gesellschaft
gibt es einen Garten mit Stühlen und Tischen, wo man auch Bier
trinken kann.

Sitzt man in der Kantine fraktionsweise?
Zumindest eher als fraktionsübergreifend.

Sitzt der Kanzler auch manchmal dort?
Nein!

ABENTEUER

»Mir ging die Puste aus«

Herr Gysi, träumten Sie in Ihrem Leben auch mal den körperlichen Extremismus: einmal Marathon, einmal 75 Kilometer Rennsteiglauf!?
Nein. Längere Wanderungen sind sehr schön, aber jede Form von Extremismus kam für mich nie infrage.

Gesetzt den Fall: Würden Sie lieber den Everest besteigen oder die Welt im Segelboot umrunden?
Schon deshalb umrundete ich lieber die Welt im Segelboot, weil ich – aufgrund meiner Herzinfarkte vor einigen Jahren – die Höhe des Mount Everest nicht vertrüge.

Welches war das größte Abenteuer Ihres Lebens?
Das ist schwer zu sagen.

Der Parteivorsitz 1989?
Dazu erzähle ich Ihnen einen Witz. 1990 stand ich am Müggelsee, Jesus Christus kam zu mir und fragte mich, ob er mir irgendwie helfen könne. Es war die Zeit, als viele Menschen mir, dem Parteivorsitzenden ausgerechnet der PDS, nichts glaubten. Ich bat Jesus, ein Wunder geschehen zu lassen. Er erklärte mir, dass ich über den Müggelsee laufen könne. Ungläubig folgte ich seinem Rat. Es war ein großes Abenteuer, wahrlich, und es klappte: Ich ging übers Wasser, es hielt mich. Aber die Berlinerinnen und Berliner, die drumherum standen, sagten nur: »Kiek mal, schwimmen kann er ooch nicht.« – Sie sehen, ich drücke mich mit einem Witz um eine ernsthafte Antwort.

Glauben Sie an Wunder?
Nein. Obwohl es Dinge gibt, die wunderschön sind.

Woher und warum dieser erwähnte Wagemut, sich ab Ende 1989, auf gesellschaftspolitischem Feld, sehr großem Hass auszusetzen? Als Vorsitzender einer von vielen verfluchten und wütend abgeschriebenen Partei? Dies scheint ja tatsächlich, der eben erzählte Witz deutet es an, das größte Abenteuer Ihres Lebens eingeleitet zu haben.

Ich wusste durchaus, dass es schwierig wird. Aber ich hatte wirklich nicht mit einem solchen Hass gerechnet. Deshalb war die Übernahme der Parteifunktion zunächst gar keine so mutige Entscheidung. Ich kannte die Folgen zu wenig.

Mut ist oft nur Unkenntnis.

Es war von der Vernunft her idiotisch. Mut überwindet Angst, aber ich ahnte nicht, dass die Gründe für Befürchtungen aller Art nahezu täglich zunehmen würden.

Sie wurden als Parteivorsitzender beschimpft, beleidigt.

Ich kam an Grenzen meiner selbst. Ich kam kaum mehr dazu, über meine Lage nachzudenken. Wobei ich sagen muss: Es gibt Situationen, da bist du froh, nicht nachdenken zu können. Oder zu müssen.

Warum?

Weil du nur so der Verzweiflung entgehst. Dann allerdings, inmitten der Anfeindungen, habe ich an mir festgestellt, dass ich in gewisser Hinsicht preußisch stur bin und einfach nicht gehen kann, wenn ich von so vielen Menschen abgelehnt werde, ich selbst mich aber netter finde. Mein Selbstbild war ein anderes als das vorherrschende Bild.

Sie sind also ein Ausdauermensch?

Wie jeder Mensch bin auch ich unterschiedlich veranlagt, manchmal ungeduldig, manchmal sehr geduldig. Aber ich kann Vorgänge und Prozesse, wenn ich deren Sinn einsehe, lange aushalten, ja.

Da steht also eine Partei, nämlich die SED, vorm gähnenden Abgrund, Sie stellen sich an die Spitze und rufen: »Vorwärts!«
Ich würde meine Entscheidung wahrscheinlich nicht wiederholen. Wenn ich mir mit Abstand betrachte, was ich mir damals antat und was mir daraufhin andere antaten, über Jahre hin: unbegreiflich. Ich muss verrückt gewesen sein. Aber die Aufgabe und die Ausdauer hatten doch ihren guten Grund: das Streben um die Akzeptanz meiner Person und der Partei – ab dem Zeitpunkt, da ich deren Vorsitzender geworden war. Das gilt auch für den Kampf um die Herstellung einer wirklichen Einheit in Deutschland, für soziale Gerechtigkeit und viele andere Themen.

Dieser Kampf ist noch nicht beendet?
Ganz und gar nicht. Manchmal staune ich selbst, wie zäh ich bei bestimmten Auseinandersetzungen sein kann. Ich mache nichts gerne so kurz. Ich mache aber auch nichts gerne ewig. Also, wenn ich etwas anfange, ziehe ich es meistens durch, fange aber trotzdem beizeiten an, auch über ein würdiges Ende nachzudenken.

Abenteuerlich war ja auch die Maueröffnung. Wie haben Sie die mitbekommen?
Ich habe zu Hause gesessen, am Fernseher, und ich dachte: Das ist das Ende der DDR. Aber auf dem Außerordentlichen Parteitag ein paar Wochen später habe ich in meiner Rede noch immer von einer DDR mit Zukunft gesprochen. Das war meine Zerrissenheit.

Haben Sie als Erwachsener jemals eine Nacht im Freien verbracht? Wenn ja: wo und wann und warum?
Am offenen Fenster habe ich schon viele Nächte zugebracht, aber nicht vollständig im Freien.

Können Sie wirklich abschalten?
Früher konnte ich es schlechter als heute. Inzwischen kann ich mich in Gedanken auch mit ganz anderen Fragen beschäftigen, wenn ich wandere oder spazieren gehe.

Wie kamen Sie eigentlich zum Wandern?
Das fand ich früher immer langweilig, aber mein Fahrer hat es mir schmackhaft gemacht. Wenn sich nunmehr eine Gelegenheit bietet, wechsle ich die Schuhe und wandere. Wenn ich unterwegs zwischen zwei Terminen mal eine Stunde Zeit habe, gehe ich einfach los, ohne Plan, quer durch die unbekannte oder bekannte Stadt. Neugierig auf Veränderungen rundum, auf die Natur, aber auch auf die Sehenswürdigkeiten. Du lernst dabei, eine Sache langsam anzugehen, deine Kraft gut einzuteilen.

Berge oder Ebenen?
Weder noch. Wenn möglich, dann Hügel mit Abbiegungen. Weil man auf ebenen Flächen stundenlang nur dasselbe sieht. Das ist langweilig.

Wenn Sie wandern: Kommen Ihnen Gedanken, oder wird der Kopf leer?
Na, damit mir neue Gedanken kommen, muss sich der Kopf erst einmal leeren. Also geschieht beides.

Welches war die längste, anstrengendste Wanderung Ihres Lebens?
Wir hatten schon eine schöne Strecke zurückgelegt, und meine Tochter wollte denselben Weg wieder zurückgehen. Ich meinte aber, wir könnten die Runde vollenden. Leider setzte ich mich durch. Mir ging die Puste aus. Es war einfach zu anstrengend für mich. Ich hätte auf meine Tochter hören sollen.

Mit welcher Politikerin oder welchem Politiker würden Sie eine längere Bergwanderung ertragen?
Ich finde, sie alle reichen mir im Bundestag. Außerdem gönne ich ihnen Ruhe und Entspannung und schließe also auch in ihrem Interesse Bergwanderungen mit mir aus. Allerdings war ich vor nicht allzu langer Zeit mit Bodo Ramelow im Thüringer Wald wandern – und das war schön.

Mögen Sie Einsamkeit im Wald?
Lieber bin ich zu zweit im Wald, auch wenn es Situationen gibt, in denen ich wenig sprechen will.

Aus Angst?
Nein.

Apropos Einsamkeit. Beunruhigt Sie unsere planetarische Position im Universum?
Nein, wir sind doch ganz nett untergebracht.

GELD (1)

»Dagobert Duck? Nicht meine Welt«

Herr Gysi, heute ist, wie alljährlich, der UNO-Welttag des Sparens. Sind Sie sparsam?
Nein, ich lebe jetzt, hier und heute, und ich gönne mir etwas. Mir, meinen Angehörigen, meinen Freundinnen und Freunden und meinen Mitarbeiterinnen und Mitarbeitern.

Aber Rücklagen müssen doch sein.
Ich bin froh, dass ich eine gewisse finanzielle Rücklage habe, die mir Sicherheit garantiert. Aber ich gehöre nicht zu den Menschen, die so sparsam sind, dass sie letztlich alles vererben. Sie verzichten, und ich vermute, sie übertreiben es. Ich habe nichts dagegen, dass meine Kinder mich beerben, aber ich will deshalb nicht dauernd verzichten. Lieber genieße ich bestimmte Dinge schon jetzt – und zwar gern mit ihnen.

Welche Beziehung haben Sie überhaupt zum Geld?
Ich glaube, dass das Geld zu mir eine gestörte Beziehung hat, es läuft immer davon.

Können Sie mit Geld umgehen?
Ich muss ja. Jeder muss es. Irgendwie.

In einem Interview kurz nach dem Ende der DDR wurden Sie gefragt, wer Deutschland in zehn Jahren regieren werde. Wissen Sie Ihre Antwort noch?
Klar, denn es war ja das einzige Interview, das ich je gegeben habe ... Ich bitte Sie, natürlich weiß ich die Antwort nicht mehr!

Das Geld, haben Sie gesagt – in zehn Jahren regiert uns das Geld.
Die zehn Jahre waren in Sekundenschnelle rum, und meine Ahnung wurde Wirklichkeit. Ist Wirklichkeit. Kapitalismus eben!

Haben Sie schon mal gehungert?
Helmut Kohl erklärte mir, was Hunger ist. Unmittelbar nach dem Krieg hatte er nichts zu essen und wusste auch nicht, ob und wann er je wieder etwas zu essen bekommt. Erst in diesem Zustand der Ungewissheit hungert man wirklich. So gesehen habe ich nie gehungert.

Sie haben 1994 in Berlin, in der Volksbühne am Rosa-Luxemburg-Platz, an einem Hungerstreik Ihrer Partei teilgenommen, als horrende Steuerzahlungen erhoben wurden. Die hätten die PDS ruiniert.
Der Unterschied zu dem von Helmut Kohl geschilderten Hunger und einem Hungerstreik wie dem unseren besteht darin, dass ich einen solchen Streik jederzeit abbrechen und also wieder essen kann. Wer im Sinne von Helmut Kohl hungern muss, kann dies nicht einfach ändern.

Ihr Hungerstreik – wie war das konkret?
Er dauerte etwas über eine Woche. Wir lagerten im Foyer der Volksbühne. Jeden Morgen gab es Kaffee oder Tee, tagsüber nur Wasser. Zum Mittag bekam jeder eine Tasse klare Brühe. Abends durfte jeder zwei kleine Flaschen Bier trinken.

Das war natürlich nicht zu vergleichen mit lebensgefährlichen politischen Hungerstreiks in Diktaturen.
Natürlich nicht! Es war aber trotzdem ernst gemeint, als ein symbolisches Zeichen. Man gewöhnt sich übrigens an so eine Lage, man wird ruhig, nur mein Unterbewusstsein reagierte merkwürdig. Ich träumte jede Nacht vom Essen, und es geschah immer das Gleiche: Es ging zu wie in einem Märchenfilm, wo ein Herr vom Hofe in einen fetten Braten biss und ihn dann weit von sich warf. Ich hechtete hinterher.

Zurück zum Geld. Haben Sie schon mal Geld geborgt und es nicht zurückbekommen?
Ja!

Ein Bettler auf der Straße – geben Sie etwas?
Nicht immer, aber des Öfteren. Manchmal versuche ich ein Gespräch, um zu erfahren, wieso sie oder er zur Bettlerin beziehungsweise zum Bettler wurde.

Sehen Sie in den Armen automatisch die besseren Menschen?
Nein! Sie sind aber auch nicht automatisch die schlechteren Menschen.

Der Dichter Heiner Müller meinte, man solle keinem Bettler Almosen geben. Rebellisches Bewusstsein benötige den Zorn und die Verzweiflung des sozialen Tiefpunktes.
Ich schätzte Heiner Müller sehr, er war ein großer Dichter und im Übrigen mein Mandant, aber was er da sagt, ist eine Pointe, mehr nicht. Von der sozialen Erniedrigung führt selten ein direkter Weg zur wirksamen sozialen Erhebung.

In den USA decken sich Obdachlose sogar noch mit der Nationalflagge zu, wenn sie sich abends hinlegen.
Hochinteressant, wie man dort also das Wesen des Systems verinnerlicht hat: Reichtum heißt Erfolg, und Erfolg als Gesellschaftsprinzip verdient vermeintlich Respekt.

Siehe Trump.
Sein Vater war Millionär, er ist Milliardär, und der erzählt den Leuten: Da ich vom Erfolg etwas verstehe, kann ich auch euch zum Erfolg führen.

Das Prinzip lautet: Wer's nicht schafft, ist selber schuld.
Im europäischen Westen dagegen verbindet man ein Übermaß an Geld, überhaupt den großen Reichtum eines Menschen ganz unwillkürlich – und oft nicht unberechtigt – mit einer anderen Wahrheit: unsauberen Machenschaften.

Alles schlimm.
Natürlich muss eine Gesellschaft verändert werden, die Spenden, Tafeln, Almosen nötig macht, aber gleichzeitig muss ge-

holfen und Not gelindert werden. Und zwar jetzt, unmittelbar. Für Linke ist das mitunter ein quälender Widerspruch. Das ist für sie so, als wolle man ein Problem mit der Denkweise verändern, die zu dem Problem geführt hat.

Trostpflaster heilen nicht.
Aber lindern den Schmerz.

Mögen Sie Dagobert Duck, den Superreichen?
Dagobert Duck, überhaupt die »Micky Maus«-Hefte, das war als Kind nicht meine Welt. Aber ich weiß, dass er reich und geizig ist. Eine üble, aber lehrreiche Mischung.

Kommt wirklich erst das Fressen und dann erst die Moral?
Der Brecht-Satz ... Moral verliert ganz klar an Bedeutung, wenn Menschen hungern müssen und nicht wissen, wie sie diesen Zustand überwinden sollen. Bertolt Brecht appellierte, die Grundversorgung der Menschen so zu sichern, dass man dann auch eine bestimmte menschliche Moral verlangen, durchsetzen und einhalten kann. Andererseits ist eine solche Moral nicht wirklich käuflich. Für Gerechtigkeit, für Ehre, Würde und Wahrheit haben Menschen zu allen Zeiten auch in Kauf genommen, aufs »Fressen«, also auch Annehmlichkeiten zu verzichten.

Linke würden gern Spitzensteuersätze hochtreiben. Sie auch?
Ich möchte Steuergerechtigkeit herstellen, die Mittelschicht entlasten und die Ärmeren sowieso. Die Steuerlast hierzulande ist nicht gleichmäßig verteilt. Alles bezahlt die Mitte! Durchschnittsverdiener wie Polizisten, Erzieherinnen und Lehrer müssen unverhältnismäßig viel zahlen im Vergleich zu Gutverdienern. Das darf nicht so bleiben. Deshalb bin ich überzeugt, dass wir Linke auch im Bündnis mit kleinen und mittelständischen Unternehmen handeln müssen. Es geht nicht, dass gerade die Mitte durch Steuererhöhungen übermäßig belastet wird. Und was auch nicht geht: Auf Einkommen aus Vermögen werden nur 25 Prozent Steuern fällig, auf Einkommen aus Arbeit viel mehr.

Das ist für mich nicht nachvollziehbar. Höhere Gewinne und Zinsen müssen versteuert werden.

Welchen Spitzensteuersatz würden Sie denn gern einführen?
Den, der unter Helmut Kohl galt, und Kohl war bekanntlich kein Linksextremist: 53 Prozent! Aber nur für das, was Menschen über 100 000 Euro im Jahr verdienen. Bis dahin würde ich eher entlasten. Die Bürde der Mitte kann nur überwunden werden, wenn die wirklich Reichen und Vermögenden, die großen Konzerne und Banken angemessen herangezogen werden.

Andere Linke sind rigider und schraubten den Spitzensteuersatz am liebsten höher und höher.
Ja, die verwechseln Besteuerung mit Enteignung.

Sie sprachen die Mitte an.
Ich sage den Linken immer: Wenn ihr das Bündnis mit der Mitte nicht als natürliches Bündnis begreift, dann bleibt die Kritik an Konzernen nur Gequatsche, mehr nicht. Das ist dann bloß Gesinnungstrommelei, die unserem Gemüt zwar guttut, aber nichts ändert.

Linkssein …
… heißt nicht, die Frommen nur immer noch frommer zu machen. Aber auch die Mitte muss begreifen, dass sie das Bündnis mit den Linken braucht. Sonst hat auch sie keine Chance. Was nottut, wird beiden Seiten schwerfallen, es bedeutet Kompromisse. Aber darunter geht nichts.

Spielen Sie Lotto?
Äußerst selten, und ich habe noch nie gewonnen.

Was würden Sie mit einem sehr hohen Lottogewinn machen?
Ich würde für etwas sehr Wichtiges spenden und mir eine Weltreise erlauben.

Sind Sie der Typ, der mit Geld gern zocken würde?
Nein, das ist mir viel zu riskant, und ich verstehe davon auch zu
wenig.

Gehören Börsennachrichten wirklich in die Tagesschau?
Ich finde es übertrieben, obwohl es natürlich viele Menschen
gibt, die Aktien besitzen oder verwalten lassen. Aber ob diese
mit den Angaben etwas anfangen können, wage ich zu bezwei-
feln. Wenn es natürlich einen richtigen Börsencrash gibt, dann
gehört das in die Tagesschau.

Haben Sie jemals Aktien besessen?
Nein, aber das geht Sie auch nichts an ... Doch, da war eine
Aktie, vom 1. FC Union. Aber das war eine getarnte Spende.

KANZLEIALLTAG

»Die Lektüre kann sehr langweilen«

Herr Gysi, gibt es ein Ritual, wenn Sie morgens Ihre Arbeit als Anwalt in der Kanzlei beginnen?
Ja, ich sage allen Anwesenden: Guten Tag!

Ist Ihr Schreibtisch aufgeräumt, wenn Sie dann später nach Hause gehen?
Da ich mehrere Berufe zugleich ausübe, schaffe ich es nur einmal in der Woche in die Kanzlei. Selbstverständlich ist der Schreibtisch vollständig aufgeräumt, wenn ich nach Hause oder woandershin gehe. Aber was sagt das schon! Albert Einstein hat gesagt, wenn ein unaufgeräumter Schreibtisch für einen unaufgeräumten Geist spricht, was bedeutet dann in geistiger Hinsicht und in dieser Logik – ein leerer Schreibtisch?

Welches Foto steht auf Ihrem Schreibtisch?
Fotos von meinen Kindern.

Ist schon die erste Beratungsstunde bei Ihnen kostenpflichtig?
Rechtsanwältinnen und Rechtsanwälte in der DDR waren verpflichtet, gebührenfrei Rechtsauskünfte zu erteilen. Heute ist schon die erste Beratung gebührenpflichtig. Wenn man keine Gebühren nimmt, wird einem standesrechtlich vorgeworfen, Billigkonkurrenz zu organisieren. Ich gehe aber davon aus, dass meine ersten Gespräche in aller Regel noch keine Beratung sind und verzichte deshalb diesbezüglich nicht selten auf Gebühren.

Lesen Sie gern Akten?
Gelegentlich schon, wenn sie eine Spannung widerspiegeln. Die Lektüre kann aber auch sehr langweilen.

Was mögen Sie an Büroarbeit überhaupt nicht?
Langatmige, sehr lange und im schlechten Stil geschriebene Schriftsätze der Gegenseite. Aber ich muss sie zwangsläufig lesen.

Sie agieren inzwischen verstärkt auch als Nebenkläger. Warum?
Die Rolle eines Nebenklägers gab es in der DDR nicht, und mich reizt es, Geschädigte zu vertreten. Aber ich verteidige auch nach wie vor gern.

Aus welchen Gründen haben Sie je Mandate abgelehnt?
In der DDR konnte man in aller Regel keine Mandate ablehnen, weil es nur 600 Rechtsanwälte im gesamten Land gab. Die habe ich heute am Kurfürstendamm in einer Straße. Etwa die Hälfte der Anwälte in der DDR machte auch Strafsachen. Da jeder Mensch das Recht auf Verteidigung hat, gab es nur wenig Ablehnungsgründe. Heute haben wir eine Schwemme von Rechtsanwälten, und es gibt auch viele Spezialisierungen. Das aber bedeutet, dass ich Rechtsextreme, einen Mann, der Kinder sexuell missbraucht oder der vergewaltigt hat, jetzt nicht verteidigen würde.

Wie sind die Vorbereitungen für ein Plädoyer?
Früher hielt ich als Verteidiger Plädoyers aus dem Stegreif und habe mir nur wenige Notizen während der Verhandlung gemacht. Heute, bei zwanzig, dreißig Tagen Verhandlung als Anwalt einer Nebenklägerin, etwa in einer Mordsache, verlasse ich mich nicht mehr auf eine gewisse »Schnellkraft« beim Argumentieren. Trotzdem kommt es immer wieder zu Situationen, in denen spontane Reaktionen nötig sind, sowohl in der Politik als auch im Gerichtssaal. Wenn ich vor Gericht spreche und vor mir redete der Staatsanwalt, muss ich auf dessen Argumentation eingehen, und insofern bleibt manches spontan.

Üben Sie Ihr Plädoyer laut, so wie ein Schauspieler vorher seinen Text durchgeht?
Selbstverständlich nicht.

Fühlen Sie im Gericht bei Staatsanwälten oder Richtern Missgunst oder Neid oder besondere Distanz und Strenge, weil Sie ein Prominenter sind?

Den Berliner Staatsanwältinnen und Staatsanwälten, Richterinnen und Richtern imponiert Prominenz überhaupt nicht. Die haben sie zuhauf. Auswärts habe ich allerdings erlebt, dass ein Richter sich extra einen neu herausgegebenen Kommentar zum Strafgesetzbuch gekauft hatte, weil er nicht wusste, wie ich agiere.

Nie ein Fall von Neid?

Doch, warten Sie, da war so ein Fall … Ich verteidigte einen Mann und merkte, dass ich weder bei dem Gericht noch beim Staatsanwalt auch nur die geringste Chance hatte. Der Staatsanwalt meinte dann, mich beleidigen zu müssen und erklärte mir, dass ich im Gerichtssaal sei und nicht in einer Talkshow. In meinem Plädoyer dankte ich ihm, mich darüber aufgeklärt zu haben, wo ich mich befände. Ich fügte hinzu: »Ich habe allerdings bemerkt, dass Sie offenbar gern in eine Talkshow eingeladen werden würden. Ich gebe mir größte Mühe, Verantwortliche in den Sendern davon zu überzeugen, Sie einzuladen.« Ich wüsste zwar noch nicht, für welches Thema, aber vielleicht fiele den Redaktionen ja etwas ein.

Wie reagierte er?

Er rief laut dazwischen, das sei eine Unverschämtheit. In scharfem Ton erwiderte ich, er möge mich nicht unterbrechen, es sei mein Plädoyer. Immer wütender wurde dieser Staatsanwalt. Der Richter vermittelte, indem er sagte: »Ja, Herr Staatsanwalt, Sie müssen ihn schon aussprechen lassen«.

Warum wurden Sie überhaupt Rechtsanwalt?

Nichts anderes wäre für mich infrage gekommen. Nicht Richter, nicht Notar, und Staatsanwalt schon gar nicht. Ich wollte in eine Nische. Notar erschien mir zu langweilig. Und der Staatsanwalt kam für mich nicht infrage, weil er weisungsgebunden ist. Außerdem macht er nur Strafrecht, und ich empfand mich als vielseitiger veranlagt.

Sie waren SED-Mitglied.
Na und? Auch jede Nische brauchte Genossen, oder? Nein, ernsthaft: Mit achtzehn wusste ich nicht, was ich werden sollte. Eine Bekannte, die Frau eines Rechtsanwaltes, sagte mir – es war ein zufälliges Gespräch auf der Straße – Jura sei zu empfehlen, ihr Mann sage immer, das sei ein Studium für Doofe. Das gefiel mir, ich war ein bisschen faul, ich hatte keine Lust, mich totzuarbeiten. Aber dann, während des Studiums, wurde ich fleißig, weil ich ja wusste, ich habe von dem Fach keine Ahnung, und Überheblichkeit konnte ich mir also nicht leisten.

Also Richter wollten Sie auch nicht sein?
Ich fürchtete, zu viele Situationen würden mich den Schlaf kosten. Ich stelle lieber Anträge, als zu entscheiden.

Wie in der Politik.
Das haben Sie gesagt – und Sie haben recht.

Was darf ein Verteidiger nicht sein?
Ein zweiter Ankläger.

Welche Unterschiede gibt es zwischen der Rede eines Anwalts und der Rede eines Politikers?
Wenn man vor Berufsjuristinnen und Berufsjuristen spricht, muss man die Fachsprache beherrschen.

Das heißt, man muss nicht unbedingt allgemeinverständlich sein?
So ist es. Dem Mandanten oder der Mandantin gegenüber ist das allerdings unbedingt nötig. Und das ist auch der Kern einer politischen Rede. Ich spreche da gern vom Übersetzen.

Und die Gemeinsamkeit in beiden Welten?
Die besteht darin, dass man den Willen zur Überzeugung hat. Im Gerichtssaal muss ich versuchen, das Gericht zu überzeugen. Aber klar: Im Plenum des Bundestages hat ein Versuch, die Mitglieder der anderen Fraktionen zu überzeugen, logischerweise von vornherein keinen Sinn.

Wen sprechen Sie denn an?
Ich spreche im Grunde für jene Menschen, die eine Sitzung über die Medien verfolgen. Im Bundestag ist das also ein bisschen paradox: Man spricht in einem Saal, da sitzen Leute drin, aber meist sind gar nicht sie die Adressaten, sondern andere.

Ist das deutsche Grundgesetz – geschrieben im Nachschatten eines Weltkrieges – eine Meisterleistung?
In gewisser Hinsicht schon. Es fehlen mir ein paar soziale Rechte.

Wären Sie gern Verfassungsrichter?
Ich glaube nicht. Es klingt reizvoll, ist aber auch sehr anstrengend.

Wie viele Roben besitzen Sie?
Natürlich nur eine.

Wie anders fühlen Sie sich, wenn Sie im Gericht eine Robe tragen?
Da es in der DDR keine Roben gab, habe ich mich beim ersten Tragen etwas wichtiger gefühlt als ohne. Das hat sich aber inzwischen gegeben.

DEUTSCHLAND

»Millionen Arten von Grün«

Herr Gysi, bekennen Sie sich zu Deutschland?
In welcher Beziehung? Etwas konkreter sollte das schon sein.

Zur politischen Identität der Linken gehört größtenteils die Ablehnung, »Deutschland« zu sagen, da knirscht es zwischen den Zähnen.
Das nutzen Rechtsextreme und Rechtspopulisten aus und sind erfolgreich. Wenn die Linke weiter daran arbeitet, den Leuten nur eine bestimmte und zwar einseitig kritische Haltung zu Deutschland zuzubilligen, leistet sie indirekt einen Beitrag, die Rechtsextremen und Rechtspopulisten zu stärken. Wir sollten den Menschen die Heimatliebe lassen, trotzdem aber darauf hinweisen, welche ungeheuren gesellschaftlichen Widersprüche es gibt, die durch ein bloßes inniges Heimatgefühl leider nicht beseitigt werden.

Mit welchen drei Begriffen charakterisieren Sie Deutschland?
Im positiven Sinne mit vier Jahreszeiten, mit Millionen verschiedener Grüns in der Natur und einer phantastischen Kultur des vielfältigen, abwechslungsreichen Frühstücks, wie man sie sonst nirgendwo findet, in keinem anderen Land. Im negativen Sinn mit einem stärker werdenden Rassismus und Nationalismus, einer intoleranten politischen Kultur und einem Mangel an Differenzierung.

Differenzierung wobei?
Bei der Betrachtung und Bewertung historischer, politischer und kultureller Vorgänge sowie herausragender Persönlichkeiten der Geschichte. Wir Deutschen sehen alles sehr ideologisch. Selbst die Schlacht im Teutoburger Wald im Jahre neun nach der Zeitrechnung würde ein Unionspolitiker anders interpretieren als ein Linker.

Jeder benutzt alles nur als Transportmittel für die eigene Position?
An der berühmten Kremlmauer in Moskau liegen unter anderem diese zwei Deutschen, Clara Zetkin und Rudolf Decker. Clara Zetkin war eine tapfere deutsche Kommunistin. Sie setzte sich in den zwanziger Jahren mit einer für damalige Verhältnisse fast unvorstellbaren Energie und großem Mut für eine Gleichstellung der Geschlechter ein. Ihre Eröffnungsrede im Herbst 1932, als Alterspräsidentin des Reichstages, war eine mutige Kampfansage an die Nazis.

Die saßen alle in der ersten Reihe.
Hitler, Göring und so weiter. Sie musste, als Hitler die Macht übernahm, in die Sowjetunion emigrieren und lebte dort von Anfang an isoliert, weil sie mit dem Stalin'schen Kurs nicht klarkam.

In der KPD gab es nicht wenige, die sie regelrecht bekämpften.
Einige Monate nach ihrer Emigration starb sie. An der Kremlmauer: ihr Grab und eine Büste. Warum hat noch nie ein Bundespräsident, noch nie ein Bundeskanzler oder eine Bundeskanzlerin es übers Herz gebracht, an dieser Grabstelle eine Blume niederzulegen? Diese gleiche kalte Umgangsart hat auch der kommunistische Gewerkschafter Rudolf Decker nicht verdient. Weder Clara Zetkin noch er haben irgendein stalinistisches Verbrechen begangen oder ließen sich irgendetwas anderes zuschulden kommen, das den Schritt an ihre letzte Ruhestätte nicht rechtfertigte.

Ist das in anderen Ländern anders?
In Frankreich kann man sich kaum gegensätzlichere politische Charaktere vorstellen als Jeanne d'Arc und Napoleon. Aber beide werden gleichermaßen verehrt. Leichtigkeit siegt über Ideologie. Mein Vater erzählte aus seiner Emigration: Auf den Plakaten der deutschen Kommunisten reckten Arbeiter ihre Fäuste, grimmig und drohend, aber die französische KP warb mit einer jungen Schönen, die ein Kind auf dem Arm trug und einen Korb mit Wein und Brot und einer gebratenen Hühnerkeule.

Was ist das Schöne an Deutschland?
Ich sagte ja: die Natur – von den Meeren über die Seen und Flüsse bis hin zu den Wäldern und Bergen. Und es gibt eine spezielle Art von Gemütlichkeit beim Zusammensein.

Gemütlichkeit hat aber auch etwas Spießiges, Hermetisches.
Vielleicht, aber ich habe es gern gemütlich. Übrigens: Ich war in Kairo, wir waren zu sechst, es war Ramadan, die Leute mussten bis zum Sonnenuntergang warten, bis sie etwas essen durften. Als es so weit war, sind wir an vielen Tischen vorbeigegangen, und an jedem einzelnen Tisch hat uns der Tischherr gebeten, wir sollten uns doch dazusetzen und am gemeinsamen Essen teilnehmen. Wie gesagt, wir waren sechs Leute! Da habe ich mich gefragt, wann ich so etwas mal in Deutschland erlebt habe: Jemand öffnet sein Fenster und lädt sechs Ägypter zum Essen ein?

Andere Länder, andere Sitten.
Stimmt, aber es geht mir um etwas anderes: um das starke Bild von Gemeinschaft und Miteinander. Und weil es um den Nahen Osten geht: Ich kenne aus den Medien nur zwei Typen arabischer Menschen – die einen sprengen sich in die Luft, die anderen schreien islamistisch herum …

Besagte andere sind keine Nachricht wert: zu langweilig.
Vielleicht ist gerade diese Langeweile eines alltäglichen Friedens die lohnenswerte Hauptnachricht.

Aber noch mal nachgehakt: Was empfinden Sie beim Begriff Heimat? Er wurde, wie gesagt, zum Kampfbegriff. Sogenannte Antideutsche meinen, der Heimatgedanke sei reaktionär. Der linke Alt-Radikalist Thomas Ebermann sagte in einem Interview für »neues deutschland«: »Wer ›Heimat‹ sagt, negiert die in Klassen fragmentierte Gesellschaft. Wer ›Heimat‹ sagt, meint, wir müssen alle zusammenhalten und sollen Bitteschön nicht hässliche Verhältnisse ökonomischer und kultureller Art aufeinanderprallen lassen zum Zwecke ihrer Überwindung.« Furchtbar. Muss man nicht eine Ehrenrettung dieses Wortes betreiben?

Es gab Zeiten in meinem Leben, da ich ähnlich gedacht habe wie Thomas Ebermann. Ich kann mich aber sehr gut daran erinnern, dass mir ein Förster mal den Wald erklärte, der seine Heimat war und den er sehr liebte. Spätestens seitdem sage ich mir: Wer bin ich eigentlich, dass ich mir anmaße, Heimatgefühle anderer Menschen zu kritisieren, ja zu verachten?

Unter Heimat muss man nicht immer ein ganzes Land verstehen.
Eben. Darunter kann man auch den Ort verstehen, in dem man aufgewachsen ist. Eine bestimmte Gegend, Verhältnisse und Umstände, die man kennt und mit denen man umgehen kann. Es ist aber ebenso legitim, prinzipiell eine positive Beziehung zum eigenen Land zu haben.

Der Mensch ist im Grunde ein begrenztes Wesen.
Die Bewahrung regionaler Sicherheiten gehörte stets zu den Kernpunkten von Heimat. Der Gartenzaun ist kein Kainsmal. Aber eine offene Welt, erträumt von Generationen, gehört ebenso zu den Lebens-Werten unserer Gesellschaft. Internationalismus ist eine Kulturleistung.

Die Welt rückt zusammen, aber die sozialen Welten driften auseinander.
Die Globalisierung macht neugierig, und sie macht Angst. Unsere Aufgabe als Politikerinnen und Politiker ist es nicht, den Leuten vorzuwerfen, dass sie Furcht haben, vor Fremden etwa. Unsere Aufgabe ist es, ihnen diese Angst zu nehmen. Das ist aber schwer.

Bodo Ramelow hat gesagt: »Viele Ostdeutsche singen die National-hymne nicht mit, und ich würde mir wünschen, dass wir eine wirklich gemeinsame Nationalhymne hätten.« Teilen Sie diese Ansicht?
Bei der Herstellung der deutschen Einheit wurde an der Symbolik des Landes, obwohl der Osten hinzukam, nicht mal ein Deut verändert. Das gilt für den Namen, für die Fahne, für das Emblem, für die Nationalhymne und für bestimmte bundesdeutsche Einrichtungen. Das war falsch.

Auch die Bürgerinnen und Bürger der DDR waren Deutsche.
Selbstverständlich. Trotzdem waren sie eine andere Bevölkerung und nicht etwa nur Möchtegern-Kopien von Westdeutschen. Als sie hinzukamen, hätte man – und das meint Bodo Ramelow – an der Symbolik etwas ändern müssen. Das ist aber nicht geschehen.

Von Deutschland nach Europa …
Na, das ist ja nun ganz einfach. Meine Mutter erklärte mir vor über sechzig Jahren scherzhaft, dass es zwei Arten von Europa gäbe, ein sympathisches und ein sehr unangenehmes. Beim sympathischen Europa kommt die Polizei aus England, das Essen aus Italien, die Technik aus der Schweiz, die Organisation und Ordnung aus Deutschland und die Liebe aus Frankreich. Beim unangenehmen Europa kommt die Polizei aus Deutschland, das Essen aus England, die Organisation und Ordnung aus Italien, die Technik aus Frankreich und die Liebe aus der Schweiz.

Die nationalen Klischees!
Jetzt bitte keine politischen Korrektheiten, das ist lehrerhaft, lebensfremd, also langweilig. Aber den Seitenhieb mit der Liebe und der Schweiz weise ich natürlich entschieden zurück, denn ich habe Schweizer Vorfahren.

Singen Sie eigentlich bei offiziellen Anlässen unsere Nationalhymne mit?
Nein.

ERSTE LIEBE

Herr Gysi, welche Erinnerungen haben Sie an Ihre erste Liebe?
Ich weiß noch, dass ich mir nichts anderes als eine Beziehung zu diesem Mädchen vorstellen konnte, also habe ich auch gelitten. Das Leben hat mich dann eines Besseren belehrt.

Inwiefern?
Es gibt Alternativen. In den meisten Fällen. Man darf sich nicht festnageln an Illusionen. Aber krieg das erst mal raus, was Illusion und was berechtigte Hoffnung ist.

Sind Sie der romantische Typ? Wenigstens gewesen?
Nur sehr begrenzt.

Machte Ihnen Schüchternheit zu schaffen?
Als ich jung war, war es so, dass die Jungs die Mädchen zum Tanzen auffordern mussten. Das war für mich ein grauenvoller Vorgang, denn wenn ein Mädchen »nein« sagte, liefst du blamiert durch den ganzen Saal wieder zurück zu deinem Stuhl. Also war ich diesbezüglich schüchtern, ja, ich ahnte die Katastrophe und habe mit Blickkontakt versucht, vorher abzuklären, ob ich eine Chance habe oder nicht. Man will's schön haben und rauscht in die Peinlichkeit.

Wie weise.
Nee, beschissen.

Welchen Tanz beherrschen Sie?
Als Junge habe ich an einem Tanz-Anfängerkurs und einem Kurs für Fortgeschrittene teilgenommen. Das meiste habe ich wieder verlernt.

Und welche Rolle spielte das Tanzen später?
Sagen wir so: Noch hat sich keine Frau wegen meiner Art zu tanzen in mich verliebt.

Möchten Sie noch mal 18 sein? Warum oder warum nicht?
Nein, man muss sich nichts zurückwünschen, vor allem nicht die Peinlichkeiten. Sämtlicher Mist, den ich erlebt habe, der wiederholte sich ohnehin in späteren Jahren, bei anderen Gelegenheiten und unter anderen Umständen. Das Leben hat offenbar Grundsituationen, in denen du rotierst. Und Erfahrung nützt nicht immer, um alte Fehler zu vermeiden.

An welche Schlager Ihrer Jugendzeit erinnern Sie sich?
Ich rufe so was nicht bewusst auf. Aber plötzlich höre ich einen Schlager, und da fällt mir ein, dass ich ihn schon lange kenne. Zum Beispiel »Weiße Rosen aus Athen«. Oder »Schuld war nur der Bossa Nova«. Die Palette reicht von Caterina Valente bis Frank Schöbel. Bei Ihnen auch?

Bärbel Wachholz, Conny Francis, Lale Andersen, Manuela ... Dann wurde es mehr und mehr englisch: Searchers, Hollies, Beach Boys, Walker Brothers, und klar: die Beatles.
Damals musste man sich entscheiden: Beatles oder Stones!

Auf welcher Seite standen Sie?
Beatles! Aber seltsam: Jetzt sind es eher die Stones. Die sind wilder, rauer, irgendwie näher dran am wahren Leben. Die sind wirklich kein Verschönerungsverein.

Kleideten Sie sich als sehr junger Mann auffällig oder eher bieder?
Bieder!

Welches Verhältnis hatten Sie zu langen Haaren?
In Anbetracht meiner heutigen Haartracht kaum zu glauben: Ich hatte mehrere Jahre eine »Matte«. Und einen Bart.

Einen Spitzbart. Wie Lenin. Wie Ulbricht. Wie Eppelmann. Natürlich
sorglich geschnitten.
Natürlich. Auf Ihre billigen Namensverweise gehe ich nicht ein.

Wie rebellierten Sie gegen Ihre Eltern?
Na, wie alle Kinder, man widerspricht ihnen, man sagt ihnen
nicht alles, was in der Schule geschehen ist, man versucht im
Gespräch am Essenstisch, eine andere Auffassung oder einen
anderen Ablauf des Alltags durchzusetzen.

Der Liebeskummer Ihrer Kinder: Suchten sie bei Ihnen Trost, Rat?
Bei allem Vertrauen zwischen Eltern und Kindern, und sei das
auch noch so tief: Ich denke, dass es zum Wesen des Liebeskum-
mers gehört, dieses Unglück mit niemandem wirklich teilen zu
können. Das sage ich natürlich nur, weil ich fünfundsiebzig bin,
da hat man das Recht, ein wenig weise zu erscheinen. Was Sie
fragen, fällt unters familiäre Schweigegelübde. Sagen wir so: Auf
jeden Fall sprachen meine Kinder mit mir auch über das, was sie
bewegt, auch, was die sehr persönlichen Dinge betrifft.

Können Sie sich noch an den Moment erinnern, als Sie Ihren Eltern
das erste Mal ein Mädchen vorstellten?
Nein, solche Förmlichkeiten fielen bei uns aus. Meine Eltern
kannten meine Freundinnen meistens schon, bevor diese zu uns
nach Hause kamen.

Wurden Sie von den Mädchen gemocht?
Ich verweigere erneut die Antwort. Auf jeden Fall erinnere ich
mich an ein Mädchen, das mich mehr mochte als ich sie. Durch
diese Situation begriff ich, dass ich ein schlechter Lügner bin.
Sie lud mich zum Wochenende ein. Ich suchte einen Grund, um
ablehnen zu können. Am nächsten Tag hatte ich ihn leider vergessen, wurde von dem Mädchen etwas gefragt und gab eine
Antwort, die sich mit meiner Ausrede nicht vereinbaren ließ.
Ertappt! Wer erfolgreich lügen will, muss sich seine Lügen auch
merken können. Ich konnte es nicht, deshalb blieb ich fortan
lieber bei der Wahrheit.

Halfen Ihnen bei Liebeskummer selbstgeschriebene Gedichte?
Ich finde, Sie werden viel zu persönlich. Ich habe keine Gedichte geschrieben. Das ist so ein Punkt, der mit meiner Lebensart zu tun hat: Ich versuche, möglichst zu vermeiden, was ich nicht kann.

An welchem Ort erhielten bzw. gaben Sie Ihren ersten Kuss?
An einer Haustür.

RHETORIK (1)

Herr Gysi, ist das Reden erlernbar?
Begrenzt! Bestimmte Dinge kann man, andere nicht.

Trainer für öffentliche Auftritte haben Hochkonjunktur.
Ich habe wenig Vertrauen in solche Leute. Sie leben davon, dass
die Gesellschaft die Menschen zunehmend in Rollen zwingt, die
sie ihrem Wesen entfremdet.

Sie dagegen?
Ich dagegen versuche, meinem Naturell treu zu bleiben. Zu-
gleich muss man allerdings kontrolliert agieren. Man tritt als
Politiker oder Politikerin auf, aber man darf doch nicht eine Se-
kunde lang glauben, man sei schon deshalb so etwas wie eine
Erscheinung.

Die flüssige Rede ist eine Kunst.
Man kann auch Überflüssiges absolut flüssig vortragen. Alles ist
eine Gratwanderung, Rezepte gibt es nicht. Wer bei einer Rede
nach Worten sucht, kann schlecht vorbereitet sein, aber: Das
kann auch Ausdruck dafür sein, dass Wahrheit grundsätzlich
Suche und Herantasten ist.

Auch beim Argumentieren in eigener Sache gilt: Sei du selbst!
Und das ist, wie wir aus dem Alltag wissen, das schwierigste
Unterfangen des Lebens. Was einem da immer wieder alles da-
zwischenkommt!

Feilen Sie lange an Ihren Reden?
Kommt darauf an, wie schwierig eine Sache ist. Wenn es heißt,
man feile an einer Rede, dann kann das heißen: ihre Kanten
schärfen oder aber abschleifen, begradigen.

Meistens heißt es beides.
Und meistens findet auch beides statt, stimmt. Ob bewusst oder
unbewusst.

Üben Sie Pointen?
Ich bitte Sie! In der Regel geht es mir vor Mikrophonen und
Kameras wie allen Leuten: Erst hinterher weiß ich, was ich hätte
sagen oder entgegnen sollen. Wenn eine Pointe gelingt, ist man
mitunter selbst überrascht und weiß nicht in jedem Falle, wie
sie zustande kam.

Waren Sie schon als Schüler ein »Volkstribun«?
Ich redete gern und sagte mit Begeisterung Gedichte auf. Ich
stellte fest, es spielt auch keine Rolle, ob es ein kämpferisches
Gedicht war, ob von Schiller oder von Goethe oder Brecht. Das
andere war, dass mein Vater …

Verleger, Kulturminister, Botschafter, Staatssekretär.
… sehr gut ganze Runden unterhalten konnte, gerade mit seiner
Rhetorik, und das schulte mich insofern, als mir schon etwas Besonderes einfallen musste, wenn ich als Kind etwas dazwischen
sagen wollte und die jeweilige Runde mich bemerken sollte.

Was genau lernten Sie vom Vater?
Rhetorisch? Von ihm lernte ich, mit Beispielen zu operieren. Um
so den Gedanken, den man hat, verständlicher zu machen, statt
die Dinge nur abstrakt auszudrücken.

Man sagt: Der Apfel fällt nicht weit vom Pferd.
Eben.

Sie wissen, worauf ich hinauswill.
Während unser Vater ein glänzender Rhetoriker war, hielt unsere Mutter übrigens ungern Reden. Öffentlich zu sprechen, war
ihr eine furchtbare Vorstellung. Aber Filme konnte sie phantastisch nacherzählen.

Was interessierte Sie an Gedichten?

Ich begeisterte mich für Betonungen, für Rhythmen innerhalb der Strophen. Wobei auch ich einem Aberglauben verfallen war, der weitverbreitet ist: Leg das Buch am Abend unters Kopfkissen, dann lernt es sich über Nacht von ganz allein. Abends las ich ein Gedicht zwei- bis dreimal, dann kam das Buch unters Kopfkissen, am nächsten Morgen saß der Text. Und tatsächlich: Vergaß ich ausnahmsweise dieses Ritual, konnte ich das Gedicht nicht auswendig hersagen. Auch die Einbildung gehört bekanntermaßen zur Bildung.

Gab es für Sie rhetorische Vorbilder?

Außer meinem Vater? Nein, ich hatte ja nie in Erwägung gezogen, in die größere Öffentlichkeit zu gehen, gar in die Politik. Es gab in der früheren Bundesrepublik Deutschland sehr unterschiedliche gute Redner.

In der DDR auch.

Ja, ja, Erich Honecker war ein Wunderkind, er sprach mit vier Jahren schon so wie später mit siebzig.

Genosse Gysi!

Einverstanden: gestrichen!

Bewunderten Sie Herbert Wehner?

Ja. An Herbert Wehner habe ich bewundert, dass er einen Satz mit vierzehn Relativsätzen bilden konnte und dennoch irgendwann das Schlussverb fand. Brillant! Bei Willy Brandt verführte allein schon diese dunkle, leicht raue Stimme. Helmut Schmidt, ebenfalls ein geschliffen Redender, hatte eine interessante Angewohnheit: Im Bundestag schob er sein Manuskript immer seitlich sowie oben und unten gerade, obwohl es keinen Zentimeter schief lag. Eine Fernsehdokumentation zeigte, dass es nahezu zwei Dutzend Abgeordnete gab, die diese Schmidt-Geste bei ihren Reden kopierten. Nachdem Schmidt den Bundestag verlassen hatte, verschwand auch dieses Spielchen mit der Akkuratesse.

Kopien gehören zum Leben.
Ab und zu erwischte ich mich dabei, meine Fingerspitzen zur Merkel-Raute zu formen. Die Psyche ist eine spannende Angelegenheit.

Und Franz Josef Strauß?
Für mich eher ein Krawallredner. Es ging bei ihm nicht ohne Beleidigung.

Wie Wehner?
Nee, bei dem war das anders, der hatte Witz, äußerst galligen Witz. Als der Abgeordnete der CDU Wohlrabe im Bundestag sprach, erklärte Wehner ihn zum Täuscher, denn er sei ja eine »Übelkrähe«. Den Beinamen wurde Wohlrabe nie wieder los.

Lügt politische Sprache?
Sehr oft, ja. »Klimawandel« klingt geradezu malerisch, wo es doch eine drohende Katastrophe zu benennen gibt. Der Begriff der »militärischen Spezialoperation« verschleiert, dass es sich um Krieg handelt. Die Beschneidung von Arbeitsrechten wird als »Flexibilisierung des Arbeitsmarktes« getarnt.

Sind Sie gern spitzfindig?
Das hat seinen Reiz. Es gibt doch interessante Fragen: Beim wievielten Weizenkorn fängt etwas an, ein Kornhaufen zu werden? Bei Ausfall welchen Haares beginnt ein Kahlkopf?

Wer soll so etwas beantworten!
Man kann es nicht beantworten.

Und wer braucht das?
Es ist natürlich völlig nebensächlich und sinnlos, wenn man solche Fragen in Beziehung setzt zu den großen Fragen der Weltpolitik. Aber sie helfen einem, auch mal Abstand vom Alltag zu nehmen.

Mit Kornhaufen und Kahlkopf?

Wenn man Kornhaufen und Kahlkopf konsequent theoretisch betrachtet, wird aus der Kuriosität eine ernsthafte Erkundigung – nämlich nach dem Punkt, an dem eine bestimmte Quantität in eine neue Qualität umschlägt.

GOTT

»Wichtig in jeder Kirche: die Ketzer«

Herr Gysi, warum erhalten Sie in jüngster Zeit so viele Einladungen zu Gesprächen und Vorträgen in Kirchen?
Erst dachte ich, aha, auch dort herrscht Personalmangel. Aber es hat wohl eher mit Orientierungssuche zu tun, diese Suche macht offenbar vor Konfessionsgrenzen keinen Halt mehr.

Ein Linker auf Kanzeln!
Ich bin kein Prediger. Aber wenn ich die Kanzeltreppen hochsteige und dann oben stehe und zu reden anfange, stelle ich erschrocken fest, dass meine Stimme eine pastorale Färbung bekommt. Dann weise ich mich selber zurecht: Gysi, sprich wieder normal! Ich rede lieber auf ebener Erde.

Sie sagen: »Ich glaube nicht an Gott, aber ich fürchte eine gottlose Gesellschaft.«
Ich meine eine religionsfreie Welt.

Merkwürdiger Widerspruch.
Religion – ich meine nicht den Klerus! – kann allgemein verbindliche Moralvorstellungen in der Gesellschaft verankern. Das kann sonst niemand mehr.

Auch nicht Parteien?
Auch nicht Parteien, so viel Christentum sie auch im Namen tragen. Religion begreife ich als wichtiges Regulativ für eine Kunst und Konsequenz der humanen Gebote, wie das die Politik bei den Menschen nie erreichen kann. Ich kann also den Wert von Religionen schätzen, ohne selbst religiös zu sein. Allerdings weiß ich, wie unangenehm Kirche sein kann, wenn sie als mächtige und machtbewusste Institution auftritt. Damit hat sie, überspitzt gesagt, jene erzeugt, die wichtig sind in jeder Kirche: die Ketzer.

Gott ist mehr als ein Moralprogramm.
Weiß ich. Glaube greift weiter als ein Aufruf zu humanitärem Sozialverhalten. Aber solch ein Aufruf und soziale Hilfe ist Kirche allemal auch!

Vor allem die gesellschaftliche Linke trat einst ebenfalls mit diesem hohen Anspruch an!
Ja, sie war vor Jahrzehnten durchaus in der Lage, solche Moralvorgaben zu schaffen, gerade im sozialen Bereich. Aber wie gesagt, das ist vorbei. Die weltweite Niederlage des Staatssozialismus warf die Linke weit zurück.

Martin Walser hat geschrieben: »Das Christentum aller Kirchenversionen wurde eine Lippengebetsreligion zur Ertötung aller praktischen Bedürfnisse. Nur das Marxsche Denken schien es ernst zu nehmen mit der sozialen Praxis der Menschen.«
Durch besagtes Scheitern des Staatssozialismus hat die Linke zwar nicht die Fähigkeit verloren, Moralvorgaben aufzustellen, aber das hat keine allgemeinverbindliche Kraft mehr. Diese Wunde heilt nicht so schnell. Deshalb wären wir jetzt ohne die Kirchen und Religionsgemeinschaften eine moralfreie Gesellschaft.

Nicht alle halten sich an die Moral.
Natürlich nicht, der Mensch ist ein seltsames Tier. Aber dass es solche Normen gibt, etwa die Feindesliebe …

Das können Sie?
Nein, so weit geht's bei mir nicht, aber wenigstes hasse ich nicht zurück. Das habe ich mir im Bundestag von Anfang an geschworen.

Welche Normen meinen Sie denn?
Zum Beispiel das Verhältnis von Kindern zu Eltern und von Eltern zu Kindern, das ist wesentlich auch den Kirchen zu verdanken. Ein solches Wertegerüst ist sehr wichtig. Allein schon deshalb hätte eine religionslose Gesellschaft verheerende Folgen. Aber trotz des Wertegerüsts gibt es die entsetzlichen Missbrauchsfälle.

Haben Sie überhaupt ein Feindbild?
Ich habe, selbst häufig angefeindet, kein Feindbild. Habe es nie
gehabt. Feindbilder isolieren den Menschen in einem ideologischen Käfig. Darin bekäme ich zu wenig Luft, die ich wie wir
alle zum Atmen brauche.

Zum Atmen und zum – Reden.
Ja.

*Sie sagen von sich, Sie hassen nicht zurück. Lernten Sie in der Politik
also schnell, sich ein dickeres Fell zuzulegen?*
Dickes Fell, Hornhaut, Panzer … Das sind Worte, die ich
eigentlich nicht mag, wenn der Umgang miteinander beschrieben werden soll. Aber manchmal ist es unumgänglich, sich zu
rüsten. Stets war für Trainingsmöglichkeiten gesorgt: Als die
Attacken gegen meine Partei zum Alltag gehörten, schickte
man mich hinaus. Ich holte mir draußen die Beulen, und anschließend wurde ich in der Partei gepflegt. Als die Angriffe
draußen abnahmen, meinte man drinnen, mir fehle etwas –
und nun wurde ich von den eigenen Leuten stärker als vorher
gezaust.

Kapitalismus und Moral – wie steht es damit?
Der Kapitalismus kommt um das Prinzip der Konkurrenz nicht
herum. Wenn der Bäckermeister A Pleite geht, geht es dem
Bäckermeister B besser. Das ist moralisch schwer zu erklären.

*Sie sind Atheist. Aber alles, was Menschen glauben, das gestehen Sie
ihnen zu?*
Ja, wenn es keine anderen Menschen verletzt.

*Es gab die kommunistische wie sozialistische Vorstellung, man könne
Religion überwinden.*
Mein Vater war anderer Meinung. Er wies mich darauf hin, dass
Religion bleiben wird, weil viele Menschen sie benötigen und
Atheisten vieles nicht erklären können.

Religion tröstet.

Aber sie macht auch sensibel für Fragen, die ungelöst bleiben, so sehr wir auch grübeln und forschen. Nehmen Sie nur den Anbeginn der Erde, als sie ganz anorganisch war. Wie entstand das Organische? Durch einen Meteor mit Bakterien? Aber woher kam der? Wir haben zu Hause übrigens immer Ostern und Weihnachten gefeiert – und meine Mutter stellte mir dabei die großen Juden der Weltgeschichte vor.

Was kann ein Linker aus der Geschichte der katholischen und der evangelischen Kirche lernen?

Nehmen Sie die Reformation. Sie zeigte, dass eine Institution, die das Regelwerk überzieht, Gegenwehr provoziert. So widerfuhr es der Kirche mit dem Ablasshandel. Die Gegenreformation war wiederum die Reaktion auf manches überschießende protestantische Element. Das ist eine wichtige Lehre für mein Leben.

Wieso?

Auch die Linken versuche ich stets davor zu warnen, programmatisch zu überziehen. Sonst lösen sie eine Gegenreaktion aus, die dann ebenfalls ihre Berechtigung hat. Die Geschichte beweist es.

Sie finden Papst Franziskus ziemlich gut.

Die Kardinäle waren geschickt, sie haben ihn gewählt, weil die katholische Kirche in einer Krise war – das moralische Ansehen litt unter den zahllosen Missbrauchsfällen. Und da haben sie gemerkt: So einen Papst brauchen wir jetzt. Also haben sie ihn auf den Thron gehoben, aber seither stellen viele ihm ein Bein, wo sie nur können.

Ein Linker verteidigt den Papst!

Wer hätte das geahnt, ja. Aber es brauchte endlich einen solchen Papst, der an die Ursprünge des Christentums erinnert. Franziskus gelingt diese Rückbindung, auch mit seiner Einstellung gegen Armut und Krieg. Er stellt Menschheitsfragen und versucht, sie zu beantworten. Etwa, dass es um Gerechtigkeit gehe, dass jeder Mensch eine Schöpfung Gottes sei, darum, dass es nicht gerechtfertigt sei, wenn es dem einen viel besser gehe als dem anderen. Natürlich hat es über die Jahrtausende Abwege gegeben, aber er knüpft da wieder an.

Franziskus schrieb: »Wirtschaft tötet.«
Stimmt doch! Jährlich sterben auf der Erde rund 70 Millionen Menschen, davon 18 Millionen an Hunger, obwohl die weltweite Landwirtschaft die Menschheit zweifach ernähren könnte. Hinzu kommen 12,5 Millionen Tote aufgrund von behebbaren Umweltschäden. So tötet Wirtschaft. Als der Papst mich empfing, als ich in Rom war, habe ich eine Konferenz gegen die Armut auf der Welt angeregt.

Und was sagte er? Zustimmung? Verabredung?
Na ja, überstrapazieren wir die Erwartung nicht ... Er hat auch einen Mangel, er ist bei den notwendigen Reformen zu zögerlich und leider nicht konsequent.

Zum Beispiel?
Zum Beispiel bei der Gleichstellung der Geschlechter.

Sind Kommunismus und Christentum also Parallelen, die sich erst sehr spät in der Unendlichkeit treffen?
So schnell wird's nicht gehen.

Ich denke, Sie sind Zweckoptimist.
Im Scherz hab' ich mal behauptet, Jesus Christus wäre heute bei den Linken.

Aber?
Er würde sich nie in die inneren Machtkämpfe einer Partei begeben, das wäre für ihn das Letzte. Aber ein Linker wäre er ganz bestimmt.

Man kann also links sein, ohne Mitglied der Linken zu sein?
Aber selbstverständlich! Die gesellschaftliche Linke ist die stärkste linke Kraft weltweit, bei Gott nicht die Linkspartei.

Wären die Kirchen umsonst gebaut, wenn es Gott nicht gäbe?
Kirchen sind nicht für Gott gebaut worden, sondern für Menschen.

SPIEGEL-BILD

»Habe mich an mich gewöhnt«

Herr Gysi, beschreiben Sie den Menschen, den Sie im Spiegel sehen.
Ich habe nicht die geringste Lust, mich selbst zu beschreiben.

Sehen Sie sich lieber morgens oder abends im Spiegel?
Am liebsten nur morgens beim Rasieren.

Stehen Sie vorm Spiegel und üben eine Rede?
Nee. Nie. Was ich da sehe, verschlägt mir ohnehin manchmal die Sprache.

Ärgern Sie sich über unvorteilhafte Fotos in Zeitungen?
Gelegentlich schon.

Was ist so schön an Öffentlichkeit?
Freundliche Reaktionen sind angenehm. Es gibt aber auch das Gegenteil, und manchmal ist einem so zumute, dass man überhaupt nicht erkannt werden möchte.

Schmeichelt es Ihnen nicht, nahezu überall erkannt zu werden?
Erstens gibt es viele Menschen, die mich nicht erkennen, und zweitens habe ich in der Zeit, in der ich überhaupt nicht erkannt wurde, auch nicht schlecht gelebt.

Wann waren Sie am eitelsten?
Am 6. November 1989 war ich das erste Mal im Fernsehen der DDR, bei Heinz Florian Oertel. An dem Tag wurde der Entwurf eines Reisegesetzes veröffentlicht, ein unentschiedenes, halbherziges Papier, welches das Reisen nicht richtig erlaubte und nicht richtig verbot. Alle in der Sendung begrüßten den Entwurf, ich kritisierte ihn. Dann erklärte ich, dass ich mit den anderen vierzehn Vorsitzenden der Rechtsanwaltskollegien in der DDR

einen neuen Entwurf verfassen werde und hoffe, dass er der
Volkskammer besser gefalle als der vorgelegte. Und dann drehte
ich mit meiner Eitelkeit durch und bat die Fernsehzuschauerin-
nen und Fernsehzuschauer, mir ihre Ideen zu schreiben.

Was war daran so furchtbar?
Ich hatte am nächsten Tag 6000 Briefe, am übernächsten Tag
6000 Briefe, und natürlich konnte ich sie nicht von der norma-
len Anwaltspost unterscheiden. Wenn ein Mandant oder eine
Mandantin mir geschrieben hätte, dass ich ein Rechtsmittel ein-
legen solle, hätte ich den Brief viel zu spät gefunden, die Frist
wäre versäumt gewesen. Ich habe mich sehr erschreckt. Glücklicherweise halfen mir zehn Kolleginnen und Kollegen über
mehrere Nächte, die Briefe zu öffnen und zu unterteilen. Wenn
das nicht passiert wäre, müsste ich wahrscheinlich heute noch
Schadenersatz bezahlen. Da habe ich auf jeden Fall begriffen,
dass ich mich zu gönnerhaft, zu missionarisch ans Fernsehpub-
likum gewandt und also nicht ich meine Eitelkeit, sondern sie
mich beherrscht hatte.

Wer darf Ihnen Eitelkeit vorwerfen?
Jede und jeder, es sei denn, sie oder er ist noch eitler als ich.

Was ist Ihnen in der Öffentlichkeit peinlich?
Die Frage werde ich Ihnen schon deshalb nicht beantworten,
weil sonst jene, die mich nicht mögen, genau solche Situationen
organisieren werden.

Gehen Sie gern auf Bühnen?
Auf jeden Fall stört es mich nicht.

Gehört zur Eitelkeit, nicht aufhören zu können?
Das glaube ich in Bezug auf mich selbst nicht. Ich konnte als
Parteivorsitzender, als Fraktionsvorsitzender, als Berliner Bür-
germeister und Senator aufhören. Auf jeden Fall hat mich die
Eitelkeit nicht daran gehindert.

Was gefällt Ihnen an sich selbst? Was nicht?
Na ja, ich komme einigermaßen mit mir klar. Das heißt, es gibt Dinge, die mir gefallen und Dinge, die mich stören. Aber ich werde das jetzt nicht im Einzelnen aufzählen.

Sie sind also letztlich gern der, der Sie sind?
Ja.

Warum?
Die Begründung ist einfach: Ich bekomme eh keinen anderen für mich als mich selbst. Ich habe mich an mich gewöhnt.

Sie waren als Kind doch bestimmt im Ferienlager. Fühlten Sie sich wohl?
Meine Freude war begrenzt. Ich war nicht der Typ, der gern im Zelt oder in Bungalows mit vielen anderen Kindern gemeinsam übernachtete. Mich beschäftigte, wie man sich miteinander verträge. Das strengte mich an, es belastete mich. Aber letztlich habe ich mich eingeordnet und eingewöhnt. Ich kann mich in vielen Situationen so verhalten, dass ich trotz Distanz offen genug bleibe für schöne Erlebnisse.

Der Filmregisseur Federico Fellini sagte, jedem Menschen entspreche vom Charakter her ein Musikinstrument. Was glauben Sie – welches entspricht Ihnen?
Ich denke, dass eine Kombination aus Schlagzeug und Piccoloflöte mir am ehesten entspricht.

Welches Musikinstrument hören Sie besonders gern?
Das Piano und die Geige, aber gelegentlich auch Gitarre und Schlagzeug.

Welches Instrument würden Sie gern spielen?
Alle, aber ich kann keines.

MEDIEN

Herr Gysi, macht Ihnen die Entwicklung der Medien Angst?
Nein. Die Vielfalt der Medien ist ein kostbares Gut. Ich weiß,
wovon ich rede: Es gab Zeiten, da wurden die damalige PDS und
ich als ihr Vorsitzender fast vollständig negativ von den Medien
bewertet.

*Wenn man sich umsieht: Die Mehrheitslust auf demokratische Teil-
habe sinkt.*
Ja. Sehr böse gesagt: Irgendwann werden Menschen nichts mehr
zu verlieren haben als ihre Verkabelung.

Sehr böse meinen Sie's nie wirklich.
Das stimmt.

*Publizist Günter Gaus nannte das, was Sie beschreiben, in einem
Gespräch mit Ihnen im Deutschen Theater Berlin die »Industrialisie-
rung des Bewusstseins«.*
Es ist nicht zu leugnen, dass die Verflachung der Politik in den
Massenmedien das Publikum zuerst ein bisschen amüsiert,
schließlich langweilt und dann abstumpft.

*Nach der Angst hatte ich deshalb gefragt, weil – überspitzt gesagt –
aus Visionen eine zynische Tele-Vision werden könnte: Zwischen
Günther Jauchs »Wer wird Millionär?« und der Frage »Wer wird
Bundeskanzler?« finden mediale Annäherungen statt, die ein demo-
kratisches System auf fatale Weise »revolutionieren«.*
Na ja, ist wohl ebenfalls arg übertrieben. Aber das Gedankenspiel
verstört durchaus, und es ist insofern bedenkenswert, als es auf
ein Problem und eine Tendenz hinweist, die man tatsächlich
nicht unterschätzen darf. Ja, manchmal hat man den Eindruck,
es fehlt bloß noch, dass Publikums- und Telefon-Joker sowie die

50-50-Option zu Hilfsmechanismen von Wahlentscheidungen werden.

Sind Medien – wenn man das so allgemein fragen darf – kritisch und aufklärerisch genug?
In bestimmten Fällen ja, in immer mehr Fällen nicht.

Wann nicht?
Dann nicht, wenn sie sich zu sehr nach dem politischen Mainstream richten.

Wodurch ist Meinungsfreiheit denn gefährdet?
Bestimmte Kritikerinnen und Kritiker von Verhältnissen – denken Sie an die Pandemie – werden von den Medien nicht oder kaum eingeladen und ernst genommen. Wenn eine Meinung durch die öffentlichen Medien nicht transportiert wird, gibt es sie zwar trotzdem, aber sie ist kaum bekannt.

Das ist Diskriminierung.
Genau. Außerdem ist die Meinungsfreiheit gefährdet durch die wachsende Zahl von Fake News, so dass es für die Einzelne und den Einzelnen immer schwieriger wird, sich mit einer bestimmten Sicherheit und Verlässlichkeit eine Meinung zu bilden.

Was ist wahr am Begriff »Lügenpresse«?
Dieser Begriff geht völlig daneben. Natürlich lügen Journalistinnen und Journalisten wie alle anderen Menschen gelegentlich auch. Man sollte aber niemandem etwas vorwerfen, wovon man selbst nicht frei ist. Außerdem gibt es ein Presserecht, das man einfordern kann.

Noch mal zur Sensationsgier: Wenn man Zeitungen und Zeitschriften durchblättert: eine Spirale unablässiger Steigerungsformen. Allen Beteiligten vor und hinter Kameras oder Mikrophonen treibt es mitunter den Schweiß auf die Stirn: Bin ich dran, bin ich drauf, bin ich topp, bin ich cool?

Ich kann ja nicht leugnen, selber oft medial präsent zu sein. Aber das ändert nichts an meinem zwiespältigen Urteil über das, was wir längst ganz selbstverständlich die Mediengesellschaft nennen. Der Begriff offenbart Glanz und Elend.

Es herrscht Meinungsgestöber in Deutschland. Ja, man hat mehr und mehr das Gefühl gesteuerter Medien – ohne aber herausbekommen zu können, wie diese Steuerung geschieht. Etwa beim Krieg in der Ukraine. Unversöhnliches »Rechthabenwollen« auf allen Seiten?
Wenn wir die Spaltung unserer Gesellschaft nicht noch vertiefen wollen, sollten wir respektieren, dass die einen wie die anderen Frieden zwischen Russland und der Ukraine wollen. Die einen glauben, mittels Waffenlieferungen das Selbstverteidigungsrecht der Ukraine zu stärken und einen gerechteren Frieden zu erreichen. Wir, die das anders sehen, dürfen sie aber nicht als Kriegstreiber oder Ähnliches sehen und beleidigen.

Und umgekehrt?
Gilt das genauso. Ich gehöre zu denen, die aus historischen Gründen gegen deutsche Waffenlieferungen sind. Das Töten, Verletzen, Zerstören muss beendet werden. Das ist ein zutiefst friedlicher Sinn. Deshalb ist es falsch, uns als Putin-Knechte zu bezeichnen.

Berichten Medien also zu einseitig?
Es gibt zum Beispiel auch die völkerrechtswidrigen Kriege des NATO-Mitglieds Türkei gegen Syrien und Irak, speziell gegen die Kurdinnen und Kurden, die uns alle im Kampf gegen den »Islamischen Staat« unterstützt haben. Und zwar am Boden, nicht aus der Luft. Und es gibt einen furchtbaren Krieg im Jemen mit unvorstellbarem Leid. Dahinter stehen der Iran und Saudi-Arabien. Wenn wir glaubwürdig sein wollen, müssen wir diese Kriege ebenfalls scharf verurteilen. Ich hoffte, dass unsere öffentlich-rechtlichen Medien endlich einmal Bilder von diesen Kriegen zeigten, damit sich humane, solidarische Gefühle in der Bevölkerung entwickeln können. Machen sie aber nicht.

Sie erwähnten die Corona-Pandemie. War da also auch diese Einseitigkeit zu spüren?

Immerhin zwanzig Prozent der Bevölkerung sahen all die damaligen Maßnahmen der Regierung nicht ein. Virologinnen und Virologen und andere Fachleute, die solchen Auffassungen eine Stimme hätten geben können, kamen aber nur sehr vereinzelt vor. Es gibt einen Unterschied zwischen der Leugnung von Umständen und einer Nachdenklichkeit, die aus Umständen entstehen kann. Mit anderen Worten, ich trete dafür ein, dass die Medien wieder stärker unterschiedliche Auffassungen widerspiegeln.

Sind die Medien feige geworden, was die Ehrlichkeit des Meinungsstreits betrifft?

Nein, ich glaube, es geht um etwas anderes. Es wird überall und permanent eingespart. Das führt zu immer weniger Personal und damit auch zu weniger gründlicher Recherche. Dann darf man auch die sozialen Medien nicht vergessen, die bedeuten schon Konkurrenz.

Medial hat sich die ganze Welt enorm gewandelt.

In der Zeit der ersten Interviews von Günter Gaus ...

Sie meinen dessen TV-Reihe »Zur Person«.

Ja. In den sechziger Jahren. Da bedeutete ein Auftritt von Politikerinnen und Politikern im Fernsehen eine außerordentliche Chance der Selbstdarstellung, bei der man noch sehr, sehr aufgeregt war. Vor dem Interview mit Willy Brandt ging dieser gemeinsam mit Egon Bahr tagelang die Themen und Details durch, die dieser Herr Gaus – live! – erfragen könnte. Heute dagegen steht ein Fernsehtermin als x-beliebiger Termin zwischen einem Frühstück mit einer Boulevardzeitung und der Autogrammstunde in einem Freizeitpark.

In unterschiedlichen Phasen der technischen Entwicklung gab es unterschiedliche Anforderungen an die politische Rede.

Schrift und Bild und Versammlungsrede haben eine lange, wechselvolle Geschichte. Zunächst wurde nur auf der Straße und auf

Plätzen geredet, es kam also auf die Stimme an. Dann kam, nach Zeitungen und Radio, das Fernsehen und damit wurde die Gesamtwirkung bedeutsam. Es geht heute nicht mehr nur um die Art zu sprechen, sondern auch um die Art zu wirken. Gesichtsausdruck, Kleidung, das alles ist nicht mehr zu unterschätzen.

Es leben die Nebensächlichkeiten!
Ja, da mühst du dich um Argumente, und dann bekommst du Briefe, in denen deine Krawatte kritisiert wird.

Sie erwähnten die sozialen Medien.
Auch das ist die Geschichte eines unaufhaltsamen Vormarsches.

In einer Zeit, in der eh alles schneller und zugleich komplizierter geworden ist, wachsen die Schwierigkeiten, bestimmte Sachverhalte wirklich komplex zu erklären.
Trotzdem gibt es Wege der Vereinfachung, die legitim und nötig sind. Das hängt damit zusammen, dass man sich nicht verästeln darf. Aber der Kern dessen, was man übermittelt, muss der Wahrheit entsprechen.

Soziale Medien, das heißt: Es ist sozial, die Möglichkeiten der demokratischen Mitsprache zu erweitern?
Ja. Jeder kann per Klick mitreden, mitdiskutieren. Der Kommentar ist nicht mehr das Privileg einer journalistischen Elite. Die Welt ist durch Digitalisierung durchsichtiger geworden. Heute genügt ein Klick, und wir sind bildlich an Kriege angeschlossen. Wie soll man mit Bewertungen nachkommen, wenn wir die Dinge so unmittelbar, simultan wahrnehmen? Tatsachen und besagte fatale »alternative Fakten« schwirren durcheinander; jeder und jede hat eine Ansicht zu Situationen, die doch niemand wirklich durchschaut.

Die Rolle der sozialen Medien ist nicht mehr zurückzudrehen.
Aber sie reizen auch zu verbaler Unkontrolliertheit und Aggression.

Auf Wegen durchs Netz sinken die Hemmschwellen.
Trotzdem: Als unbelehrbarer Zweckoptimist nehme ich letzten Endes das Wort »sozial« gewogen auf und denke daran, wie schnell heutzutage Reden verbreitet werden können, die ansonsten lediglich ein paar phoenix- oder n-tv-Zuschauer und -Zuschauerinnen zur Kenntnis nähmen.

KINDER

Herr Gysi, die Fehler, die man den Eltern vorwirft – wiederholt man sie bei den eigenen Kindern?
Gelegentlich schon, und das ärgert.

Zum Beispiel?
Man erwischt sich dabei, dass man Dinge, die man nie wiederholen wollte, dann doch wiederholt. Als sich meine Mutter meine erste, wunderbare Beatles-Platte anhörte, sagte sie: »Die singen ja immer das Gleiche.« Ich wies das empört zurück. Irgendwann viel später spielte mein Sohn AC/DC, und da hörte ich von mir doch tatsächlich den Satz: »Sag mal, die singen ja immer das Gleiche.«

Kinder heutzutage. Was fällt Ihnen besonders auf, spontan?
Heute stehen Eltern vor allem vor einer Frage: Bekommt unser Kind erst mit fünf oder schon mit vier Jahren ein Handy?

Das ist gelebte Frühreife!
Ja, ja! Das ist Vertrauen in die frühe Jugend! Und es lässt sich steigern: Warum kein Wahlrecht ab Geburt? Eine Familie mit sechs Kindern, das ergibt acht Stimmen. Der Parlamentarismus würde revolutioniert.

Womit nerven Sie Ihre eigenen Kinder?
Indem ich ihnen irgendetwas zum dritten Mal erzähle.

Waren Sie ein strenger oder vorwiegend toleranter Vater?
Da ich bei einem meiner Söhne alleinerziehend war, musste ich sämtliche Seiten bedienen. Ich konnte mich nicht nur auf die Sonnenseiten konzentrieren. Deshalb war ich mal streng, mal tolerant. Zu meinem ältesten Sohn war ich, so glaube ich, über-

wiegend tolerant, freilich auch nicht immer. Bei meiner Tochter konnte ich mir etwas mehr Toleranz leisten, weil sie von beiden Eltern erzogen wurde.

Ein alleinerziehender Vater – was war das Schwerste, was das Schönste?
Das Schwerste war die Schule, das Schönste waren gemeinsame Reisen.

Haben Sie selbst gekocht?
Selten.

Sie haben einen Enkelsohn. Was unterscheidet den Großvater vom Vater?
Ganz einfach: Man ist für die Erziehung überhaupt nicht zuständig. Man muss nur eingreifen, wenn das Leben, die Gesundheit oder Sachwerte gefährdet sind.

War es für Ihre Kinder nach 1989 ein Problem, Gysi zu heißen?
Selbstverständlich, vor allem für meinen zweiten Sohn, für den ich allein das Sorgerecht hatte. Auf Arbeitssuche war der Name durchaus hinderlich.

Erkennen Sie sich selbst in Ihren Kindern?
Ich staune, was sie alles können, was ich nie konnte. Ein bisschen aber erkenne ich mich schon.

Früher sagten Eltern mit ziemlicher Gewissheit: Unsere Kinder werden es besser haben! Der Satz hat es heute schwer. Wie traurig ist das?
Das bringt am besten die veränderte gesellschaftliche Situation zum Ausdruck. Es gibt in jeder Hinsicht Zukunftsängste. Es gibt überhaupt keine Garantie dafür, dass es Kindern oder Enkelkindern in ihrem künftigen Leben besser gehen wird als einem selbst. Politik muss sich grundlegend ändern – so, dass diese Gewissheit auch in der Mitte der Gesellschaft wieder entsteht.

Der Zweckoptimist!
Ich weiß, das ist derzeit fast schon Idealismus.

Interessieren sich Ihre Kinder wirklich für Politik? Haben sie Verständnis dafür, dass ihr Vater so in Politik aufgeht?
Sie interessieren sich sehr wohl für Politik, ohne je in einer Partei organisiert gewesen zu sein. Oder es vorzuhaben. Parteien sind nicht ihr Ding. Aber Verständnis für meine Aufgaben haben sie, ja. Freilich sehen sie vieles distanzierter als ich. Ich glaube, sie sind in manchen politischen Auffassungen mir gegenüber eher höflich und sensibel.

Was ist Ihnen gegenüber Ihren Kindern peinlich?
Sie glauben doch nicht im Ernst, dass ich Ihnen das erzähle. Das wäre ja noch peinlicher.

Woran merken Sie am deutlichsten diesen ganz natürlichen Generationskonflikt zwischen Älteren und Jungen?
Es gibt viele Unterschiede. Wie gesagt, sie hören andere Musik, sie gehen völlig anders mit Handy und Computer um, sie machen sich große Sorgen hinsichtlich des Klimawandels. Wir Alten sollten nicht darauf drängen, dass sie sich so verhalten sollten, wie wir uns verhalten haben. Jede Generation hat eigene Regeln.

Ist Demokratie für junge Leute nicht eine Idee zu selbstverständlich?
Das ist der Widerspruch: Demokratie hat gefälligst selbstverständlich zu sein, sie ist nicht mit Pflichten zur Dankbarkeit verbunden, aber gleichzeitig muss gelernt und beherzigt werden, dass man sich um Freiheit und Demokratie immer kümmern muss. Außerdem sollten wir versuchen, jungen Menschen eine bestimmte Allgemeinbildung zu vermitteln.

Bekommen sie die nicht?
Bildung ist mehr als das, was zur Ausbildung gehört.

Würden Sie noch mal ein Kind sein wollen? Warum, warum nicht?
Na, selbstverständlich nicht. Da hätte ich ja mein ganzes Leben
noch mal vor mir. Nein, um Gotteswillen! Obwohl es im um-
fassenden Sinne ein gutes Leben war und ist.

Waren Sie ein guter Schüler?
Nicht sehr gut, aber auch nicht schlecht.

*Sie sind erfolgreich. Da schließt man automatisch auf Ehrgeiz. Rich-
tige Vermutung?*
Als ich noch sehr jung war, suchte mein Ehrgeiz meist erfolgreich den Ausgleich mit dem geringsten Aufwand.

Kindheit heißt: Märchen. Hatten Sie ein Lieblingsmärchen?
Mehrere. Aber jetzt, als Erwachsener, habe ich auch eins. Es
ist ein Märchen der Gebrüder Grimm. Es ist etwas unheimlich,
geradezu böse, finde ich. Es ist die Geschichte von Herrn Korbes. Ein sehr kurzes Märchen.

Wie geht's denn?
Hühnchen, Hähnchen, zwei Mäuschen, Katze, Mühlstein, Ei,
Ente, Stecknadel und Nähnadel fahren zu des Herrn Korbes
Haus. Der ist nicht zu Hause, aber jetzt müsste man das genau
vorlesen, weil man keine Grausamkeit auslassen darf, die darauf-
hin passiert.

Sie können den Text doch herbeigoogeln.
Interessiert Sie's wirklich?

Klar.
Moment. Hier, das ist die entscheidende Passage, und der
Schluss haut mich immer wieder um. Wir wissen ja nichts über
diesen Herrn Korbes: »Die Mäuschen fuhren den Wagen in die
Scheune, das Hühnchen flog mit dem Hähnchen auf eine Stange,
die Katze setzte sich in den Kamin, die Ente in die Bornstange,
das Ei wickelte sich ins Handtuch, die Stecknadel steckte sich
ins Stuhlkissen, die Nähnadel sprang aufs Bett mitten ins Kopf-

kissen, und der Mühlstein legte sich über die Türe. Da kam der böse Herr Korbes nach Haus, ging an den Kamin und wollte Feuer anmachen, da warf ihm die Katze das Gesicht voll Asche. Er lief geschwind in die Küche und wollte sich abwaschen, da spritzte ihm die Ente Wasser ins Gesicht. Er wollte sich an dem Handtuch abtrocknen, aber das Ei rollte ihm entgegen, zerbrach und klebte ihm die Augen zu. Er wollte sich ruhen und setzte sich auf den Stuhl, da stach ihn die Stecknadel. Er geriet in Zorn, und warf sich aufs Bett, wie er aber den Kopf aufs Kissen niederlegte, stach ihn die Nähnadel, so dass er aufschrie und ganz wütend in die weite Welt laufen wollte. Wie er aber an die Haustür kam, sprang der Mühlstein herunter und schlug ihn tot.« Furchtbar, oder?

In einem Ihrer Bücher habe ich von einem Zettel gelesen, auf dem stehen diese Wörter.
Zeigen Sie mal. »Matrosenanzug, Spile, Bücher, Injanerburg, Bokshanschu«. Sie haben ja alles falsch geschrieben!

Ich, na klar. Das ist Ihr Weihnachtswunschzettel von 1957. Alles bekommen?
Bestimmt. Aber den Matrosenanzug nicht, aus ihm wäre ich auch längst herausgewachsen.

Knapp, würde ich sagen.
Für diese Frechheit bezahlen Sie – und zwar beim nächsten Mal beide Currywürste.

MITREGIEREN

Herr Gysi, hat die Linke Angst vorm Regieren?
Die Linke gibt es so pauschal nicht. Die Landespolitik dieser Bundesrepublik kennt inzwischen einige linke Mitregierende. Und wo ein Linker Ministerpräsident wurde, Bodo Ramelow in Thüringen, musste nicht befürchtet werden, dass Kommunismus ausbricht. Es gibt in meiner Partei allerdings Leute, die gern feurige Reden halten, aber immer dann, wenn es darum geht, den Menschen konkret zu helfen und einen Konflikt auszuhalten und sich zu öffnen, lassen sie sich nur selten blicken oder blocken ab.

Mitregieren ist konkrete Hilfe.
Ja.

Es ist ein Dauerthema in der Linken: Regierungsbeteiligung oder nicht?
Ja, es ist die Frage, ob der Kampf um Akzeptanz und Wirkung in unmittelbare politische Mitbestimmung einmünden sollte oder »nur« weiter die bestehende, konsequente Opposition befestigen müsste. Hätte linker Geist in einer Landesregierung einen wirklich verändernden Einfluss, oder würde er aufgerieben und neutralisiert? Die Frage, wie weit man sich auf die Gestaltung der Gesellschaft einlässt oder sich bewusst und unverführbar querstellt – in einer linken Partei sind das oft Debatten und Auseinandersetzungen im Nervenzentrum.

Es geht um das Verhältnis von Prinzipientreue und Flexibilität?
In all den Jahren meiner politischen Tätigkeit habe ich es nie mit der reinen Lehre gehalten. Demokratie ist Beteiligung. Sich unter keinen Bedingungen mit dem politischen Gegner gemein zu machen, mag sehr stolz klingen. Es kann aber auch

eine verhängnisvolle, unfruchtbare Abkehr von der Realität bedeuten. In Fragen einer Koalition immer nur darauf zu bestehen, die andere Seite müsse sich entschieden ändern, nicht man selbst – das führt in die Sektiererei. Und hilft den Menschen nicht, die man politisch vertritt. Wer erst dann Regierungsverantwortung übernehmen will, wenn die Bedingungen herrschen, die man selbst vorgibt, der betreibt Politik für den Sankt Nimmerleinstag.

Also: Kompromisse!
Wer nicht kompromissfähig ist, ist nicht demokratiefähig. Wer allerdings zu viele Kompromisse schließt, gibt seinen Charakter auf.

Den goldenen Mittelweg finden?
Es ist der schwierige Weg, er macht aber die Kunst aus, Politik zu betreiben.

Das heißt?
Alle Schritte müssen in die richtige Richtung gehen. Die Schritte dürfen aber kürzer sein, als wir uns das vorgestellt haben. Zu keiner Zeit brauchen wir eine Koalition, bei der alles bliebe, wie es ist. Aber momentan steht das alles, auf Bundesebene, eh nicht zur Debatte. Und selbstredend kam in unserer Partei noch hinzu: Wir waren ja nicht bloß aus eigener Überzeugung Opposition, wir sollten, und sollen dauerhaft, in diese Rolle hineingezwungen werden.

Eben auch mit unfairen Mitteln.
Und naturgemäß entwickelt sich bei so einem Kampf um Anerkennung beides: der Trotz, der sich abriegelt, und gleichermaßen das Bedürfnis, endlich mal aus der Position des Außenseiters herauszutreten und beweisen zu können, dass man legitimiert und kompetent »dazugehört«.

Beim Thema Mitregieren bekommen Linke also nach wie vor Minderwertigkeitskomplexe.

Nicht alle. Bodo Ramelow bestimmt nicht. Ich auch nicht. Als wäre die Linke nicht in der Lage, für ihre Politik auch in komplizierten Koalitionsverhandlungen zu streiten und sich, so weit wie möglich, auch im politischen Alltag zu behaupten. Natürlich würden wir auch Lehrgeld bezahlen, natürlich gäbe es Fehler.

Es gab sie, diese Fehler.
Ja, etwa wenn ich an die erste Mitregierungszeit in Berlin denke. Aber wer meint, man solle es lieber gar nicht erst versuchen, der wird am Ende die meisten Hoffnungen enttäuschen.

Öffnung um jeden Preis?
Wer sagt denn so etwas? Aber natürlich kann man sagen: Leute, wir wollen gar nicht wirklich verändern, wir wollen nur unsere Anträge stellen, und dass sie im Mülleimer landen, entlarvt das System und gibt uns also recht. Opposition und Oppositionspose, das geht ganz schnell und gefährlich zusammen, da darf man sich nichts vormachen, und da darf man sich nicht einmauern.

Sollte Deutschland irgendwann aus der NATO austreten?
Das hat meine Partei nie beschlossen. Was soll das bringen? Die NATO bliebe auch ohne Deutschland die NATO. Was wir anstreben, ist die Auflösung der jetzigen NATO – um ein neues Bündnis für Sicherheit und Zusammenarbeit in Europa zu schaffen. Übrigens mit Russland! Das liegt aber wirklich in sehr weiter Ferne.

Ein neues Bündnis. Und die Rolle Deutschlands darin?
Deutschland könnte zum Beispiel – auch als Mitglied der NATO! – zum Hauptvermittler werden – überall da, wo es Konflikte gibt. Früher haben das die Blockfreien gemacht, zum Beispiel Finnland und Schweden – und jetzt?

Kritik an Menschenrechtsverletzungen – geht die Linkspartei da bisweilen nicht zu selektiv vor, aus ideologischen Anhänglichkeiten?
Auch die Linke darf sich nicht aussuchen, welchen Bruch des Völkerrechts sie hinnimmt und welchen sie kritisiert. Wir soll-

ten, wenn wir im Land A für Menschenrechte eintreten, dies auch im Land B tun. Das macht leider keine Partei. Man ist aber nur glaubwürdig, wenn man das einheitlich macht. Wenn ich in Kuba bin, lobe ich Bildungssystem und Gesundheitswesen. Dann folgt das »aber«.

Wären Sie gern Außenminister?
Nein, dafür ist mein Englisch zu schlecht. Wenn schon, dann Kanzler. (*Lacht*)

WALD UND WIESE (1)
»Honecker. Da gäbe es viele Fragen«

Herr Gysi, wir müssen bei unseren Gesprächen nicht immer ein Ziel haben. Ich frag mich heute mal durch Wald und Wiese. Kündigt man Sie auf Veranstaltungen an, dann werden Sie, etwa von Moderatoren, kurz charakterisiert. Das ergibt eine beachtliche Liste von Eigenschaften: ehrgeizig, schlagfertig, eloquent, eigenwillig, pfiffig, eitel, authentisch, galant, witzig, wendig, raffiniert, selbstironisch, listig, gewandt, kosmopolitisch, undogmatisch, zynisch … Welches dieser Attribute trifft Sie am besten?
Na, das trifft wahrscheinlich alles irgendwie zu. Von allem etwas. Aber was und wie viel, das mutmaße ich jetzt nicht. Eines aber weise ich zurück: zynisch. Das war und bin ich nie.

Aber schlagfertig, das trifft zu. Eigentlich ein martialisches Wort.
Schlagfertigkeit heißt nicht: Schlag zu und mach die anderen fertig! Es heißt: Schlag vor, schlag Brücken, ins Bessere, und zwar möglichst schnell.

Und Schlagabtausch?
Ist eine Friedenskultur. Und das Wort »fertig« bei Schlagfertigkeit setzt keinen Schlusspunkt. Es kann auch am Beginn stehen. Denken Sie an den Sport: Auf die Plätze, *fertig* – los!

Nennen Sie ein Bundestagsthema, zu dem Sie redeten – ohne jede inhaltliche Kenntnis.
Unser Redner vom Fach – es war Anfang der neunziger Jahre – war plötzlich erkrankt, und ich musste zum Stoffkreislauf der Bundesrepublik Deutschland sprechen. Ich wusste gar nicht, was gemeint ist. Durch die anderen Reden ahnte ich, worum es ging. Ich bin dann schnell ausgewichen und sprach zur Sekundärrohstofferfassung in der DDR. Dasselbe passierte, als es um die Beschaffenheit eines Öltankers ging.

Sekundärrohstoffe! Sie reden ja lieber über den Platz des Menschen in der Gesellschaft.

Nicht übertreiben! Wenn man in einem Hotel ein Zimmer nicht gerade direkt gegenüber dem Fahrstuhl und nicht über dem Luftabzug der Küche hat und frühmorgens ausschlafen darf, ist man mit so einem Platz in der Gesellschaft mitunter schon sehr zufrieden.

Der Alptraum von Schauspielern: Vorhang hoch, Text vergessen. Haben Sie einen wiederkehrenden politischen Alptraum?

Eigentlich nicht. Vielleicht liegt es daran, dass ich Oppositions- und nicht Regierungspolitiker bin.

Ihr Friedenslied?

Es gibt sehr viele, sehr schöne Friedenslieder. Gern höre ich die Aufnahme, die vor Jahren entstand, als Chorus gesungen von den international tollsten Sängerinnen und Sängern: »We are the world«.

Wenn es je zu einer Begegnung gekommen wäre: Was hätten Sie Erich Honecker gern gefragt?

Da gäbe es viele Fragen. Aber wahrscheinlich hätte ich ihn am dringlichsten gefragt, warum er nicht eher aufhören und der nächsten Generation eine Chance geben konnte. Oder wollte.

Gingen Sie als Fraktionsvorsitzender zu Staatsempfängen?

Nur dann, wenn es mir politisch wichtig war. Ausgelassen habe ich Königinnen und Könige, weil man dann einen Frack oder zumindest einen Smoking tragen sollte. Im Smoking finde ich mich albern. Der Besuch von Königin Beatrix in Deutschland war eine Ausnahme, da ging ich hin.

Themenwechsel. Was sagen Sie zu Forderungen nach einem Kopftuch- oder Burkaverbot?

Für Großmütter?

Ich merke, Sie sind heute gut aufgelegt.
Meistens doch, oder? Ich weiß natürlich, was Sie meinen. Wenn
es nicht unbedingt nötig ist, sollte der Staat generell vermeiden,
sich in Kleiderfragen seiner Bürgerinnen und Bürger einzu-
mischen. Wenn Muslima ihre Kopftücher oder Burkas tragen
wollen, dann ist das ihre Angelegenheit. Auch wenn ich Menschen lieber ins Gesicht sehe.

Gibt es Einschränkungen?
Beim Kopftuch nicht, bei der Burka schon. Erzieherinnen, Lehrerinnen, Beschäftigte im öffentlichen Dienst mit Publikumsver-
kehr, Richterinnen, Staatsanwältinnen, Notarinnen, Rechtsanwältinnen und andere müssen bei ihrer Arbeit ihr Gesicht
zeigen: für die Kinder, für andere Bürgerinnen und Bürger, für
die Öffentlichkeit. Also: Das Notwendige müssen wir regeln und
ansonsten die Freiheit der Menschen, einschließlich der Religi-
ons- und Glaubensfreiheit sowie des Rechts auf Freiheit von der
Religion, achten. Das gilt grundsätzlich.

Sind Sie manchmal traurig darüber, dass Sie nicht an Gott glauben?
Vielleicht wäre manches leichter, aber andererseits … nee, ich
glaube nicht.

*Was empfinden Sie angesichts der Gewissheit, dass es Sie in fünfzig
Jahren nicht mehr geben wird?*
Das hängt immer von meiner augenblicklichen Verfassung ab.
Manchmal denke ich, es ist ein bisschen schade, ein anderes Mal
denke ich, es ist vielleicht ganz gut so.

*Was würden Sie, hätten Sie die Macht, auch gegen den Willen einer
Mehrheit durchsetzen?*
Toleranz.

*Keine Revolution hat die Hoffnung derer erfüllt, die den Aufstand
wagten. Leiten Sie davon ab, dass die ganz große Hoffnung lächerlich
sei und nur der Hoffnungslose sich Enttäuschung erspart?*
Sicherlich erspart sich der Hoffnungslose jede Enttäuschung, er

leidet allerdings an einer Art »Grundenttäuschung«, die er nie überwinden kann, und die finde ich furchtbar.

Menschen mit Hoffnungen setzen sich auch Enttäuschungen aus.
Sie haben aber ebenso sicher mehr Erfolgserlebnisse und deshalb letztlich mehr vom Leben – wie immer die Zeiten auch sind.

Wollten Sie als junger Mann am liebsten in einen revolutionären Kampf ziehen oder wie hat sich Ihre revolutionäre Romantik ausgelebt?
Natürlich habe ich Filme gesehen und Bücher gelesen und ein bisschen davon geträumt, auch etwas Heldenhaftes erleben zu können. Damals Kuba, Nicaragua. Aber es fand halt nicht statt, und vielleicht ist es sogar gut so.

In der DDR hieß es für Jugendliche: »Mein Arbeitsplatz ist mein Kampfplatz für den Frieden!«
Sehr erbaulich war das für junge Leute nicht. Es ist ein interessantes Problem: Wie schafft man es, in einer Gesellschaft in Sicherheit zu leben, ohne das Gefühl zu bekommen, es wird langweilig? Ist gar nicht so einfach.

Fürchten Sie sich vor den Armen dieser Welt?
Nein, ich fürchte mich eher vor den Reichen dieser Welt.

Teilnehmer welchen historischen Ereignisses wären Sie gern gewesen?
Eigentlich reichen mir schon die historischen Ereignisse, die ich erlebt habe. Ich weiß nicht, ob ich mich nicht zum Beispiel während der Französischen Revolution zu sehr aufgeregt hätte und was mir widerfahren wäre. Interessiert hätte sie mich schon – natürlich nur weitab von der Guillotine.

Von welcher Erfindung würden Sie gern wollen, dass es Ihre sei?
Das Bett.

Welche Zeitung sollte ich unbedingt lesen?
Zur Freiheit eines Menschen gehört, dass er das selbst entscheiden darf. Welche Zeitung lesen Sie denn?

Ganze Zeitungen, gar im Abonnement, überhaupt nicht mehr. Am liebsten das Feuilleton der Frankfurter Allgemeinen Zeitung.
Jede nur mögliche Nähe zu Kunstwerken hilft.

Kunst ... Denken Sie da – spontan – an einen speziellen Künstler?
Daniel Barenboim.

Welches Kunstwerk haben Sie nie verstanden?
Viele. Dazu reicht eine Currywurst nicht, um sie alle aufzuzählen. Aber gerade weil es so ist, freut man sich umso mehr über jene Kunstwerke, die man versteht. Wobei gar nicht entschieden ist, ob man immer alles verstehen muss.

Herr Gysi, können Sie sich erinnern, Sie haben von Ihrem Lieblingsmärchen erzählt: Tiere verbünden sich mit Dingen und strafen einen Menschen, den Herrn Korbes.
Ja, wieso?

Erst spät haben die Gebrüder Grimm den letzten Satz hinzugefügt: »Der Herr Korbes muss ein böser Mann gewesen sein.« Ohne diesen Satz ist die Tötung von Korbes ein Akt gegen Menschen überhaupt.
Interessant. Ohne diesen relativierenden Satz sagt das Märchen also, dass wir generell bei Tieren und Dingen nicht gut angesehen sind.

Indem das Böse letztlich nur auf Herrn Korbes zugeschnitten wird, sind wir als Gattung entlastet.
Politisch korrekt.

Und falsch.
Ich bleibe Zweckoptimist. Herr Korbes muss ein böser Mann gewesen sein. Er, nicht alle.

ANGELA MERKEL

»Die Stellvertreterin kennen alle«

Herr Gysi, die Regierungszeit der Kanzlerin liegt zwar Ewigkeiten zurück, aber was fällt Ihnen beim Namen Angela Merkel zuerst ein?
Oh ja, lange Zeit her ...

Sehen Sie, man gerät schnell in Vergessenheit.
In der Politik auf jeden Fall. Wie heißt es so schön: Schwamm drüber.

Später dann Gras drüber.
Angela Merkel hatte eine Biographie in der DDR. Wobei sie das dem Umstand verdankte, dass ihre Eltern aus Hamburg umgezogen waren; ihr Vater fühlte als Pfarrer eine christliche Verpflichtung, sich im Osten zu engagieren. Das erinnert mich an meine Eltern, die nach dem Krieg zunächst in Westberlin wohnten und ein Jahr nach meiner Geburt nach Ostberlin gezogen sind.

Was verbindet Sie beide als Ostdeutsche?
Nicht so viel. Ich verstehe nicht, dass sie sich nicht stärker für gleichen Lohn für gleiche Arbeit in gleicher Arbeitszeit in Ost und West eigesetzt hat. Ostdeutsche haben auch immer noch keine gleiche Rente für die gleiche Lebensleistung. Das Argument, dass Mieten und Restaurantpreise im Osten günstiger seien, lasse ich nicht gelten. Mieten und Restaurantpreise in der bayerischen Stadt Hof sind wesentlich günstiger als in München – es ist aber noch niemand auf die Idee gekommen, deshalb in Hof geringere Löhne und Renten zu zahlen.

Es heißt, Frau Merkel habe Europa zusammengehalten.
Sie wollte auf keinen Fall, dass mit ihrem Namen der Zerfall der EU verbunden ist.

Wann ist sie Ihnen zum ersten Mal politisch aufgefallen?
Wahrscheinlich 1990, als stellvertretende DDR-Regierungsspre-
cherin. Wie damals der Regierungssprecher hieß, weiß fast niemand mehr, aber die Stellvertreterin kennen alle.

Eine große Karriere wurde ihr nicht zugetraut.
Sie wurde später nur CDU-Vorsitzende, weil entgegen der bis
dahin geübten Tradition ihre ostdeutsche Herkunft für politische
Unschuld sprach und nicht für Schuld. Sonst ist es ja immer
umgekehrt. Aber bei der CDU-Spendenaffäre galten viele aus
dem Westen als vorbelastet. Ich bin mir ganz sicher, dass die
Männer dort damals dachten: Wir machen sie jetzt mal zur Vorsitzenden, und in zwei Jahren schicken wir sie wieder nach
Hause. Aber dann hat sie die Männer nach Hause geschickt.
Denn es gilt immer auch: So wie du heute agierst, trifft es dich
eines Tages selbst.

Sprechen Sie aus Erfahrung?
Ich hatte Funktionen in einer Partei, um die sich wirklich niemand riss.

Das betraf die Funktion wie die Partei.
Den Grünen-Politiker Jürgen Trittin fragte ich einmal, ob er
Freunde in der Politik und in der eigenen Partei habe. Er ver-
neinte. Da war er gerade Umweltminister, und natürlich meinten alle in seiner Umgebung, sie seien die besseren Umweltminister. Um die Funktionen, die ich hatte, gab es, was mich betraf,
nie Gerangel. Das erhält Freundschaften.

Denn nur aus den eigenen Reihen entsteht Konkurrenz?
Ein CDU-Abgeordneter konkurriert doch nicht mit mir – und
ich nicht mit ihm. Da kann man, im guten Fall, einen ganz sach-
lichen Umgang miteinander pflegen. Aber wenn dich die eigenen Leute umarmen?

Wie würden Sie Merkels Führungsstil beschreiben?
Sie war freundlich und höflich, konnte aber auch einen anderen

Ton an den Tag legen. Sie machte nichts so grob wie ihre Kollegen und ohne Intrigen. Sie hätte nie alle Kreisvorsitzenden angerufen und gesagt: Ihr müsst auf dem Parteitag dies oder jenes tun. Ich weiß ja, wie Männer das machen. Hinzu kommt: Sie ist nicht eitel und materiell nicht interessiert, das schätze ich an ihr. Und sie kann sympathisch lächeln, dies sollte man auch nicht unterschätzen. Sie konnte gut verwalten, Gespräche führen, vermitteln. Für die großen Herausforderungen hatte sie aber kaum Ideen.

Merkel hat die Republik frauen- und familienpolitisch verändert. War sie eine Feministin, die sie nie sein wollte?
Jedenfalls machte sie Politik nicht so wie einst die britische Premierministerin Margret Thatcher. Viele waren damals nicht nur von deren beinhartem Sozialabbau bedient, sondern auch, weil sie das Gefühl hatten, da versucht eine Frau der härtere Mann zu sein. Das ist nicht Merkels Stil gewesen.

Das hatte sie vielleicht nicht mehr nötig.
Möglich, denn Gerhard Schröder hatte damals die neoliberale Politik zusammen mit dem Grünen Joschka Fischer schon forciert. Da konnte sie sogar kleine Reparaturen vornehmen.

Sie ist nicht klassisch konservativ.
Das hat mit ihrer Sozialisation zu tun. In der DDR gab es politische Ausgrenzung und Zensur, aber so gut wie keine soziale Ausgrenzung. Kunst und Kultur waren für jede und jeden bezahlbar, auch für Rentnerinnen und Rentner mit wenig Geld. Es gab preiswerte Kinovorstellungen, Romanzeitungen mit Werken von Dostojewski bis Flaubert für achtzig Pfennig, billige Theater- und Opernkarten. Das hat Merkel erlebt, und das hat sie geprägt. Deshalb sagt man ihr heute nach, sie habe die CDU sozialdemokratisiert. Dass sie der Ehe für alle, mehr Kitaplätzen, Vätermonaten zugestimmt beziehungsweise sie zugelassen hat, das hat mit ihrer Herkunft aus der DDR zu tun.

Wie groß war Merkels Interesse am Osten?
Kohl wollte den Osten erobern, den Westen hatte er ja schon.
Merkel wollte den Westen erobern. Sie wollte wirken, in Bayern
und in Nordrhein-Westfalen.

*Der Schriftsteller Robert Menasse schrieb: »Sie wirkt manchmal
noch immer so, als bestimmten DDR-Sehnsüchte ihre Politik: der
Reisepass und der volle Supermarkt. Damit ist ein Geschichtsziel erreicht, und die Perspektive soll sein: Du kannst auch morgen reisen
und volle Regale vorfinden. Merkel ist eine Politikerin des Status quo.
Sie versprach eine Verlängerung der Gegenwart.«*
Das hatte zur Folge, dass viele Ostdeutsche meinten, sie habe
sich angesichts sozialer Ungerechtigkeiten nicht genug um sie
gekümmert. Quasi über den Schock eines Wochenendes, nach
der Katastrophe von Fukushima, hat sie die Schließung der Kern-
kraftwerke in Deutschland beschlossen. Die Ungleichbehand-
lung der ostdeutschen Rentnerinnen und Rentner hat sie offenbar weniger erschüttert. Sie hätte auch da energischer eingreifen
können.

*Warum stiegen eigentlich nach 1989 so viele Pfarrer und Rechtsan-
wälte aus dem Osten in die Politik ein?*
Die geistige DDR-Elite war großenteils verbraucht und galt als
zu staatsnah. Andererseits brauchte man eine Elite. So blieben
Pfarrer und Anwältinnen. Na ja, und diese eine Ausnahme gab
es: eine Physikerin.

*Hatte Merkel in der Flüchtlingspolitik mit dem Satz »Wir schaffen
das!« recht?*
Es war 2015 eine sehr enge Situation. Das Problem war, dass
damals die Sicherheitsüberprüfungen für die Ankömmlinge ent-
fielen. Ich weiß aber nicht, ob die überhaupt technisch möglich
gewesen wären. Merkel hat durch ihre Linie Freunde gewonnen,
die sie vorher nicht hatte, und sie hat andere verloren.

HANDY

Herr Gysi, sind Sie ein Internet-Junkie? Ständig mit Blick auf Display und Monitor?
Nein, selbstverständlich nicht, aber ich brauche das Handy, ziemlich oft sogar. Ich weiß gar nicht mehr, wie wir früher unterwegs ohne Telefon ausgekommen sind.

Glauben Sie, dass junge Menschen in einer Netz-Welt leben, zu der Ihre Generation von Politikern und Politikerinnen keinen wirklichen Zugang mehr hat?
Das kann schon sein, aber viele Junge sind auch bereit, uns ihre Vorstellungen und Wünsche zu übermitteln. Und ihre Kenntnisse. Früher lernten die kleinen Kinder von den Großeltern, heute ist es, was technische Dinge betrifft, oft umgekehrt.

Schreiben Sie Briefe noch mit der Hand?
Nein, das habe ich in meinem gesamten Leben nur sehr selten getan.

Haben Sie ein gutes Verhältnis zu Ihrer Handschrift?
Nein!

Beantworten Sie Briefe persönlich?
Seit Beginn meiner Arbeit in Partei und Parlament bemühe ich mich darum. Weitgehend schaffe ich das auch. Wenn ich allerdings bei bestimmten Themen Mitarbeiterinnen, Mitarbeiter oder Fachleute um Antwort bitte, finde ich es auch richtig, dass sie selbst die Briefe unterschreiben.

Wie antworten Sie auf bösartige Post?
Es bereitet mir eine gewisse Freude, gerade auf bösartige Mails anders zu antworten, als es der Absender erwartet. Das bedeutet:

Nie lasse ich mich selbst zu einem hässlichen Ton verleiten. Der betont sachlich abgefasste Brief ist die weit größere Provokation – weil er offenbart, dass ich mich nicht habe reizen lassen.

Wenn Sie unterwegs sind: Fotografieren Sie mit dem Handy. und wenn ja, versenden Sie diese Fotos auch?
Ja, das mache ich inzwischen gern. Dann belästige ich damit Angehörige, Mitarbeiterinnen und Mitarbeiter und Freundinnen und Freunde.

Ersetzt Ihnen das Handy-Foto mitunter das wirkliche Erlebnis?
Nein, selbstverständlich nicht. Ich erlebe und fotografiere erst infolge dessen, was ich gesehen und erlebt und genossen habe.

Beleidigt es Sie, wenn Sie im Bundestag reden, und rundum schauen die Abgeordneten aufs Handy?
Ich glaube, das machen sie bei meinen Reden gar nicht.

Na, na ...
Und wenn, bekomme ich es in der Regel nicht mit. Was man nicht mitbekommt, kann einen auch nicht beleidigen.

Aber ist das nicht typisch für unsere Zeit: Man konzentriert sich nicht mehr auf eine einzige Sache?
Ja, das ist ein Problem. Viele sind irgendwie unkonzentriert, verteilen ihre Aufmerksamkeit auf mehrere Dinge gleichzeitig. Das ist leider zur Gewohnheit geworden. Alles hält man für wichtig, damit auch uneingeschränkt sich selbst. Man schaltet ein – und schaltet sich dabei raus aus der Realität, in der man gerade ist. Man hört nicht zu, hört aber die leisesten Klingeltöne des Handys.

Warum wollen Sie immer und überall erreichbar sein?
Es gibt Leute, für die ich nie, andere, für die ich nur selten und manche, für die ich immer erreichbar sein möchte.

Sind Sie bei Facebook?
Ja.

Werden Sie von Informationen überfüttert, erstickt?
Ich lese nicht alles. Aber generell gibt es zu viele Fehlinformationen, Unwahrheiten. Außerdem mag ich den Hass nicht, den man auch immer wieder wahrnehmen muss.

Was haben Handy und Internet mit Weltgeschehen zu tun?
Die Weltwirtschaft mit ihrer technologischen Kraft und Macht hat etwas organisiert, das ihr so im Vorhinein gar nicht bewusst war: Sie hat den weltweiten Lebensstandardvergleich ermöglicht. Früher wussten viele in Afrika nicht, wie wir in Europa leben. Aber längst haben Menschen überall ein Handy, und sie sehen, wie wir leben, und sie stellen komische, traurige, wütende Fragen, auf die wir keine Antworten wissen. Die einzige Antwort der Regierenden lautet Abschottung. Wenn die Linke einen Wert haben will, muss sie eine andere Antwort suchen und finden.

Hören Sie noch Rundfunknachrichten?
In der Regel nicht.

Können Sie überhaupt noch mit Stille umgehen?
Selbstverständlich.

Wann war das, der letzte schöne Moment totaler Stille?
Das ist fast immer kurz vor Weihnachten, ich bin zu Hause und genieße die Ruhe. Wenn es mir zu viel wird, lege ich eine CD ein.

Sie hören zu Hause ein Konzert. Dirigieren Sie im Sessel mit?
Abgesehen davon, dass Sie das nichts angeht, dirigiere ich selbstverständlich im Stehen mit – und nicht im Sessel.

Zwischen alle und alles sind Apparate geschaltet (Mail, WhatsApp, Instagram …) – verlernen die Menschen mehr und mehr, Konflikte direkt und miteinander auszutragen?
Es gab schon immer Menschen, die Auseinandersetzungen gern direkt führen, und andere, die es eher ablehnen. Als Anwalt bin

ich ja gewissermaßen auch zwischen Menschen »geschaltet«. Wir Anwälte und Anwältinnen agieren stellvertretend. Meine Sorge zum Beispiel beim zunehmenden Homeoffice besteht darin, dass man vereinzelt. Die Kontakte zwischen Menschen sind aber wichtig. Ich habe viele Kontakte und gehe mit meinen Angehörigen, Freundinnen und Freunden auch des Öfteren essen – wenn ich Zeit dafür finde.

Wann haben Sie Ihr Handy (und warum?) das letzte Mal verflucht?
Das war, als ich gehackt wurde. Mehrere hundert SMS-Nachrichten und vieles andere erreichten mich plötzlich. Ich konnte zwischen Wichtigem und Unwichtigem nicht mehr unterscheiden. So musste ich die Telefonnummer wechseln. Ansonsten verfluche ich das Handy nur, wenn ich es nicht finde.

Das Handy klingelt: Wen würden Sie sofort wegdrücken?
Na, Sie selbstverständlich! Nein, natürlich nicht. Aber wenn es wirklich jemanden gäbe, würde ich Ihnen niemals den Namen sagen. Dann beleidigte ich die Person ja öffentlich. Aber mir fällt auch wirklich und ehrlich niemand ein.

OCHSEN UND ANDERE TIERE
»Als Cowboy überall gefragt«

Herr Gysi, wieso wurden Sie Rinderzüchter?
Die Volksbildungsministerin der DDR, Margot Honecker, meinte, dass man in der Erweiterten Oberschule nicht genügend mit der Arbeiterklasse verbunden sei. Deshalb wurde entschieden, dass wir neben dem Besuch der Schule einen Beruf zu erlernen hatten. In meiner Klasse standen zwanzig Berufe zur Auswahl. Ich entschied mich, Kraftfahrzeugschlosser zu werden. Denn in der DDR war es schon schwer, ein Auto zu erwerben, aber noch schwerer, es repariert zu bekommen. Deshalb meine Entscheidung. Der Direktor teilte mir dann allerdings mit, dass der Gesundheits- und Arbeitsschutz in dem LKW-Werk forderte, dass ich mindestens sechzehn Jahre alt sein müsste. Ich war aber erst vierzehn. Ich schlug vor, dann eben den Beruf des Kochs zu erlernen. Der Direktor sagte, die Berufe seien vergeben. Ich sagte, na, noch besser, dann nehme ich gar keinen. Daraufhin erklärte er, dass das nicht ginge und fragte mich – einen Berliner Jungen –, wie meine Beziehung zu Tieren aussieht. Ich dachte natürlich nur an Hund und Katze und Tierpark und sagte: »Nicht so schlecht.« Daraufhin sagte er, das ist phantastisch, denn er hätte sowieso nur noch den Beruf des Rinderzüchters übrig. So wurde ich das.

Welche Erinnerungen haben Sie an die ersten Stunden im Stall?
Der Geruch war anstrengend.

Was nützt Ihnen Ihr Beruf heute?
Dass ich gelernter Rinderzüchter bin, kommt mir in der Politik gut zupass. Ich kann ausmisten, das ist eine politische Grundtätigkeit. Ich kann melken, also Steuern eintreiben. Ich kann künstlich besamen, also den Leuten was vorgaukeln, so, wie den Kühen ja ein erotisches Erlebnis vorgelogen wird. Und ich kann

mit Hornochsen umgehen. Nur mit einer Ochsentour kann ich nicht dienen – ein Glück.

Warum nennt man denn die landläufige Politiker-Laufbahn eine Ochsentour?
Weil es bei vielen sehr lange dauert und mühsam ist, wie bei einer Wanderung mit einem Ochsen. Politikerinnen und Politiker müssen beim Aufstieg elende Geduld aufbringen – über die Jugendorganisation, das Kommunalparlament, den Landesverband, vielleicht den Landtag, dann in die Bundespolitik, vielleicht in den Bundestag, irgendwann wird man vielleicht auch Ministerin oder Minister.

»Kollektivwirtschaft« wurde zum westdeutschen Wort der Abfälligkeit. Was ging mit Herstellung der deutschen Einheit auf dem Lande, im Dorf verloren?
Ich habe mal eine Bäuerin im Rentenalter danach gefragt. Sie lebte mit ihrem Mann zusammen auf einem Grundstück mit einem Haus, das ihnen gehörte. Es gab auch keine Ansprüche Dritter. Sie erklärte mir, dass ihr im Dorf der Konsum, die Kneipe und die Jahreshauptversammlung der LPG fehlten. Ich fragte erstaunt nach, und sie erklärte es mir. Beim Konsum trafen sich früher alle Frauen des Dorfes für eine Stunde. Dort fand ihre Kommunikation statt. In die Kneipe ging ihr Mann abends für eine Stunde, dort fand seine Kommunikation statt.

Aber wieso Jahreshauptversammlung der LPG?
Da wurde eine halbe Stunde langweilig geredet, aber dann gab es Essen, Trinken, Musik und Tanz. Ich habe die Frau gefragt, warum man sich heute nicht gegenseitig besucht. Sie erklärte mir, dass dies außer bei besonderen Anlässen nicht üblich sei. Da habe ich gemerkt, was auf dem Lande passieren muss: Wir müssen Kommunikation und Kultur organisieren, wiederbeleben.

Sind Kühe wirklich so doof, wie das allgemeine Vorurteil behauptet?
Selbstverständlich nicht. Allerdings können sie vorne ruhig fressen und hinten treten. Das heißt, ihren Körper hinsichtlich der Aktivitäten vollständig teilen.

Beim Blick auf unsere Art des Wirtschaftens: Tut Ihnen die Tierwelt leid?
Schon. Wobei Tierhaltung etwas anderes ist als das Gleichgewicht der Natur außerhalb.

Warum gehen Sie, wenn Sie unterwegs sind, so gern in Tierparks oder in den Zoo?
Ich beobachte die Tiere gern.

Prominente werden oft gebeten, Tierpatenschaften zu übernehmen. Sind Sie auch Pate?
Selbstverständlich. Erstens bin ich auch der Namensgeber und Pate eines Rotbrüllaffenbabys. Wer außer mir kann denn in der Politik mit Brüllaffen umgehen? Und da er ein »Roter« ist, führte der Weg automatisch zu mir. Dieser Affe, er heißt Marlon-Gregor, lebt im Tierpark von Berlin. Außerdem bin ich Pate einer Flusspferdchendame im Berliner Zoo. Als ich Debby Mohrrüben zu fressen gab, ließ sie sich sogar streicheln. Einfach süß, diese Dame.

Warum diese Patenschaft?
Es ist eine finanzielle Unterstützung. Außerdem habe ich festgestellt, dass man sich im Alter sowieso mehr und mehr für Tiere und Pflanzen interessiert. Tierfilme im Fernsehen habe ich früher kaum gesehen. Aber inzwischen ... Da fällt Unruhe von mir ab, man spürt den Naturkreislauf, fühlt sich eingebunden, Begriffe wie Harmonie und Demut spielen plötzlich eine Rolle und holen dich aus der Routine des Betriebs.

Tierfilme ... um sich von Menschen zu entfernen?
Ein bisschen, ja. Muss ich zugeben. Geht's Ihnen nicht so?

Doch. Nietzsche nennt den Menschen das »unvollendete Tier«. Der Blick aus Augen eines Tieres ist ein Blick aus der Tiefe, er sagt: Denken rettet dich nicht ... Hätten Sie gern ein Haustier gehabt? Welches?

Als ich ein Kind war, hatten wir Hühner, eine Ziege und regelmäßig auch einen Hund. Später hatte ich einen Wellensittich. Meine Tochter hatte einen Kater. Das alles hat genügt.

Ist Zirkus Tierquälerei?

Es kommt darauf an, wie Zirkus stattfindet. Wenn er vernünftig organisiert ist, ist er auch keine Tierquälerei. Natürlich leben die Tiere nicht in freier Natur, aber sie haben regelmäßig zu fressen, es gibt einen Tierarzt, der sie behandelt, und auch andere Annehmlichkeiten.

Teilen Sie die Leidenschaft, mit der sich Menschen für Tierrechte und gegen Quälereien aller Art einsetzen?

Natürlich. Völlig. Aber ich frage mich, wie bei Kindern Tierliebe entsteht und wächst. Durch Bücher, durch Bilder? Ja. Aber doch auch durch Anschauung. Wie soll die in Städten möglich sein? Schon sind wir beim Zoo und beim Zirkus. Ich weiß, dass es viele Tierschützerinnen und Tierschützer gibt, die dies nicht wollen. Mir ist auch klar, dass das, was ich da sage, einen Widerspruch benennt. Ich glaube aber, dass gerade über die Tiere im Zoo, im Tierpark und im Zirkus Kinder an Tiere herangeführt werden und so erst lernen, sie zu lieben und zu schützen.

Sie essen Rindfleisch?

Ja. Zum Beispiel Steak oder Tartar, mit Ei, aber ohne Kapern bitte – die ich sonst aber mag.

Mit Tieren hat's die Familie Gysi.

Einer meiner Vorfahren väterlicherseits war Robert Oettel aus Görlitz, im 19. Jahrhundert der Begründer der deutschen Rassegeflügelzucht.

*Sind Sie jemals, aus welchem Grund auch immer, in die Landwirt-
schaft zurückgekehrt?*
Zwei Wochen Ernteeinsatz zu Beginn des Studiums. Mein Vater
sagte immer: Wenn ich je in meinem Leben in einem anderen
Land Asyl beantragen müsse, könne ich meinen Beruf als Jurist
vergessen, aber als Cowboy sei ich weltweit gefragt.

BUNDESVERDIENSTKREUZ

»Lenin hat ihn gewürdigt«

Herr Gysi, wann bekommen Sie das Bundesverdienstkreuz?
Nie, ich erhielt in der DDR keine staatlichen Auszeichnungen, und das darf auch in der Bundesrepublik so bleiben.

Aachen verlieh Ihnen 2017 den »Orden wider den tierischen Ernst«, im Osten kam die »Goldene Henne« dazu.
Das ist Unterhaltung, sagen manche.

Es ist Unterhaltung.
Es sind Mosaiksteinchen von dem, was ich die Veränderung des Zeitgeistes nenne. Beide Auszeichnungen kamen von der heiteren Muse, ja, aber sie waren auch Ausdruck für die gewachsene Akzeptanz von mir und den Ostdeutschen. Die Stadt Aachen sucht jährlich einen Prominenten und fand ihn 2017 erstmals – im Osten.

Und auch noch links!
Es war aber klar, dass der Karnevalsorden von einem total konservativen Gremium in Aachen erst dann möglich wurde, nachdem ich nicht mehr Fraktionsvorsitzender im Bundestag war.

Sie werten die Verleihung als Zeichen für längst fällige Korrekturen in der Bewertung ostdeutscher Biographien?
Unbedingt. Man muss sich das vorstellen: Als ich vor Jahren schon mal bei der Ordensverleihung in Aachen war, als Gast, da sagte der FDP-Chef Guido Westerwelle zu mir: »Herr Gysi, wenn Sie nicht hier wären, wäre ich der Linkeste im ganzen Saal.«

Sie haben kein Bundesverdienstkreuz, aber bekommen müssten Sie nach all dem, was Sie in drei Jahrzehnten an Gegenwind durchgestanden haben, das Wundenverdienstkreuz.
Wir wollen nicht übertreiben, aber bestimmte kleine Dinge freuen mich nach diesen Erfahrungen durchaus, das gebe ich zu.

Inzwischen wissen selbst CDU-Abgeordnete, worin Ihre politische Leistung mit der PDS und Linkspartei bestand.
Es war der Einsatz für Millionen Partei- und Staatsfunktionäre der DDR, die der Untergang ihres Staates tief traf und die keine Zukunft und keine Perspektive in der Bundesrepublik Deutschland sahen, die Angst davor hatten. Die Enttäuschten, die Ohnmächtigen, die wussten, dass aus ihnen nichts wird. Andere wiederum dachten, es würde was aus ihnen, aber sie wurden enttäuscht. Die anderen Parteien haben sich ja strikt geweigert, die Interessen dieser Menschen zu vertreten. Die mussten doch aber auch einen Weg in die deutsche Einheit finden. Es war meine, es war unsere Aufgabe, dies zu tun und es gegen alle Angriffe durchzuhalten. Der Druck hätte mein inneres Gleichgewicht durchaus ins Schlingern bringen können.

Warum passierte es nicht?
Vielleicht, weil ich als Linker tatsächlich Zuversicht vermitteln möchte, aber nicht mit Illusionen handle. Vielleicht, weil sich meine positive Beziehung zu Utopien nie zu falschem Überschwang verleiten ließ. Ich weiß es nicht.

Heute ist Ihre Akzeptanz keine Frage mehr?
Akzeptanz bedeutet nicht: Übereinstimmung. Ich wurde damals nur gehasst oder geliebt. Nur die Extreme, keine Mittelwerte. Ich habe mal gesagt, ich hätte den Wunsch, mal wieder jemanden zu langweilen. Inzwischen gelingt mir das, ein Fortschritt. Sehen Sie, seit ich in meiner Autobiographie von meinem Vorfahren Robert Oettel schrieb ...

... jenem Görlitzer Hühnerzüchter mit eigenem Denkmal.
Görlitzer Hühnerzüchter, wie klein klingt denn das!

Einverstanden: ein europäischer Pionier.
Ja! Denn er importierte als Erster asiatische Hühnerrassen.
Hier, bei Wikipedia kann man lesen: »Diese asiatischen Hühner waren wüchsige Fleischhühner von großer Formen- und Farbenvielfalt, die auch im Winter Eier legten. Das war ein großer Fortschritt, gab es bis dahin doch nur leichte Landhühner mit saisongebundener Legetätigkeit.« Oettel gründete den ersten Geflügelzuchtverein in Europa. In der Tat: ein Pionier!

Wie, auf andere Weise, Ihr Urgroßvater Anton Lessing, der in Lahnstein wohnte.
Er besaß Fabriken im Ausland, zehn Jahre lang besuchte er seine Frau einmal im Jahr in Lahnstein, also nur im Urlaub. Das bedeutete exakt zehn Kinder. Mein Urgroßvater baute Lokomotiven in den russischen Kolomna-Werken. Dort werden heute noch Lokomotiven gebaut. Der letzte Zar hat ihn enteignet, weil Deutschland im Ersten Weltkrieg Russland den Krieg erklärte. Lenin dagegen würdigte ihn: Er habe moderne Technik nach Russland gebracht.

In Görlitz und Lahnstein wird in Bezug auf Ihre Vorfahren ein bisschen Traditionspflege betrieben.
Deswegen erwähne ich das. Es war nicht immer so. Wenn in Lahnstein vor Jahren bekannt geworden wäre, dass es verwandtschaftliche Bindungen zu mir gibt, hätten bestimmte Parteipolitiker womöglich Kommissionen gebildet, um nachzuweisen, dass die Gegend nichts, aber auch gar nichts, mit diesem Gysi zu tun hat. In Lahnstein war ich mit dem Oberbürgermeister am frisch gepflegten Grab von Anton Lessing – und von hinten flüsterte mir eine ferne Verwandte zu: »Aber die Stiefmütterchen gibt's auch erst seit gestern.«

GESCHWISTER

»Er muss es doch mal versuchen!«

Herr Gysi, wie gut verstehen Sie sich mit Ihrer Schwester Gabriele?
Ich ergänze gern: mit meiner älteren Schwester.

Also: Wie gut verstehen Sie sich mit Ihrer – älteren Schwester?
Wir haben zu allen Zeiten zusammengehalten. Auch wenn wir uns übereinander ärgerten.

Worüber ärgern Sie sich denn?
Sie hat so einen apodiktischen Schwung. Der hat was Reizendes, aber das reizt einen auch. Aber natürlich liebe ich sie. Daran wird sich nie etwas ändern. Wenn wir uns treffen, kocht sie meistens für mich, was ich schon mal sehr begrüße. Aber wir haben beide gänzlich andere Leben geführt. Daraus resultieren unterschiedliche Sichtweisen.

Sie ist Schauspielerin. Warum ging sie in den achtziger Jahren in den Westen?
Sie war aus der SED ausgeschlossen worden. Einer der Vorwürfe war, dass sie bei einem Besuch in Warschau das dortige Jüdische Theater besuchte und ihre Theaterleitung an der Volksbühne nicht darüber informiert hatte. Mir war völlig schleierhaft, warum sie das hätte tun müssen. Ich habe ihr die Beschwerde gegen den Parteiausschluss diktiert. Keine Chance. Sie hielt mit ihren Meinungen nicht hinterm Berg, das ertrugen viele nicht. Irgendwann sagte sie: Schluss! Aber es gab nie einen persönlichen Bruch zwischen uns.

Haben Sie Ihre Schwester als Anwalt verteidigt?
Beraten immer, vertreten nie. Als sie raus wollte aus der DDR, habe ich versucht, sie davon abzuhalten – aber schnell gemerkt, dass es keinen Sinn hatte.

Hatten Sie es im Leben besser als Ihre Schwester?
Wenn man alles zusammennimmt: Das Leben hat mich mehr verwöhnt als meine Schwester.

Wie wurden Sie erzogen?
Meine Eltern hatten Humor. Und eine große Fähigkeit zur Liberalität. Mein Vater war für mich ein bisschen zu wenig Vater, aber in dem, was ihm möglich war, ein guter. Meine Mutter und mein Vater waren Verlegerin und Verleger, also gebildet und vielseitig.

Klingt nach Freizügigkeit im Umgang miteinander.
Es gab einen großen Zusammenhalt bei uns, aber generell nicht diese traditionelle Familienvorstellung. Meine Schwester hat später mal im Spaß zu meiner Mutter gesagt: »Oh, oh, ihr könnt den ganzen Tag dankbar sein, dass wir nicht kriminell geworden sind – bei der Vernachlässigung, die ihr an den Tag gelegt habt!«

Sie hatten zu Hause ein Kindermädchen.
Das wird immer als Privileg gesehen. Für Kinder ist es aber einfach nur eine Aufsichtsperson mehr. Meine Mutter ist in adligen Strukturen aufgewachsen. Die hat sie wiederhergestellt. Das heißt: Unsere Kinderfrau Schätzi kam nicht nur, um sauber zu machen oder um auf uns aufzupassen, sondern sie war Teil der Familie, sie wohnte bei uns, sie lebte mit uns. Wir liebten sie.

Aha, ein Linker preist die aristokratische Struktur.
Der Schriftsteller Stephan Hermlin war Genosse und sagte, er sei ein spätbürgerlicher Schriftsteller. Es gibt eine Kultur, die kommt von weit her und stellt uns in die Rolle der Fortsetzer.

Weil Sie vorhin den (geringen!) Altersunterschied so betonten: War Ihre Schwester auch Ihre Beschützerin?
Mit einem Freund war ich als Jugendlicher in der Kneipe. Die Arbeiter bestellten dort immer einen Braunen, also einen Wein-

brand, und ein Bier. Das haben wir nachgemacht. Wir waren in der elften Klasse. Da haben wir uns schwer nach Hause geschleppt, das erste Mal. Schätzi und meine Mutter waren empört. Sie waren pappesatt. Aber meine Schwester stand mit ausgebreiteten Armen vor der Tür und rief: Er muss es doch mal versuchen! Eine, die mich verteidigt, hatte ich in der Familie fast immer. Das hat mich geprägt.

Inwiefern?
Ich vertraue. Nicht blind, aber durchaus gutgläubig. Meine Schwester legte einen Grundstein.

RHETORIK (2)

»Ich büke einen Kuchen«

Herr Gysi, haben Sie schon mal Redezeit unterschritten?
Im Bundestag? Ja, am 3. Oktober 1990. Alle sprachen bei dieser feierlichen Sitzung zum Thema Einheit. Dazu hatte ich die Tage vorher schon mehrere Reden gehalten. Als ich nun dran war, hatte ich das Gefühl, alles sei bereits gesagt. Was sicherlich stimmte. Ich dachte daher, die Leute, die am Fernseher saßen, würden sich langweilen. Also ließ ich manches weg. Ich redete, und als ich am Ende war, machte der amtierende Bundestagspräsident mich darauf aufmerksam, dass mir noch Redezeit bliebe. Ich bedankte mich, musste aber hinzufügen, ich hätte nichts mehr zu sagen. Das ist mir später nie wieder passiert.

Ist ein guter Redner immer auch ein Verführer?
Ich glaube, wenn er verführt, dann ist er nicht gut. Wer verführt, der will manipulieren.

Können Sie sich an Reden erinnern oder vielleicht auch nur an eine einzige, bei der Sie hinterher wussten, völlig versagt zu haben?
Völlig? Nein. Auf jeden Fall kann ich mich an Plädoyers im Gerichtssaal erinnern, bei denen ich wusste, dass die Wirkung gleich Null ist. Und ich hielt auch politische Reden, bei denen ich wusste, dass sie schlecht waren. Beruhigt war ich, dass ich es hinterher immer sofort wusste. In dem Moment, in dem ich es nicht mehr merkte, nähme ich mich nicht mehr real wahr. Man sollte wissen, dass man auch eigene Positionen korrigieren kann und muss.

Rhetorik heißt: reden können. Noch was?
Rhetorisch begabt ist nur jemand, der auch zuhören kann. Ich bin ja auch als Moderator tätig. Da nehme ich von der Redezeit

nicht mehr als zehn bis maximal zwanzig Prozent in Anspruch, der Rest gehört meinem Gast.

Wie verhält es sich mit dem Verhältnis von Routine und Aufgeregtheit?
Beim Reden? Es besteht immer die Gefahr, dass man zu routiniert wird. Ich kann aber für mich sagen, dass ich vor jeder Rede im Bundestag, vor jedem Auftritt im Fernsehen immer noch ein kleines bisschen Lampenfieber habe, was auch gut ist.

Analysieren Sie Ihre Methoden und Wirkungen?
Mir ist mal eine Magisterarbeit von der Universität München über meine Rhetorik zugesandt worden. Ich habe angefangen, darin zu blättern. Der Student hatte auch die Adjektive und Verben gezählt, die ich verwendete. Ich hörte sofort zu lesen auf. Meine Angst bestand darin, dass es mir wie dem Tausendfüßler ergeht, der gefragt wird, wie er das logistisch mit seinen tausend Füßen hinbekommt. Er antwortet zwar – aber anschließend verknotet er sich die Beine und kann nicht mehr laufen.

Es ist unbedingt nötig, sich einen Rest Naivität zu bewahren?
Studierten die Vögel Ornithologie, könnten sie nicht mehr singen.

Oder, anders gesagt: … sängen sie nicht mehr … Ich weiß, Sie mögen den Konjunktiv.
Daran ist der Tübinger Rhetorik-Professor Walter Jens schuld. Er saß in einer Fernsehsendung und sagte, bei uns verkomme völlig der Konjunktiv. Ja, alle reden nur von »wäre, hätte, seien, würde …« Der eigentliche Konjunktiv wird nicht mehr angewandt. Das hat mich nachdenklich gemacht. Und seitdem schreibe ich eben nicht: Ich würde einen Kuchen backen, sondern: ich büke einen Kuchen. »Büke« ist phantastisch. Wie das allerdings Ausländer und Ausländerinnen lernen sollen, ist mir schleierhaft.

Ist nicht generell Sprachrettung geboten?
Es wäre nicht so schlimm, wenn Sprache nur in der Politik ihren ästhetischen Wert verlöre. Das Problem ist, dass sich der Wert generell abbaut. Früher gab es Fachgebiete, in denen eine Sprache dominierte. So spielte in der Medizin das Latein eine besondere Rolle, in der Musik das Italienische. Inzwischen scheint unser Leben vom Englischen beziehungsweise Amerikanischen bestimmt zu werden. Das halte ich in Teilen für kulturverletzend.

Gibt es eine typisch linke Rhetorik?
Viele Linke sind felsenfest davon überzeugt, die einzige Wahrheit zu kennen. Sie gehen davon aus, den Weltengang im Innersten verstanden zu haben, und deshalb negieren sie gern Umstände, die dazu nicht passen. Das führt auch zu rechthaberischen Formulierungen.

Linke wehren sich manchmal dagegen, was dazuzulernen.
Ja. Nach dem Prinzip: Unsere Landkarte ist richtig, nur die Gegend ist falsch. Zum Teil ist das verständlich: Da denkst du nun, du hast den Gang der Geschichte begriffen, es war schwer genug, da willst du dich doch nicht durcheinanderbringen lassen, nur weil die Geschichte unerwartet Haken schlägt. Wo die vorgedachte Linie doch scheinbar ein so klarer Wegweiser ist.

Das muss einen wie Sie doch nerven!
Aber es hat historische Gründe. Wer sich für den Adel einsetzte, setzte sich für Mächtige ein. Wer sich dann für die Kapitalisten einsetzte, setzte sich ebenfalls für Mächtige ein. Wer aber für die niederen Stände kämpfte, der hatte doch unzweifelhaft die wertvollere Mission! Und so kam zum Kampf für die Gerechtigkeit auch der belastende Kampf gegen die Selbstgerechtigkeit.

Sollte es auch eine linke Boulevardzeitung geben?
Das wäre toll, aber ich glaube, wir sind dazu nicht fähig.

Weil Linke keine einfachen Antworten geben wollen?
Es gibt einfache Antworten, die auch die richtigen Antworten sind. Die mag ich. Aber das schaffen wir Linken in der Regel nicht, da wir ja schon in der Zwischenüberschrift 18 Fachbegriffe unterbringen müssen. Daher können die Rechten Boulevardzeitung und die Linken nicht. Die Rechten erreichen damit Massen von Leuten, an die wir mit unseren komplizierten Aufsätzen nicht herankommen.

Vor ein paar Monaten, kurz vor seiner Krönung, war der britische König Charles III. in Berlin, er hielt eine Rede im Bundestag. Der Vorsitzende und andere Mitglieder Ihrer Partei hielten das für unangemessen: Ein Monarch in einem Haus der Demokratie! Wie stehen Sie dazu? Muss man bei allem, als Linker, so humorfrei, so harsch, so prinzipiell sein?
In England fand die erste demokratische Revolution gegen die Monarchie statt, die zu einer Vereinbarung über die äußerst beschränkten Rechte der Monarchie führte. Das darf nicht vergessen werden.

Deutsche Linke wirken in ihrem kritischen Geist oft witz- und herzlos, ihnen rauscht nur immer der belehrende Einspruch durch die Rübe. Im nd *zitiert Reiner Oschmann einen ehemaligen DDR-Diplomaten: Es sei eine historisch geniale Leistung der Briten, das Königshaus in die Gegenwart gebracht und im Sinne der Erhaltung der bürgerlich-kapitalistischen Gesellschaftsordnung erfolgreich eingebunden und genutzt zu haben. Und das – verglichen mit anderen Ex-Feudalmächten – relativ friedlich. »In Russland wurde die ganze Zarenfamilie erschossen, in Frankreich der König geköpft, in Deutschland der Kaiser davongejagt. Friedlicher sind die Gesellschaften dadurch nicht geworden. Selbst den Adel einbinden, nicht vernichten – unter anderem diese Kombination von bürgerlicher Demokratie und Königshaus ermöglichte Britannien im Verhältnis zu anderen Kolonialmächten ein friedlicheres Verlassen der Kolonien und deren Wechsel ins Commonwealth.«*
Das stimmt. Das Königshaus ist heute selbstverständlich auch Operette. Aber die Menschen lieben Operette. Und an den Straßen stehen auch die Armen und jubeln der Königin und jetzt

dem König zu. Natürlich ist ein Thronfolger privilegiert. Er besitzt ein großes Vermögen, das er nicht erarbeitet hat. Die Menschen müssen Steuern zahlen, um sich das Königshaus leisten zu können. Aber solange die Mehrheit der Briten es will, habe ich nicht das geringste Recht, es ihnen abzusprechen. Im Übrigen muss Armut überall bekämpft werden. In einem Königreich genauso wie in unserer Gesellschaft.

Der König ist das Staatsoberhaupt. Und wenn es gute Beziehungen zwischen Staaten gibt, muss auch das Staatsoberhaupt gelegentlich eingeladen werden.
Und da er eine Demokratie repräsentiert, darf er natürlich auch im Bundestag sprechen. Wenn ich an die Mehrheit der britischen Bevölkerung denke, lautet mein Motto: Man muss gönnen können.

Finden Sie britischen Humor intelligenter als den deutschen?
Er ist anders, das ist aber keine Frage der Intelligenz. Ich mag den britischen Humor.

Warum schreiben Sie Kolumnen für die SUPERillu?
Na, warum nicht, sie hat viele Leserinnen und Leser im Osten. Diese Trennungsgier ist auch so typisch deutsch: entweder Kunstlied oder Schlager, entweder FAZ oder Boulevard. Dieses Getue mit der Seriosität. Das gibt's in anderen Ländern nicht. Ich hoffe natürlich, dass ein größerer Teil der Leserschaft der SUPERillu meine Kolumnen auch liest.

Mancher sagt, Sie seien ein Entertainer.
Das ist falsch, denn es überschätzt meine Fähigkeiten. Aber ich schere gern aus dem Sitzungs- und Aktenalltag aus. Denn ich langweile mich schlichtweg, wo es dröge zugeht. Und unsere Lektüre erst! Akten, Rundschreiben, Vorlagen, Dossiers, Entwürfe, Positionspapiere, Bulletins, Resolutionen, Protokolle, Gutachten, Anfragen, Anträge, Berichte, Richtlinien, Entschließungen. Bestimmte TV-Auftritte, etwa bei Jahresrückblicken, sind da für mich wie eine Kur. Talkrunden deutlich weniger.

Staunen Sie manchmal, was der Volksmund so an Parolen findet und erfindet? Woher kommt so etwas?

Der Witz? Die Treffsicherheit? Ich denke da an den 4. November 1989, die große Demonstration auf dem Alex. Vielleicht, weil der Volksmund in der Regel weiß, an wen er seine Worte richtet. Von Politikern und Politikerinnen kann man das nicht immer so sicher behaupten.

FRAUEN

»Ja, habe ich gesagt: Ich habe Angst«

Herr Gysi, sind Sie ein Feminist?
In aller Regel können Männer das nicht sein, ich kenne nur eine einzige Ausnahme, nämlich mich selbst.

Oh.
So habe ich mal auf eine »taz«-Frage geantwortet. Aber meine Art von Humor haben nicht alle Leserinnen und Leser verstanden. Es gab also auch böse Briefe. Dabei meinte ich das doch ironisch.

Ironie beiseite: Sie setzen sich immer wieder für eine bessere Bezahlung von Frauen ein.
Nehmen Sie die Erzieherinnen in den Kindertagesstätten. Sie werden schlecht bezahlt.

Die Folge?
Die besteht darin, dass Männer kaum dort arbeiten wollen. Das wiederum hat zur Folge, dass Kinder einseitig betreut werden. Es wäre aber viel günstiger, die Hälfte bei der Betreuung wären Frauen, die andere Hälfte Männer. Ich verstehe nicht, warum Erzieherinnen und Erzieher weniger verdienen als Grundschullehrerinnen und Grundschullehrer, und diese weniger als Lehrerinnen und Lehrer höherer Stufen.

War das denn in der DDR anders?
Dazu erzähle ich Ihnen eine Geschichte. Es gab Putzfrauen in der DDR, für öffentliche Gebäude. Die wurden grottenschlecht bezahlt und gingen irgendwann in Rente. Es gab keine neuen, weil die jungen Frauen sagten: Ihr habt doch nen Knall, für so eine schwere Arbeit und dann auch noch entsetzlich schlecht bezahlt! Langsam verkamen die öffentlichen Gebäude. Darauf-

hin entschied man sich, eine Genossenschaft zu gründen und Folgendes zu machen: Der Betrieb bekam Westgeld und konnte die Technik in Westberlin einkaufen, damit man wirklich top ausgerüstet war. Man zahlte den Mitarbeiterinnen und Mitarbeitern ein äußerst anständiges Gehalt, also für DDR-Verhältnisse damals so zwischen 1200 und 1300 Mark monatlich.

Klingt heute lächerlich.
War's damals aber nicht. Und das Ergebnis? Ich habe im Gerichtsgebäude nie wieder eine Frau gesehen. Nur Kerle. Die zogen mit exquisiten, körper- und kräfteschonenden Geräten durch die Flure. Die einzige Frau, die es noch gab, war die Sekretärin, und die verdiente weiterhin schlecht. Da hab ich's begriffen.

Was begriffen?
Wie wir Männer funktionieren. Noch ein Beispiel: Es gibt in der Regel bei Volksfesten immer einen Toilettenwagen für Frauen und einen Toilettenwagen für Männer. Da Frauen mehr Toilettenkabinen benötigen, ist das Ergebnis, dass es bei den Männern keine Schlange gibt und bei den Frauen Dutzende anstehen müssen. Wenn die Männer mehr Klos benötigten – glauben Sie mir, es stünden zehn Männer- und nach wie vor nur ein Frauenwagen auf jedem Volksfest.

Neunzig Prozent der Frauen in der DDR waren berufstätig.
Aber für die Führungsposition galt das nicht. An den Kreisgerichten wimmelte es von Richterinnen, an den Bezirksgerichten wurden sie schon weniger, und am Obersten Gericht waren sie eine absolute Rarität. Das Politbüro, das Machtzentrum der DDR, hatte überhaupt keine weiblichen Mitglieder. Nur Kandidatinnen. Im Ministerrat gab es nur eine Frau, Margot Honecker, ausgerechnet die Frau des obersten Chefs. Aber die DDR war hinsichtlich der Gleichstellung trotzdem deutlich weiter als die damalige Bundesrepublik.

Margot Honecker wurde nicht Ministerin genannt, sie war Minister für Volksbildung.
Na ja, das war damals so üblich.

Männlich gleich dirigistisch.
Ich sehe, Sie verstehen, was ich meine.

Zweimal waren Sie verheiratet. Ein Gespräch über Frauen ist notwendigerweise auch eines über Ihr Single-Dasein. Wie war das Gefühl, als es begann?
Erstmals in meinem Leben machte ich nach meiner Scheidung allein eine Woche Urlaub – auf der portugiesischen Azoreninsel Pico. Ich ging vor dem Frühstück im Atlantik schwimmen, ich schaute mir Städte an, ging wandern und dann wieder schwimmen, alles war wunderbar. Das einzig Furchtbare war das Abendbrot. Ich saß alleine da und konnte mich mit niemandem darüber austauschen, wie der Tag war. Danach saß ich in meinem Zimmer und las, da war wieder alles okay.

Machen Sie den Haushalt alleine?
Ja, und ich kaufe selbst ein. Nur beim Saubermachen lasse ich mir helfen, das schaffe ich schon zeitlich nicht.

Haben Sie Angst vor Frauen?
Habe ich mal gesagt, ja. Ich verstecke es nur gut.

Angst warum?
Frauen denken, handeln und fühlen anders, aber ich weiß natürlich nicht genau, wie. Das macht unsicher. Aber das ist gut so – gegen die männliche Anmaßung.

Und in der Politik?
Frauen sind im Handeln konkreter als Männer und machen insofern eine klügere Politik.

Aber, Herr Gysi ...
Ich weiß, ich weiß, Verallgemeinerungen stimmen nie, auch

diese nicht, man muss sich ja immer nur die jeweiligen Regierungen angucken. Aber Männer sind zum Beispiel durch Statistiken zu überzeugen, Frauen nicht! Wenn man uns Männern sagt, die Sozialhilfe sei um drei Prozent gestiegen, dann betonen wir sofort tönend diese positive Entwicklung. Toll! Die Frau aber fragt kritisch nach und will wissen, was das für eine alleinerziehende Sozialhilfeempfängerin mit zwei Kindern konkret bedeutet. Und dann kann man seine Euphorie getrost vergessen, meistens jedenfalls.

Wie muss man sich Gregor Gysi auf Partnersuche vorstellen?
Gar nicht. Weder privat noch politisch. Dazu bin ich viel zu selbstbewusst. Ich erwarte schon, dass man eher mich sucht. *(Lacht.)*

Welche Frau hätten Sie als Anwalt gern verteidigt?
Es wird erzählt, dass es den Fall einer Frau gab, die von drei Männern überfallen und brutal vergewaltigt wurde. Anschließend hat sie die Männer gefragt, ob man es sich nicht zu Hause nett machen könne, sie wäre dazu bereit. Die besonders dämlichen Männer haben ihr das geglaubt und sind mit ihr nach Hause gefahren. Sie gab ihnen etwas zu trinken und sorgte als Tierärztin dafür, dass alle drei betäubt einschliefen. Daraufhin hat sie die Männer – medizinisch hervorragend – kastriert, die Wunden versorgt und dann die Polizei und Rettungsstelle gerufen.

Sie wurde angeklagt?
Nach der Erzählung ja, wegen schwerer Körperverletzung, da sie erst nach Beendigung der Vergewaltigungen und ohnehin in Überschreitung ihrer Notwehrrechte gehandelt habe. Ich hätte sie mit Leidenschaft verteidigt.

Auch Feen sind Frauen. Also die Frage nach den drei Wünschen, wenn Sie der berühmten Fee begegnen würden.
Wenn ich schon mal Wünsche äußern darf, werde ich unverschämt.

Bitte.
Zuerst wünschte ich mir, dass ich alle toten und lebenden Sprachen in allen Dialekten, schriftlich und mündlich, perfekt beherrschte.

Wozu denn das?
Ich wäre der Oberkommunikator der Welt. Selbst wenn irgendwelche alten Hieroglyphen nicht entziffert werden könnten – ich ginge vorbei und könnte das mal eben vorlesen und direkt übersetzen. Das wäre doch phantastisch, oder? Mein zweiter Wunsch wäre zu privat, den erzähle ich Ihnen nicht! Und mein dritter Wunsch: Dass ich jeden Monat wieder einen Wunsch freihabe. Noch einen vierten Wunsch hätte ich, er ist der wichtigste: Ich wünsche mir, dass es keinen Krieg und keinen Hungertod mehr auf der Welt gibt.

Vier Wünsche! Is' ein bisschen unverschämt, oder?
Ich habe sogar noch einen fünften! Schicken Sie mir die Fee wirklich vorbei!

IM BUNDESTAG
»Sacharbeit – ein sehr erotisches Wort«

Herr Gysi, man redet im Bundestag meist nur in Richtung der eigenen Fraktion, man holt sich nach jedem zweiten Satz, als sei das vorher verabredet, den Beifall der »eigenen« Abgeordneten.

Wenn ich ans Pult trete, rede ich zu den Abgeordneten anderer Parteien. Dass ich sie wirklich erreiche, bilde ich mir nicht ein, aber die Illusion schwingt trotzdem ein ganz klein wenig mit. Diesen vergeblichen Ehrgeiz gestehe ich gern. Außerdem: Was soll mir der Beifall aus den eigenen Reihen? Jede Sekunde Applaus vor dem Schluss stiehlt mir Redezeit.

In seinem Buch »Das Hohe Haus. Ein Jahr im Parlament« stellte Roger Willemsen fest, die Reden im Bundestag würden eine Beteiligung an Entscheidungsprozessen nur simulieren, »die längst abgeschlossen sind und es unter den bestehenden Machtverhältnissen auch bleiben«.

Das stimmt leider. Aber das wär's doch!

Was?

Ein Parlament, in dem man wirklich aneinander interessiert ist. In dem der Widerspruch erwünscht ist, weil er einen selber auf den nächsten, besseren Gedanken bringt. Ein Parlament, dem man die Neugierde der Regierenden auf die Vorschläge der Opponierenden anmerkt.

Legendär wurden Ihre Plänkeleien mit dem Bundestagspräsidenten Norbert Lammert.

Einmal ermahnte er mich, zum Schluss zu kommen. Ich war gerade in Fahrt und sagte, ich verstünde das nicht: Bei mir vergingen die zur Verfügung stehenden Minuten wie im Fluge, während mir bei anderen Rednern die gleiche Redezeit wie eine Ewigkeit vorkäme. Der zur Neutralität verpflichtete Lammert

reagierte, wie er gar nicht hätte reagieren dürfen. Er sagte nämlich: »Das stimmt.«

Die Zeitvorgabe peinigt?
Manchmal. Zumindest verändert sie den Charakter der jeweiligen Rede, weil du dich nur auf bestimmte Ideen konzentrieren
kannst. Außerdem gibt es – zumindest bei mir – häufig Zwi-
schenrufe, die ich zwar akustisch nicht verstehe, auf die ich aber
nach Möglichkeit irgendwie reagiere.

In der Politik gibt es das sehr schöne Wort von der Sacharbeit.
Das sagt schon alles. Ein sehr erotisches Wort.

Sie ist aber doch der Kern des Parlamentarischen.
Ja, na klar. Klingt trotzdem furchtbar. Gefiel mir nie, dass man
die große politische Idee als »die Sache« bezeichnete. Bei dem
Begriff geht alle Emotion, alle Sinnlichkeit verloren.

*Wie bei den Behörden und Ämtern. Die dort arbeiten, nennt man
Sachbearbeiter – aber sie werden auf Menschen losgelassen. So fühlt
man sich denn auch behandelt, wenn man vor einem Schalter steht.*
Ich kann das Politische nicht ohne einen gewissen Humor machen. Ich weiß noch, es ging im Bundestag um die Privatisierung
von Bundesstraßen, da bin ich ans Pult und habe dem damaligen
Bundesfinanzminister Wolfgang Schäuble gedroht.

Drohung klingt gefährlich.
Eine Drohung auszusprechen ist gut, da horchen alle auf und
heben den Blick für einen Moment auch vom Handy: Was denn,
der Gysi droht dem Schäuble? Ich sagte: Wenn der Bund die
Bundesstraßen privatisiere, werden die Länder die Landesstra-
ßen privatisieren, die Kommunen die Kommunalstraßen – alle
brauchen Geld. So, nun die Drohung: Wenn Sie das durchsetz-
ten, Herr Minister, werde ich mir die größte Mühe geben, die
Straße zu kaufen, in der Sie wohnen. Wenn Sie dann nach Hause
wollen, wird das sehr teuer für Sie. Und es wird Ihnen grotten-
peinlich sein – es ist ja meine Straße, ich entscheide, wie sie

heißt –, wenn Sie überall angeben müssen, sie wohnten »Zum Gysi Nummer 1«. Bald nach meiner Rede wurde bereits ein Straßenschild ins Internet gestellt: »Zum Gysi«. Eine Frau schrieb mir, sie würde sofort dahinziehen, denn in Wahrheit erhöbe ich bestimmt nur eine sehr niedrige Mautgebühr.

Was denken Sie, wenn Sie im Plenum des Bundestages Reden hören, die sich gegen Sie richten?
Mitunter betreibe ich ein Anwaltsspiel und frage mich: Was würdest du jetzt Schlaues sagen, um diesen Gysi zu widerlegen? Da wären mir nicht selten – in Erwiderung meiner selbst – bessere Einwände und Argumente eingefallen.

Gewissensfrage: Schlafen Sie bei Debatten im Plenum auch mal ein?
Gewissensfrage? Wir wollen das Gewissen nicht überstrapazieren, es sind genug Dinge, für die es herhalten muss.

Wer kein schlechtes Gewissen hat, hat keins.
Müsste ich länger drüber nachdenken.

Wir waren beim Parlamentssekundenkurzschlaf.
Natürlich wehre ich mich dagegen. So, wie ich mich am Steuer des Autos gegen schwere Lider wehre. Müde Reden sind noch schlimmer als die Humorlosigkeit. Bei einem Gesetzentwurf sagen alle im Saal ihre Meinung, und natürlich hat aus der Sicht der Koalition die Koalition recht, und alle anderen haben unrecht. Ein eher langweiliger Ablauf.

Und in den Ausschusssitzungen?
Da ändert sich das, vor allem im federführenden Ausschuss, der dann die letzte Fassung eines jeweiligen Gesetzentwurfes erstellt. Noch nie ist ein Gesetz so verabschiedet worden, wie es – außer natürlich bei völkerrechtlichen Verträgen – zu Beginn eingebracht wurde. Es sind in den Ausschüssen keine Medien zugelassen, niemand muss also Wirkung nach außen erzielen, und deshalb werden plötzlich Argumente ernst genommen, die im Plenum abgebürstet wurden.

Man kann also beim Bundestag von eingeschliffenen Ritualen sprechen.

Leider ja. Die Regierungskoalition hat sich auf ein bestimmtes Vorgehen verständigt und will sich durch die Opposition nicht mehr aus dem Konzept bringen lassen. Es war schon schwierig genug, sich zwischen den Koalitionsparteien zu einigen. Die Opposition wiederum muss ihre Bedeutung in der Gesellschaft behaupten, indem sie widerspricht, zumindest in aller Regel. Das sieht mitunter alles sehr eingefahren aus und ist es auch.

Politik braucht Schutzräume?

Unbedingt. Wo mal nichts durchgestochen wird und niemand beim Reden Selbstzensur betreibt – eben weil sonst immer jemand für die Medien spioniert.

Erwischen Sie sich manchmal bei Phrasen?

Ehrlich gesagt, weiß ich gar nicht ganz genau, was das ist. Also ich würde vielleicht unter einer Phrase verstehen, dass etwas in einer Rede eine derart große Allgemeingültigkeit hat, dass es für den konkret besprochenen Fall keine besondere Rolle spielt. Also Gemeinplatz bleibt. Ich versuche, so etwas zu vermeiden. Aber es gelingt mir wahrscheinlich auch nicht immer.

Liegt Ihnen die Zornesrede?

Die kräftige Widerrede ist schon wichtig. Aber ich verliere ungern die Beherrschung. Lieber ist mir eine Rede, in der ich meine Kritik mit Humor und mit Beispielen untermauern kann. Dadurch bringe ich politische Widersacher in viel größere Schwierigkeiten, als wenn ich es anders machte.

Denken Sie beim Bundestag nicht manchmal: Strich unter allem, genug getan, nur raus hier!?

Gelegentlich denke ich so.

FRÜHE BERUFSWÜNSCHE

»Äußerst geheimnisvoll«

Herr Gysi, was wollten Sie mal werden, als Kind?
Als ich drei Jahre alt war, sah ich auf Hiddensee, im Hafen von Kloster, eine Szene, die meinen ersten Berufswunsch erklärt. Eine Frau stürzte mit großem Tempo zu einem Schiff, das schon ablegen wollte. Sie trug Stöckelschuhe, aber sie kam noch auf das Schiff, es legte ab und war schon einige Meter entfernt, als ein Mann mit einer Schubkarre kam. Darin zwei Koffer. Das war der Gepäckträger. Er warf nacheinander, mit grandiosem Schwung, beide Koffer, die der Frau gehörten, über das Wasser zu den Matrosen auf das Schiff. Beide Koffer wurden aufgefangen. Das hat mir so imponiert, dass ich beschloss, Gepäckträger zu werden.

Mit Rhetorik hätte das nun gar nichts zu tun gehabt.
Wenn ich mich recht erinnere, war die bei mir als Dreijährigem auch nicht wirklich auf verhandelbarem Niveau.

Jedenfalls wurde aus dem Beruf des Gepäckträgers nichts.
Dem standen schon die Gewichte der Gepäckstücke entgegen. Als ich dann älter wurde, hatte ich die Vorstellung, Arzt zu werden, aber für ein Medizinstudium hätte ich ein Abitur mit Eins machen müssen, meine Zwei reichte dafür nicht aus, und ich wollte nun auch nicht ewig als Pfleger arbeiten, bevor ich hätte Medizin studieren können.

Was für ein Arzt wollten Sie denn werden?
Ein guter.

Sehr präzise geantwortet.
Mich hätten Neurologie und Psychiatrie gereizt. Aber ich mochte Latein nicht, und wie gesagt, ich hätte längere Zeit bis zum Studium warten müssen.

Warum Neurologie und Psychiatrie?
Das ist doch äußerst geheimnisvoll: unser Nervensystem, unsere Hirnströme, unsere seelische Verfasstheit.

Warum lächeln Sie?
Neurologinnen und Psychiater beweisen, auf welche sehr verschiedene Weise man Menschen auf die Nerven gehen kann.

Die Ärzte betreiben's meistens heilsam.
Da haben wir den Unterschied zur Politik.

Wurden Sie von Ihren Eltern beeinflusst, was den Berufswunsch betraf?
Mein Vater hatte die Idee, ich solle internationale Beziehungen in Moskau studieren. Diplomatie bedeutete Reisemöglichkeiten. Es kam zu einem Gespräch im Außenministerium der DDR. Die Frau, die mich empfing, sprach vom bevorstehenden Studium, als würde ich einen Armeedienst antreten: keine Ferien, der Unterricht in Russisch, dann in Englisch und Französisch, dazu käme noch Hindu oder Flämisch. Noch unklar sei, ob ich später im indischen oder im belgischen Raum arbeiten würde. Mir war hundeelend zumute. Ich ging und kam nie wieder.

Welches Verhältnis haben Sie zu diesen Dingen: Ehrgeiz, Faulheit, Fleiß?
Ich kann von allen drei beeinflusst sein. Das mischte und mischt sich.

Kann?
Mal so, mal so. Man steuert die Dinge, aber man ist in gleichem Maße ausgesetzt. Man lebt nach seinem Willen, aber man handelt auch gegen seinen Willen. Und manchmal ist der Wille machtlos. Die Kräfte in uns bilden ein Spannungsfeld.

Könnten Sie so leben: Heute dies machen, morgen das? Oder mussten Sie immer auf Nummer sicher gehen?

Gern habe ich ein sicheres Leben, nicht nur im finanziellen Sinne. Als ich nur Rechtsanwalt war, hatte ich weder ein Mindest- noch ein Höchsteinkommen. Das bedeutete schon eine gewisse Unsicherheit. Aber ich habe es gut überstanden.

Würden Sie also von sich sagen: Ich lebte stets auf der sicheren Seite des Lebens?
Nicht stets – beruflich entschied ich mich bekanntlich eines Tages für ein Leben als Vorsitzender der Nachfolgepartei der SED und ging in die politische Öffentlichkeit. Mein Leben in dieser Zeit war vieles, nur nicht sicher.

Welchen Beruf könnten Sie nie ausüben?
Pathologinnen und Gerichtsmediziner sind wichtig. Aber ich könnte es nicht.

Wären Sie gern Wissenschaftler geworden?
Na ja, ich war Forschungsstudent, und es reizte mich schon. Aber der Rechtsanwaltsberuf, das heißt, die konkrete Auseinandersetzung für einen Menschen oder ein Unternehmen reizte mich deutlich mehr.

Leiden Sie an unerfüllten Träumen?
Ich habe sie auf jeden Fall. Aber ich glaube, das Wort »leiden« ist übertrieben.

LINKS UND RECHTS – EXTREM
»Gleichsetzung lehne ich ab«

*Herr Gysi, der linke Kampf für eine andere, bessere Bundesrepublik –
immer wieder gibt es Diskussionen über die Mittel, mit denen dieser
Kampf geführt werden sollte.*
Und da ist bei bestimmten linken Strömungen die antikapi-
talistische Kritik, ohne jede Einschränkung, an Gewalt, an Zerstörung gebunden. Leider so sehr, dass es in der offiziellen
politischen Deutung dann nie ein weiter Weg zur Gleichsetzung von Links- und Rechtsextremismus ist.

*Die Gewalt ist sowieso in zunehmendem Maße zurückgekehrt in den
öffentlichen Raum.*
Ob Rechtsextreme oder Linksradikale – Gewalt ist auf jeder
Seite zu verurteilen. Aber die Gleichsetzung lehne ich trotzdem ab.

Wo sind denn die Unterschiede?
Der Rechtsextremismus wendet sich sehr häufig gegen Schwache, gegen Minderheiten. Er ist Ausdruck von Rassismus, Chau-
vinismus, Antisemitismus, Fremdenfeindlichkeit. Er recycelt
nazistisches Gedankengut. Er richtet sich meist gegen Unbewaff-
nete, und in aller Regel versuchen Rechtsextremisten, ihre Tä-
terschaft zu verheimlichen. Besonders deutlich wurden diese
Strukturen bei den Morden des »Nationalsozialistischen Unter-
grunds«. Der Linksradikalismus dagegen richtet seine Anschläge
zumeist gegen Symbole oder Vertreter der Macht. Er nimmt be-
waffnete Gegenwehr in Kauf, und meistens bekennt er sich zu
seinen Anschlägen.

Manchen klingt das nach Bagatellisierung linker Gewalt.
Unsinn. Ich bagatellisiere gar nichts. Gewalt gehört leider zur
Geschichte. Mit ihren Morden hat etwa die »Rote Armee Frak-

tion« den Betroffenen, aber auch der linken Bewegung erheblich und nachhaltig geschadet. Die Familien der Ermordeten litten. Das Bittere an linker Gewalt ist oft diese Verknüpfung eines kämpferischen Idealismus, einer berechtigten Gesellschaftskritik mit den gefährlichen Verführungskräften einer militärischen, doktrinären Selbstüberhebung – die letztlich dem Antikommunismus in die Hände spielt.

Bei Facebook, bei YouTube sind Ihre Mitschnitte von Bundestagsreden wahre Hits. Was machen Sie besser als andere Politiker?
Ich wende Logik an, ich übersetze die Politik in Begriffe, mit denen sofort jede und jeder etwas anfangen kann.

Ist das Populismus?
Ein Populist bietet einfache Antworten, in dem Wissen, dass sie falsch sind. Ich biete einfache Antworten und bin der festen Überzeugung, dass sie wahr sind.

Einfache Antworten ...
Nee, Antworten einfach. Ein Politiker ist kein Philosoph.

Was lässt Sie verzweifeln?
Ohnmacht. Die Welt ist derart kompliziert und unübersichtlich. Wie willst du alles erläutern? Wie soll man das alles verstehen? Man muss sich nur eine alleinerziehende Mutter vorstellen, sie arbeitet neun Stunden, hat zwei Kinder, die brauchen Spielzeug, Kleidung, Essen, die Mutter muss sich um alles kümmern – und dann soll sie noch die ganze Welt begreifen?

Gibt es ein einfaches Rezept gegen Rechtspopulismus?
Die Union muss wieder konservativer werden, die SPD wieder linker, die Grünen wieder grüner und die Regierung muss (irgendwann!) rot-rot-grün werden.

Und die Linkspartei? Jetzt bitte keinen Vortrag. Ich weiß, dass Ihnen da vieles auf dem Herzen und auf der Zunge liegt. Ich zitiere Gregor Gysi: »Antworten einfach«.

Die Linken bestehen meist aus negativen Botschaften, weil wir das herrschende System kritisieren. Wir müssen den Leuten aber auch Hoffnung geben – positive Botschaften senden. Wieder Zuversicht geben.

Wie blicken Sie auf AfD-Wähler und -Wählerinnen?
Nicht alle sind Rassisten und Ausländerfeinde. Es gibt viele, denen es gar nicht schlecht geht, die aber denken, es könnte ihnen besser gehen, wenn sie mehr Unterstützung vom Staat und den etablierten Parteien bekämen. Frust treibt sie zur AfD. Und dann gibt es die, die leider wirklich abgehängt sind – seit Jahren prekär beschäftigt, im Niedriglohnsektor oder ganz ohne Arbeit. Ich werde nie eine Frau vergessen, eine Hartz-IV-Empfängerin, die zu mir sagte: Erst habe ich die CDU gewählt, es verbesserte sich nichts für mich, dann wählte ich SPD, wieder blieb alles, wie es war, dann habe ich die Linkspartei gewählt, aber auch dann blieb für mich alles beim Alten.

Ist es schwer, gegen eine solche Erfahrung anzureden, indem man den Wert der Demokratie hervorhebt?
Es ist schwer und bleibt doch nötig. Gerade auch in der Opposition.

Genau aus solchen Enttäuschungen erwachsen AfD-Wähler und -Wählerinnen.
Diese Menschen wollen, dass wir uns ärgern, weil sie hoffen, dass wir alle unsere Aufmerksamkeit dann wieder auf sie richten.

Warum wird denn die AfD im Osten prozentual stärker gewählt als im Westen?
Viele Ostdeutsche wurden bei der Herstellung der deutschen Einheit zu Deutschen zweiter Klasse. Zudem war die DDR eine geschlossene Gesellschaft. Es gab in Dresden keine Muslime. Und plötzlich gibt es einen Knall, die Gesellschaft ist völlig offen – das kann überfordern.

Gerade auch dann, wenn soziale Verwerfungen zunehmen …
… und die Ängste, dass wegen der Flüchtlinge die soziale Lage
noch schlechter wird. Es ist verständlich, dass man nicht ganz
unten sein will. Aber deswegen gegen noch Ärmere zu sein, ist
falsch.

Verstehen Sie denn diese Menschen nicht, diese Angst, ausgelöst von
der Globalisierung?
Natürlich verstehe ich sie. Aber auch wenn ich sie verstehe,
muss ich ihnen nicht entgegenkommen. Sondern ich kann versuchen, ihnen zu erklären, weshalb ihre Überlegungen zum Teil
falsch sind. Und dass diejenigen, die rein nationale Lösungen
vorgaukeln, lügen. Und die wissen, dass sie lügen!

Oft heißt es im Politikbetrieb, man müsse die Leute »mitnehmen«.
Als gehe man denen, die einen wählen, missionarisch voran.
Derartiges Vokabular diskreditiert das Wort von der Volksver-
tretung. Aber man ist doch keinesfalls auserwählt, sondern nur
gewählt. Und das zeitlich begrenzt.

Oder Politiker sagen, sie wollten die Leute dort »abholen«, wo sie
sind.
Martin Sonneborn von der Partei DIE PARTEI sagt darauf
immer sarkastisch: Die Leute abholen, so weit ist es schon wieder in Deutschland.

IM GERICHT

Herr Gysi, Sie sind ein renommierter Anwalt. Heißt das: meistens erfolgreich?
Das wechselt. An einem Tag hat man ein Erfolgs-, am nächsten Tag ein Misserfolgserlebnis. Anwalt ist ein klassischer Mischberuf.

Auch ein Anwalt muss damit leben, dass seine Anträge abgelehnt werden?
Er könnte allerdings nicht gut damit leben, wenn alle seine Anträge immer abgelehnt werden würden.

Man hat auch Probleme mit Mandanten?
Wenn du für sie relativ erfolgreich bist, dann darfst du nicht allzu viel Dank erwarten. Aber wehe, es geht etwas schief, dann kann es ein riesiges Theater geben. Es ist wie im Leben überhaupt.

Aus welchen gesellschaftlichen Bereichen kamen, kommen Ihre Mandanten?
Das ging und geht durchs ganze Spektrum der Bevölkerung. Wirtschaftsleute, Kulturgrößen, aber auch der Sozialhilfeempfänger, der für ein Auto mit Rollstuhl einen Zuschuss braucht. In der DDR habe ich auch mal einen Analphabeten vertreten. Oder eine Frau, die imbezil war, das ist eine viel höhere Stufe von Behinderung als bei einem debilen Menschen. Auf der anderen Seite Direktoren und Künstler. Das heißt, ich musste immer, wechselnd von Fall zu Fall, andere Verständigungsmöglichkeiten suchen, und ich habe gelernt, mich rhetorisch darauf einzustellen.

Welchen Fehler bei Mandanten und Mandantinnen entschuldigen Sie am ehesten?
Wenn jemand fälschlicherweise leugnet, die Tat begangen zu haben, dann bin ich dankbar, wenn er es auch mir gegenüber leugnet.

Staatsanwalt, Richter … Es geht um unterschiedliche Mentalitäten und charakterliche Strukturen?
Ich hab es Ihnen schon mal gesagt: Mir liegt weder die Anklage noch die Verurteilung so richtig.

Als Oppositionspolitiker polemisieren Sie, lehnen ab, greifen Sie an.
Aber so, wie ich vor Gericht Hemmungen hätte, jemanden zu verurteilen, in dessen Situation ich nicht gesteckt habe, so führt mir auch in der Politik – auch wenn das nicht so aussehen mag – eine gewisse Vorsicht das Wort. Klar: Zu vielem kann und muss ich Nein sagen. Mein Gemüt aber ist so gestrickt, dass am Ende immer ein dem Leben zugewandtes Ja überwiegt. Mindestens eins!

Verteidiger zu werden – gab es auch einen praktischen Impuls?
In der DDR war es zur Vorbereitung auf die Jugendweihe üblich, eine Gerichtsverhandlung zu besuchen. So erlebte ich als 14-Jähriger eine Verhandlung gegen einen Mann, der schon vorbestraft war und einen älteren Mann zusammengeschlagen und ihm das Geld und die Uhr geraubt hatte. Er bekam auch wegen der Vorstrafen eine hohe Freiheitsstrafe: sechs Jahre. Er hatte keinen Verteidiger, was es heute bei einer solchen Strafe in Deutschland nicht gäbe. Und ich habe über diesen Mann viel zu wenig erfahren. Mich interessierte aber, wie er aufgewachsen war, wann er auf welche Abwege kam und vor allem: warum. Da blieb in mir haften, dass ein Verteidiger wichtig gewesen wäre.

Was hatte der Schritt in die Politik mit Ihrem ursprünglichen Beruf zu tun?
Zum Rechtsanwalt kommen nur Menschen mit Problemen. An sie hatte ich mich von Berufs wegen gewöhnt. Auch eine Partei

wird von Menschen gebildet. Die SED, der ich angehörte, hatte 1989 mit gewaltigen Problemen zu kämpfen. Also interessierte sie mich. Das ist eine – vielleicht etwas vage – Kennzeichnung meines Wesens.

Fürchten sich Menschen vor Gerichtsverhandlungen?
Klar. Man fragt mich oft, ob ich die betreffende Sache nicht außergerichtlich regeln kann. Viele wollen ja keinen großen Krach, sondern einfach nur eine Lösung ihres Problems. Das verstehe ich, und ich versuche mein Bestes.

Kostet Verteidigung mitunter Überwindung?
Als sehr, sehr junger Anwalt war ich einem besonders schlimmen Straftäter beigeordnet worden, weil es in der Gegend keinen Anwalt gab, der bereit war, ihn zu verteidigen. Er war aber vermindert zurechnungsfähig. Es wurde an zwei Tagen verhandelt.

Die Angehörigen der Opfer waren im Saal?
Ja, sie lehnten mich ab, bevor ich einen einzigen Satz gesagt hatte. Um Mitternacht saß ich in meinem ungemütlichen Hotelzimmer und wusste nicht, was ich in meinem Plädoyer sagen sollte. Ich war zutiefst verzweifelt und entschlossen, am nächsten Tag mein Berufsleben abrupt zu ändern und künftig als Jurist in einer Kommunalen Wohnungsverwaltung Mietangelegenheiten zu regeln. Plötzlich fiel mir aber etwas ein: Wenn sie von ihm wüssten, wären sich der Generalsekretär des Zentralkomitees der Kommunistischen Partei der Sowjetunion und der Präsident der Vereinigten Staaten von Amerika gegen meinen Mandanten völlig einig, auch wenn sie sich sonst in keinem einzigen Punkt verstünden. Da habe ich meine besondere Stellung als Verteidiger begriffen.

Was genau begriffen?
Dass ich mich als Einziger auf der Welt ...

So groß gehen Sie ran?

Ja, so groß! Ich habe begriffen, dass ich mich als Einziger auf der Welt anders mit diesem Mann beschäftigen muss als alle übrigen Beteiligten. Mit seiner Entwicklung, seinem Seelenleben und auch mit dem schlechten Verhältnis zwischen Gerichtspsychiatrie und Justiz. Manchmal habe ich den Eindruck, dass jemand nur deshalb noch als schuldfähig angesehen wird, weil die Medizin keine Therapie hat. Dann überlässt sie die Frau oder den Mann lieber der Justiz, obwohl eigentlich die Medizin zuständig wäre.

Man muss also in der Lage sein, im Unterschied zur übrigen Gesellschaft, nicht nur die allgemeine Verurteilung, sondern den einzelnen Täter zu sehen.

Ich verteidige ja nicht die Tat, sondern einen Menschen. Verteidigung beginnt damit, dass man versucht, zu verstehen, weshalb jemand eine Handlung, die man selbst abscheulich findet, begangen hat. Dadurch ändert sich die Sicht eines Verteidigers auf diese Person und nur die veränderte Sicht ermöglicht ihm die Verteidigung.

Es gibt ein seltsames Zitat von Ihnen: »Wenn es nach mir gegangen wäre und ich mir das hätte aussuchen können, dann hätte ich mein Leben nach der Einheit in der Bundesrepublik Deutschland damit begonnen, dass ich erst einmal 200 Ehescheidungen und 200 Strafverteidigungen durchgeführt hätte.«

Das stimmt. Ich bin davon überzeugt, dass man eine Gesellschaft am besten über ihre Ehescheidungen und über ihre Kriminalität kennenlernt, zumindest als Anwalt. Du begegnest den Widersprüchen einer Gesellschaft, die von Kriminellen und einander vor Gericht Streitenden ja nur anders gelöst werden als von anderen Menschen. Wer viel von Ehestreit und Strafsachen erfährt, lässt sich über den Charakter einer Gesellschaft nicht mehr so leicht täuschen. Insofern war mein Startplatz beim Weg in die neue Gesellschaft hinein eher unglücklich.

Denn: Sie kamen in den Bundestag!
Das genau ist – etwas überspitzt gesagt – das Unglück. Bei ganz
ehrlicher Prüfung: Wie will man denn von da aus die Gesellschaft kennenlernen!

*Was Sie ansprechen, hat mit der Frage zu tun, ob Politikerinnen und
Politiker überhaupt noch offen sind für Milieus, die ihnen fremd sind.*
Ja, die Frage ist: Besitzen sie eine natürliche Sprache, die sich
vor keiner Begegnung scheut? Oder müssen sie schon mühselig
umschalten, nur wenn sie an ein Fließband treten oder eine
Suppenküche besuchen? Wie sehr verkrampfen sie, wenn sie ihr
gewohntes politisch-soziales »Biotop« verlassen? Man kann sicher sein, dass die Leute vor Ort merken, wenn man sich im
Grunde scheut.

Und Sie selber?
Ich glaube, mich auf vielen Seiten des gesellschaftlichen, sozialen Lebens einigermaßen natürlich und unverkrampft bewegen
zu können. Ich genieße es, mich in unterschiedlichen Welten
aufzuhalten und unterschiedlichsten Menschen zu begegnen.

Was müsste im Strafrecht unbedingt geändert werden?
Zum Beispiel müssten die Bagatellfälle aus dem Strafrecht he-
rausgelöst werden. In der DDR waren Diebstahl, Betrug und
Sachbeschädigung mit einem Schaden bis zu 50 Mark keine
Straftaten, sondern eine Verfehlung. Sie wurden mit einer Geld-
buße durch die Polizei geahndet. Nur wenn es dagegen einen
Einspruch gab, war die Justiz zuständig. Diese Ordnungswidrig-
keiten wurden auch nicht als Vorstrafen in das Register einge-
tragen. Ich finde es absurd, dass heute die Justiz für jede Schwarz-
fahrt zuständig ist. Während gravierende Fälle elend hohe
Aktenstapel bilden. Außerdem müssten die Mord- und Tot-
schlagparagraphen geändert werden. Etwa die Definition des
Mordes: Es gibt da durchaus fragwürdige Charakterzuschreibun-
gen, die stammen noch von den Nazis und sind zum Teil absurd.
Eine Frage: Was ist zum Beispiel, im juristischen Sinne, Mord-
lust?

Ihr bitterster Moment im Gerichtssaal?

Der schwärzeste Moment war, als Rudolf Bahro für sein Buch »Die Alternative«, das die DDR hätte aushalten müssen, acht Jahre Freiheitsstrafe bekam. Ich war sein Verteidiger. Er wurde zwar vorzeitig entlassen, aber die Stunde des Urteilsspruchs war schlimm.

GELD (2)

Herr Gysi, Geld ist ein Thema, da reicht eine Currywurst nicht. Reden wir also heute weiter über die bare Münze. Eine Studie der Pariser Sorbonne stellt fest, dass zu viel Beschäftigung mit Geld die Empathiefähigkeit des Menschen negativ beeinflusse. Brecht schrieb: Geld macht sinnlich. Was sagen Sie dazu?
All diese Sätze zu Geld stimmen. Die guten wie die bösen.

Geld zerstört – und hilft?
Geldbesitz kann das Gegenteil von Angst sein – oder auch die blanke Angst! Wenn du kein Geld hast, wenn du arm bist, wenn du schon die Frage der Ernährung nicht klären kannst, bist du zutiefst unglücklich und besorgt. Wenn du aber zu viel Geld hast, überlegst du ständig, wie du es anlegst, begehst dabei Fehler und lebst anders besorgt. Arme Kinder können beim Spielen trotzdem lachen, reiche Kinder kaum. Am besten ist es wahrscheinlich, wenn man ein Einkommen besitzt, mit dem man gut leben kann – gut, aber nicht im Überfluss. Wenn es dann noch eine angemessene Reserve für Notfälle gibt, ist man wahrscheinlich diesbezüglich am zufriedensten.

Was bedeutet Neoliberalismus für Sie?
Dass leider nur immer die Effizienz und die dazugehörige Flexibilität zählen, um jeden Preis.

Wie denken Sie heute über den Begriff »Volkseigentum«? Noch immer eine ernst zu nehmende Idee?
Das Volkseigentum in der DDR war staatliches Eigentum. Die Belegschaften hatten gar keine Verbindung zu dem Gedanken, dass es indirekt ihr Eigentum war. In Jugoslawien gab es überwiegend Belegschaftseigentum, das haben sich die Belegschaften auch nach dem Ende des Kalten Krieges nicht nehmen lassen.

Vielleicht ist Belegschaftseigentum eine bessere Idee als das frühere Volkseigentum. Staatliches Eigentum also nur für öffentliche Daseinsfürsorge. Privateigentum für kleine und mittelständische Unternehmen muss es ebenfalls geben.

Bei den großen Konzernen und Banken sollte man über verschiedene Varianten der Vergesellschaftung nachdenken?
Bei Privateigentum muss die Politik für die Bedingungen zuständig sein. Ein Krankenhaus muss sich in erster Linie um die Gesundheit kümmern. Auch für ein Krankenhaus und für eine Oper sollten ökonomische Kriterien gelten, sicher, aber Gesundheit und Kunst dürfen nicht gezwungen sein, sich zu rechnen. Die öffentliche Daseinsvorsorge, also auch Bildung, Energie- und Wasserversorgung, Wohnungen, Mobilität, bestimmte Teile der Kunst und Kultur und des Sports, gehören in öffentliches Eigentum, zumindest in öffentliche Verantwortung.

Die Mehrheit des Bundestages billigt den Ärmsten immer nur das Allernotwendigste zu.
Das müssen wir bekämpfen, und zwar für alle. Unser Kampf muss sich nicht darauf richten, Niedriglohnkonkurrenz durch Begrenzung von Arbeitsmigration auszuschließen, sondern darauf, die Löhne angemessen zu erhöhen.

Bei der Finanzkrise 2007/2008 sicherte der Bundestag, innerhalb einer Woche, den Privatbanken Rettung zu – einen Betrag von 480 Milliarden Euro.
Eine Summe, höher als der Bundeshaushalt. Für die Bevölkerung musste es unverständlich bleiben, weshalb es kein Geld für die naheliegende Kindertagesstätte oder die Schwimmhalle im Ort gibt, aber Banken so bedenkenlos gestützt werden.

Eine gängige Praxis. Was wäre Ihre Lösung?
Wenn wir einem großen Unternehmen helfen, dann sollten wir es immer nur unter der Bedingung tun, dass wir für eine bestimmte Zeit am Gewinn beteiligt werden. Der frühere EU-Kommissionspräsident Jean-Claude Juncker, bekanntlich kein

Linker, hat mir gesagt: »Ich verstehe Ihre Regierung nicht. Immer wenn ich den Banken als Ministerpräsident von Luxemburg geholfen habe, war mein Land jahrelang am Gewinn beteiligt.« Aber unsere Regierungsparteien denken, das sei schon Staatssozialismus.

Und also Hochverrat.
Die Commerzbank zum Beispiel hat indirekt sehr viel Geld in der Finanzkrise vom Bund bekommen – und dann auch noch Wege zur Steuervermeidung gesucht und gefunden! Das ist der Gipfel der Frechheit und darf nicht mehr passieren. Es ist doch irre in Krisen: Diejenigen, die immer weniger Staat wollen, werden am Ende vom Staat gerettet.

Stimmt der Satz: Rote können keine schwarzen Zahlen schreiben?
Ein bisschen schon.

Warum?
Weil wir gern gleichzeitig zu viele Wohltaten organisieren wollen. Es ist kein übles Motiv, aber man muss auch lernen, sich zu begrenzen.

Linke verteilen lieber etwas, als dass sie nachrechnen wie Pfennigfuchser?
Etwas flapsig gesagt, träumen wir von einer Gesellschaft, in der bei Gesprächen keiner mehr fragt: Und womit verdienst du dein Geld? Im Übrigen stimmt es ja nicht wirklich, was den Linken nachgesagt wird: Denn nach dem Ende der DDR wurde Edgar Most, der letzte Vizepräsident ihrer Staatsbank, zum Mitbegründer und Vorstandsvorsitzenden der Deutschen Kreditbank AG. Das heißt doch, dass er etwas von Geld verstand. Glauben Sie wirklich, dass er der Einzige war? Und wo die Linke heute in Deutschland mitregiert, werden eher Schulden der Vorgängerregierungen abgebaut, als neue gemacht, und gleichzeitig wird mehr investiert und Soziales erreicht, etwa bei Kita-Beiträgen und Schülertickets. Dass Linke unfähig seien, mit Geld umzugehen, dieser Ruf geht wahrscheinlich

auf Karl Marx zurück, der den Kapitalismus zwar phantastisch analysiert hat, aber auch folgenden Satz über sich selbst sagte: »Eines Tages wird das Geld abgeschafft, ich kenne jetzt schon einen, der keins mehr hat.«

Stehen Oben und Unten nach wie vor im Klassenkampf?
Es gibt unter Arbeitnehmerinnen und Arbeitnehmern höchst unterschiedliche Bedingungen. Es gibt relativ gut bezahlte, und es gibt grottenschlecht bezahlte. Und die haben zu wenig miteinander zu tun, die kommen nicht darin überein, dass sie eigentlich ein gemeinsames Interesse verbindet. Außerdem gibt es immer mehr Dienstleistende, immer mehr Solo-Selbstständige – denen geht es sozial überhaupt nicht gut, aber sie sind nicht organisiert.

Die gehören nirgendwo hin.
Und bei den Arbeitnehmerinnen und Arbeitnehmern ist es so, dass sich immer weniger gewerkschaftlich organisieren. Es fehlt ein Gesetz, das Tarifabschlüsse bindend für die meisten festlegt. Derzeit herrscht noch immer Willkür. Die meisten Menschen im Osten werden zum Beispiel nicht nach Tarifverträgen bezahlt. Kurzum: Klassen lassen sich heute schwerer definieren und organisieren, als das früher möglich war.

Im Vergleich mit durchschnittlich Verdienenden in Deutschland oder gar denen, die sozial sehr schwach und benachteiligt sind, verdienen Politiker und Politikerinnen unverhältnismäßig viel.
Nicht alle, das ist eine unzulässige Verallgemeinerung. Arbeit in den Kommunen, der Einsatz der Ehrenamtlichen – das alles ist doch auch Politik, es ist wahrscheinlich deren eigentlicher Kern. Und weil Sie das Renommee ansprachen: Im Vergleich mit den sogenannten Besserverdienenden in Wirtschaft, Kultur und Wissenschaft verdienen Politiker und Politikerinnen nicht übermäßig. Jene, die nicht so bekannt sind, leiden oft darunter, dass ihre Arbeit von der Öffentlichkeit so gut wie gar nicht wahrgenommen wird. Aber es stimmt: Aus der Sicht der Normal- und Geringverdienenden verdient ein Teil der Politiker und Politikerinnen deutlich zu viel.

Fußballstars, Filmgrößen, Wirtschaftsbosse, höchste Richter – hohe Verdienstsummen. Aber das stört uns Wähler weniger als die Diäten der Parlamentsabgeordneten. Warum?
Ja, man schaut in den Bundestag und denkt: Da sitzen Hunderte Leute rum, aber nur zehn von denen haben wirklich einiges zu tun. Das sind natürlich dieselben, die man ständig im Fernsehen sieht. Was machen eigentlich die anderen? Hinzu kommt der Eindruck, wie in der Politik Beschäftigte auftreten, wie also das Verhältnis ist zwischen dem, was sie von sich selbst verlangen, und dem, was sie anderen abfordern – da entsteht in der Wählerschaft durchaus auch Missgunst.

Berechtigt?
Berechtigt.

Was ist das Teuerste, das Sie besitzen?
Mein Haus.

Wie viel Bargeld tragen Sie bei sich?
Für zwei Currywürste reicht es.

Ich bin erneut eingeladen zur Wurst?
Ja, stellen Sie sich vor. Und zu den Pommes frites auch.

OLYMPIA

Herr Gysi, als Politiker sind Sie Großveranstaltungen gewohnt, die gehören regelmäßig zu Ihren Aufenthaltsorten.
Regelmäßig? Nein.

Ich will auf Sportereignisse hinaus. Sie sind Fan von Olympischen Spielen?
Wenn Olympia läuft, schaue ich mir im Fernsehen sogar Bogenschießen an.

Olympische Spiele sind längst nicht mehr unumstritten.
Ja, es ist seltsam: Die Aufklärung ist eine Bewegung der Vernunft, die allerdings dafür gesorgt hat, dass mehr und mehr Dinge ihre Unschuld verloren.

Auch beim Sport.
Ja, Kommerz, Doping, Korruptionen verschiedenster Art.

Die Profiteure werfen sich die Bälle zu.
Wir haben in den letzten Jahren erlebt, wie sich Bevölkerungen gegen die Ausrichtung sportlicher Großereignisse wehrten. Eben auch bei Olympia. Das verstehe ich. Die Menschen haben Sorge, dass ihr Leben beeinträchtigt wird, dass Busse und Bahnen wegen der Sicherheitsvorkehrungen nicht mehr fahren. Die Leute lehnen ab, dass in Zeiten sozialer Bremsen so viel Geld verschleudert wird. Und dass auf diesen Großfeiern unbotmäßig angegeben und repräsentiert wird. Das Resultat ist, dass in den Demokratien immer häufiger Nein zu Olympischen Spielen gesagt wird und sich im Gegenzug diktatorische Staaten mit großer Energie – und erfolgreich! – um die Austragung bewerben. Das ist für die doch Werbung pur. Und Geld spielt bei denen keine Rolle.

Olympia abschaffen?
Nein. Aber wir müssen uns entscheiden: Wir können uns nicht über bestimmte Austragungsorte wie Peking oder Katar beschweren und gleichzeitig ablehnen, solche Großereignisse bei uns stattfinden zu lassen.

Der in Cottbus geborene Christoph Harting hat 2016 bei den Olympischen Spielen in Rio de Janeiro die Goldmedaille im Diskuswurf gewonnen. Beim Abspielen der deutschen Hymne, so die »Süddeutsche Zeitung«, habe er »die Arme verschränkt, geschunkelt und herumgealbert«. Empörung allenthalben.
Typisch deutsch! Anstatt sich über die sportliche Meisterleistung zu freuen, wird kritisiert, dass ein 25-Jähriger bei der Nationalhymne nicht strammsteht, mit den Händen an der Hosennaht. Ich freue mich, dass solche jungen Repräsentanten unseres Landes im 21. Jahrhundert nicht mehr an Stechschritt und Pickelhaube erinnern. Es ist bedauerlich, dass bestimmte Leute Respekt einfordern und im Falle Hartings Verhaltensregeln aufstellen.

Waren Sie selbst ein guter Sportler?
In der DDR bekam ich eine einzige Ehrung, das war eine Urkunde, die mir die Teilnahme an einem Waldlauf bestätigte. Die Teilnahme, nicht mal eine Platzierung! Aber unabhängig davon: Im Schulschwimmen war ich ganz gut, beim Zehner-Krafttest, beim Bodenturnen und an einigen Turngeräten auch. Aber Leichtathletik und Spiele? Nee. Dieses Gejage und Gerenne und Gespringe war nicht meine Welt.

Welches ist Ihre Lieblingsposition beim Fußball?
Mich faszinieren die Torhüter. Entweder sie langweilen sich, weil sie nichts zu tun bekommen oder sie zerreißen sich fast vor Spannung, wenn sie viel zu tun bekommen. Wenn ich in der Schulzeit Fußball spielte, stand ich immer im Tor, weil ich, wie gesagt, zu faul war, die ganze Zeit über den Platz zu rennen. Andererseits – bedenken Sie meine Kürze – hatte ich Schwierigkeiten, an die Querlatte zu kommen.

Sie mögen den Winter. Was ist das Besondere am Skifahren? Die Geschwindigkeit?
Vor allem die eigene körperliche Bewegung, und die Geschwindigkeit, ja.

Warum betreiben Sie Ski alpin und nicht Langlauf?
Ich finde Abfahrten spannender als Langlauf, und außerdem kann ich Langlauf nicht. Ich stolpere da so mehr vor mich hin.

Hatten Sie je Lust auf Skispringen? Oder war die Angst zu groß?
Man hat immer auf Dinge Lust, die man nicht kann. Und ich kann das Skispringen nicht. Aber ich stand auch noch nie oben auf einer Schanze. Wenn ich dort gestanden hätte, bekäme ich wahrscheinlich Angst. Man sieht ja nicht, wohin man springt. Also wäre ich wieder runtergelaufen. Nun bin ich auch zu alt.

Gehört zum Skifahren der Obstler in der Hütte?
Für viele schon, für mich nicht. Anschließend führe ich ja nicht besser, sondern schlechter.

Tragen Sie auf der Piste einen Sturzhelm?
Ja, aber erst seit dem Unglück des früheren Ministerpräsidenten von Thüringen, Dieter Althaus. Eine Frau kam zu Tode.

Sollen die Olympischen Spiele auch nach Berlin kommen?
Ja, und sie sollten ein Höhepunkt für die gesamte Bevölkerung werden, nicht nur für den betuchten Teil. Berlin wäre doch schon deshalb gut, damit Olympia in dieser Stadt nicht mehr nur mit dem Bild von Hitler verbunden bleibt. Aber die Spiele selbst müssen sich vorher verändern.

Wofür stehen die Spiele noch?
Sport ist Spiel. Und Spiel darf alles. Spiel ist eine Erlaubnis, die von der Romantik ausgestellt wurde.

Schiller war am euphorischsten: Erst im Spiel sei der Mensch – ein Mensch.

Also auch im Sport. Und deshalb müssen die Spiele entkommerzialisiert werden.

Sport ist ein beglückendes Träumen. Denn Schlachten und Endkampf und Verfolgungsjagd und Schuss sind im Wettkampf Worte, die endgültig dem Frieden gehören, nicht mehr dem Krieg, desgleichen Begriffe wie Sieg und Niederlage. Sport ist und möge stets jenes gutmütige Vertrauen darauf sein, dass es zwar Starke und Schwache gibt, sich aber auch ohne Darwinismus so etwas wie ein lebenswertes Gleichgewicht entwickelt.

Im Sport, wenn er noch ehrlich, ohne Doping betrieben wird, lobt man die Gewinnenden – aber eben so, dass gleichzeitig auch jene geehrt werden, die es ansonsten in dieser Gesellschaft elend schwer haben: Letzte, oder noch schöner, Vorletzte.

TALKSHOWS

Herr Gysi, warum mögen Sie TV-Talkshows?
Wie kommen Sie darauf, dass ich die mag? Sie versauen mir
regelmäßig den jeweiligen Abend. Aber ich musste früher in
Talkshows gehen, um schrittweise eine Akzeptanz für meine
Partei und mich herzustellen.

Haben Sie Lampenfieber?
Immer etwas.

Zu wem gehen Sie am liebsten in die Sendung?
Zu Harald Schmidt, wenn wir gemeinsam ein halbes Jahr oder
ein ganzes Jahr mit vorgegebenen Szenen beleuchten. Das ist
anstrengend, aufregend, macht aber Spaß. Und es ist ja auch
keine klassische Talkshow.

*Haben Sie schon mal mit dem Gedanken gespielt, aufzustehen und
das Studio zu verlassen?*
Ja, aber nur sehr selten, und ich habe es auch noch nie gemacht.

*Bitterer Streit vor der Kamera, aber Freundlichkeit hinterher – wie
heuchlerisch empfinden Sie das?*
Wenn es ein Streit in der Sache ist, muss es nicht heuchlerisch
sein. Wenn aber eine Person angegangen wird, dann ist es tatsächlich heuchlerisch, hinterher so zu tun, als sei nichts gewesen.

*Was reizt Sie, Ihr eigener Talkmaster zu sein, im Deutschen Theater
und in der Distel?*
Im Deutschen Theater und in der Distel wirke ich als Moderator.
Ich bin neugierig auf andere Menschen, die eine völlig andere
Entwicklung genommen haben. Was war in ihrer Kindheit, was

war in ihrem Leben anders? Warum denkt der eine eher konservativ und der andere gegenteilig? Wie entscheidet man sich, Dirigent oder Pianistin zu werden? Die Antworten finde ich spannend. Wenn man auf andere Menschen nicht neugierig ist, sollte man auch nicht Moderator werden.

Der Tod durchkreuzt gern Gästelisten. Wen hätten Sie im Deutschen Theater gern als Gesprächspartner gehabt?
George Tabori und Loriot.

Erich Honecker nicht?
Nein, ich wühle nicht gern in einem zerstörten Leben.

Welche Frage sollte ein Journalist endlich mal an Sie stellen?
Keine Ahnung!

Haben Sie bei den landläufigen Formaten das Gefühl, sich wirklich erklären zu können?
Ich litt oft darunter, dass es in der Runde meist mehrere Teilnehmer gab, die meines Erachtens alle etwas sagten, was ich widerlegen müsste – wozu ich zeitlich natürlich keine Gelegenheit bekam. Mit anderen Worten, man muss einfach respektieren, dass die Anderen das gleiche Rederecht haben wie man selbst. Wenn es fünf unterschiedliche Interessen gibt, dann gleicht sich das aus. Wenn sich aber die Anderen mit dem gleichen Ziel äußern, nur man selbst eine andere Ansicht hat, dann hat man nicht die Chance, zu jedem Argument Stellung zu nehmen.

Sind wir zu sehr umzingelt von Experten?
Ich jedenfalls bin nicht wirklich Spezialist für ein einzelnes politisches Gebiet.

Ist Ihnen das unangenehm?
Nein. Vor Expertinnen und Experten habe ich Respekt, aber sie erklären Sachverhalte oft zu kompliziert, zu detailliert, zu verzweigt. Weil sie genau sein wollen, weil sie selbst tief im jewei-

ligen Zusammenhang stecken und nicht vereinfachen können. Ich dagegen erkläre gern ironisch, dass ich der Typ sei, der wenig weiß, aber über alles reden kann. Ich bin ein Generalist.

Politiker eben.
Politiker, ja. Als irgendwann einmal in Günther Jauchs ARD-Talkrunde am Sonntagabend das Thema kurzfristig geändert werden musste, wurden logischerweise auch die Gäste ausgewechselt. Vor Beginn der Sendung entschuldigte sich Jauch beim Publikum für den Wechsel der Gesprächspartner. Ein Zuschauer sagte, dass aber Gysi schon bei der ursprünglichen Zusammensetzung dabei gewesen sei. Jauch antwortete: »Bei Gysi spielt doch das Thema keine Rolle!«

In Talkshows springen Sie gern aus der Rolle des Befragten und übernehmen auch da spontan die Rolle des Moderators. Weil Sie sich langweilen? Oder warum?
Das mache ich nur in Unterhaltungs-Talkrunden. Auch da kommt durch, dass ich auf andere Menschen mit einem anderen Leben und anderen Sichtweisen neugierig bin. Und ja, manchmal langweile ich mich auch.

Welches Verhältnis haben Sie zum Schweigen?
Ich bin ein Spätzeitmensch und schweige deshalb gern am Morgen. Außerdem kann ich auf Angriffe ganz gut mit Schweigen reagieren, was das Gegenüber nervöser macht.

Spätzeitmensch ... Seltsames Wort.
Spät- oder Frühzeitmensch, das ist ganz wichtig in einer Partnerschaft. Es geht also darum, wann am Tag man am vitalsten ist. Ein Spätzeitmensch wird abends erst richtig munter. Da ist er auch intellektuell am fähigsten, da will er Gedankenaustausch. Ein Frühzeitmensch ist morgens voll da. In meiner ersten Ehe war da wirklich ein Unterschied. Meine Frau redete zum Frühstück auf mich ein und ich zum Abendbrot auf sie. Wir kamen kaum zum wirklichen Gespräch, weil wir uns immer zu den Zeiten erwischten, da der jeweils andere nicht richtig bereit war.

Das ist eine scheinbare Kleinigkeit, vor allem in den Zeiten des frühen Verliebtseins. Aber das kann sich zum Problem auswachsen.

Wird nicht zu viel gequatscht auf der Welt?
Geredet wird zu wenig, gequatscht zu viel. Was ist denn das, was wir hier machen?

Seien Sie nicht so streng.
Streng? Das ist nicht Strenge, das ist Selbstironie, also: die Höchstform der Arroganz.

KIFFEN

Herr Gysi, wann haben Sie zu kiffen aufgehört?
Bevor ich überhaupt auf die Idee gekommen wäre, anzufangen.

Nie einen Joint genommen?
Als ich 1990 eine Veranstaltung in Köln hatte, wurde ich nach meiner Haltung zu leichten Drogen gefragt. Ich erklärte, dass ich mit Drogen in der DDR bisher nichts zu tun hatte und deshalb das Material dazu erst studieren müsse. Danach würde ich sicher auch eine Meinung haben. Beim Rausgehen drückte mir eine junge Frau einen Zettel in die Hand, den ich lesen sollte. Ich wickelte ihn auf, und da stand: »Nicht studieren, sondern probieren«. Es war eine Hasch-Zigarette beigefügt.

Es gab noch die DDR!
Aber ich nahm die Hasch-Zigarette dennoch mit. Bei einer Grenzkontrolle wäre ich natürlich zur Hauptüberschrift der BILD-Zeitung geworden. Aber es gab keine Kontrolle. Und dann haben wir zu Hause zu fünft jeder einen Zug genommen.

Die Wirkung?
Null! Das war meine einzige bewusste Begegnung mit diesem Rauschgift. Dann wurde ich nach Hamburg zu einem Spiel vom 1. FC St. Pauli eingeladen. Ich stand im Fanblock. Von den zwei Toren, die fielen, und einem Großteil des Spiels habe ich wenig gesehen, denn ich war eingekesselt von lauter langen Kerls – nur an der Lautstärke der Fans erkannte ich dramatische Geschehnisse auf dem Rasen. Nach dem Spiel war mir hundeelend zumute wie nie zuvor und nie wieder in meinem Leben. Es dauerte eine Weile, bis ich begriff, dass um mich herum nicht geraucht, sondern gekifft worden war.

Ist Politik eine Droge?
Zwischendurch war ich drei Jahre draußen. Alle dachten, das hält der Kerl nicht aus. Ich habe es sehr wohl ausgehalten – und genossen. Andererseits brauche ich die Bewegung, den Kontakt. Ich bin da immer hin- und hergerissen.

Warum haben Sie angefangen, zu rauchen? Und warum aufgehört?
Angefangen habe ich wahrscheinlich aus dem Bedürfnis, besonders männlich zu wirken. Mit sechzehn Jahren hat man ja so komische Gefühle. Und aufgehört habe ich nach dem ersten Herzinfarkt. Das beweist, dass meine Motive zum Aufhören wesentlich bessere waren als die, die zum Rauchen führten.

Rauchten Sie auch in Gaststätten?
Als ich jung war, war dies erlaubt und fast selbstverständlich. Ich tat es also auch. Heute ist es kaum noch vorstellbar.

In welchen Momenten würden Sie gern wieder zur Zigarette greifen?
Es gibt keinen solchen Moment mehr. Ich hatte nie wieder das Bedürfnis danach. Ich bin aber ein toleranter Nichtraucher geworden, in meinem Beisein kann geraucht werden, es macht mir nichts aus, und es entsteht in mir nicht das geringste Bedürfnis, wieder selbst zu einer Zigarette zu greifen.

Wurden – nachdem Sie aufgehört haben – Süßigkeiten zum Ausgleich?
Nicht nur Süßigkeiten, sondern überhaupt Essen.

Welche Zigarettensorte bevorzugten Sie?
In der DDR Cabinet und später dann Marlboro.

Bekannt ist das gefährliche Verhältnis von Spitzenpolitikern zum Alkohol. Woher rührt das Problem?
Viele Menschen greifen im Stress gern zum Alkohol, bis eben leider eine gewisse Abhängigkeit entsteht. Spitzenpolitikerinnen und Spitzenpolitiker befinden sich häufig im Stress.

Welches alkoholische Getränk bevorzugen Sie?
Weißwein und gelegentlich auch Pils. Ich trinke auch mal Rotwein. Aber mit Schnaps kann ich kaum etwas anfangen.

Wie finden Sie das Wort »Schnaps«?
Darüber habe ich mir noch keine Gedanken gemacht und bin im Augenblick auch nicht bereit, mir darüber Gedanken zu machen.

Mögen Sie Cocktails?
Nur sehr selten trinke ich mal einen Cocktail. Da treten zu schnell – wie soll ich sagen? – Wirkungen ein.

Gehen Sie manchmal mit Abgeordneten einen trinken?
Nein, mit Freundinnen und Freunden. Darunter gibt es nur wenige Abgeordnete aus meiner Fraktion.

Sie absolvieren viele Abendveranstaltungen. Wie gestaltet sich bei Ihnen der sogenannte Absacker?
Die meisten verstehen darunter einen Schnaps zum Abschluss. Mir genügt eine Weißweinschorle.

MARX UND ENGELS

»Wir müssen dann fort sein«

Herr Gysi, im August 1990 erklärte der damalige CDU-Bundesar-beitsminister Norbert Blüm in Gdansk: »Karl Marx ist tot, Jesus lebt.«

Schon damals konnte ich über diesen Spruch nur den Kopf schütteln. Norbert Blüm war bei Weitem nicht der Einzige, der das Ende dieser Geschichte gekommen sah. Später räumte er ein, sich mit dieser Äußerung vertan zu haben.

Marx ist einer der bekanntesten Deutschen weltweit. Vor Jahren suchte das ZDF in einer Art Unterhaltungsshow nach den »besten« Deutschen. Den »Kandidaten« für diesen Titel wurden Paten beige-sellt – Sie durften der Anwalt für Karl Marx sein.

Vor der Sendung lag er Umfragen zufolge auf Platz zehn. Am Ende kam er nach Konrad Adenauer und Martin Luther auf den dritten Platz. Über 1,8 Millionen Zuschauer und Zuschauerin-nen hatten sich per Internet, Telefon, SMS und Postkarte an der wochenlangen Umfrage beteiligt.

War das nicht eine sehr oberflächliche Aktion?

Ja, so in der Art, in der man auch Hitparaden betreibt. Und doch, im bedauerlichen Zeitalter der Nichtlesenden und der schnel-len, großformatigen Schlagzeilen war das ein beachtlicher Auf-merksamkeitsschub.

Der Künstler Ottmar Hörl entwarf nicht nur eine Statue von Martin Luther, sondern auch eine von Karl Marx. Die war knallrot, und Hun-derte dieser Modelle standen auf dem Porta-Nigra-Platz in Marx' Geburtsstadt Trier. Ist so was eine Beleidigung für Marx?

Jetzt werden auch Sie humorlos! Zum 200. Geburtstag von Marx stellte ich mich zwischen diese Figuren, und es hieß, ich sei ja größer. Ohne Übertreibung konnte ich erwidern: »Nein, größer als Marx bin ich bestimmt nicht – aber länger als die Hörl-Figur schon.«

Warum ist Deutschland nicht stolz auf so ein Genie wie Marx?
Man denkt leider, Stolz schließe kritische Auseinandersetzung aus. Das ist aber Unsinn. Erst Größe rechtfertigt Streit. Und sollte nicht auch von besonderer Relevanz sein, dass Karl Marx ein deutscher Jude war? Wir müssten als Gesellschaft, als Staat endlich eine andere Lockerheit, eine andere Offenheit entwickeln. Noch nie war ein Bundespräsident, ein Bundeskanzler oder eine Bundeskanzlerin an seinem Grab in London-Highgate.

Das ja im Übrigen ein internationaler Touristenmagnet ist.
Ehrlich gesagt finde ich diese deutsche offizielle Zurückhaltung, ja, Pikiertheit, peinlich. Wir haben in Trier, seiner Geburtsstadt nicht mal selber ein Denkmal für ihn gebaut, wir haben es uns von China schenken lassen.

Beim Marxismus hatte man das Gefühl, den Linken sei ein neuer Gott erschienen.
»Nichts Menschliches ist mir fremd«, schrieb Marx ins Poesiealbum seiner Tochter. Schon allein das beweist, wie weit entfernt er von einem sogenannten höheren Wesen war. Vom Marxismus sowieso.

Warum haben Sie gesagt, man müsse Marx zweifach befreien?
Zum einen müssen wir Marx von seinem nachwirkenden Missbrauch im Staatssozialismus befreien. Und zweitens konnte er seine Arbeit nur in London leisten, weil Deutschland viel zu intolerant war. Er wurde verbannt. Ich möchte, dass wir endlich ein gutes Verhältnis zu einem großen Sohn des deutschen Volkes entwickeln. Marx und Engels waren Befreiungstheoretiker, Kämpfer.

Interessant, dass Karl Marx ausgerechnet sein »Kapital« als allgemeinverständlich bezeichnete.

Von allgemeiner Verständlichkeit habe ich allerdings andere Vorstellungen.

Gibt es Texte von Marx, die Sie besonders mögen?
Als Anwalt hat mir imponiert, wie er die Pariser Kommune verteidigte, so, als stünde er direkt im Gerichtssaal und schmettere sein Plädoyer in die Gesichter der Feinde. Moment, ich googel mal … hier: »Die Kommune, rufen sie aus, will das Eigentum, die Grundlage aller Zivilisation, abschaffen! Jawohl, meine Herren, die Kommune wollte jenes Klasseneigentum abschaffen, das die Arbeit der vielen in den Reichtum der wenigen verwandelt. Sie beabsichtigte die Enteignung der Enteigner. Sie wollte das individuelle Eigentum zu einer Wahrheit machen, indem sie die Produktionsmittel, den Erdboden und das Kapital, jetzt vor allem die Mittel zur Knechtung und Ausbeutung der Arbeit, in bloße Werkzeuge der freien und assoziierten Arbeit verwandelt. – Aber dies ist der Kommunismus, der ›unmögliche‹ Kommunismus!«

Sie suchen noch einen Text?
Ja. Hier. Grandios die Ansprache des imaginären Arbeiters an den Kapitalisten im Vorwort zu »Das Kapital« … hier: »Die Benutzung meiner Arbeitskraft und die Beraubung derselben sind ganz verschiedne Dinge (…) Ich verlange also einen Arbeitstag von normaler Länge, und ich verlange ihn ohne Appell an dein Herz, denn in Geldsachen hört die Gemütlichkeit auf. Du magst ein Musterbürger sein, vielleicht Mitglied des Vereins zur Abschaffung der Tierquälerei und obendrein im Geruch der Heiligkeit stehn, aber dem Ding, das du mir gegenüber repräsentierst, schlägt kein Herz in deiner Brust. Was darin zu pochen scheint, ist mein eigner Herzschlag. Ich verlange den Normalarbeitstag, weil ich den Wert meiner Ware verlange, wie jeder andre Verkäufer.«

Finden Sie, dass Marx Witz hatte?
Unbedingt! Denken Sie an den Widerspruch, den Kapitalismus zu bekämpfen, aber gleichzeitig seine Annehmlichkeiten zu genießen. Marx war Gast in einer Arztfamilie, man sprach auch

über den Niedergang des Kapitalismus und über eine kommende Zeit, in der die Standesunterschiede verschwinden würden. Die Dame des Hauses sagte: »Lieber Marx, ich kann mir Sie nicht in einer so nivellierenden Zeit denken, da Sie doch durchaus aristokratische Neigungen und Gewohnheiten haben.« – »Ich auch nicht«, antwortete Marx. »Diese Zeiten werden kommen, aber wir müssen dann fort sein.«

Wer ist Ihnen sympathischer? Marx oder Engels?
Grad heraus: Engels.

Grad heraus?
Für mich strahlte er nicht nur Intelligenz, sondern vor allem Wärme aus. Er hatte einen durchaus pädagogischen Stil, der aber etwas Einnehmendes hatte. Engels schrieb einfacher als Marx. Grandios sein Satz: »Ich habe mein Leben lang das getan, wozu ich gemacht war, nämlich zweite Violine spielen. Und ich war froh, so eine famose erste Violine zu haben wie Marx.« Und dann ist da noch etwas. Ich habe lange nachgedacht, ob ich in meinem Leben einen Freund hatte oder habe, für den ich so viel zu tun bereit gewesen wäre, wie es Engels für Marx tat. Denn man muss sich das vorstellen: Marx hatte wohl eine Affäre mit der Haushälterin seiner Familie, Helena Demuth, die zur Schwangerschaft und zur Geburt von Marx' unehelichem Sohn Frederick Demuth führte. Zwar schwiegen sich Helena Demuth und Marx über ihr Verhältnis und dessen Folgen aus, aber Friedrich Engels gab sich selbstlos als Vater aus. Sehr beachtlich!

Sie haben nachgedacht, ob Sie auch so einen tollen Freund hatten oder haben. Haben Sie?
Einer, wirklich nur ein einziger, ist mir eingefallen.

Sie wären nicht Gregor Gysi, wenn Sie nicht auf Ausgewogenheit zielten. Kein Loblied auf Engels ohne Loblied auf Marx.
Da haben Sie recht. Natürlich mag ich auch Marx. Logisch, dass auch da private Seiten interessieren. Eifersüchtig soll er gewesen sein, durchaus auch eitel. Ein Journalist recherchierte rund ums

Haus: »Ich schnüffelte nach Petroleum, aber überall roch es nach Rosen.«

Noch mal zur DDR: Sie haben studiert, Sie mussten Marx und Engels lesen. Zwang!
Es fand eine Verklärung statt. Das wäre kulturell nicht so schlimm gewesen, wenn Zitate von Marx und Engels nicht dazu benutzt worden wären, geistige Beweisführungen zu vernachlässigen. So festigte sich der ideologische Dogmatismus, der sich ausgerechnet auf den Geist der Klassiker berief.

Aber das Verhältnis zu Marx war auch in der Bundesrepublik gestört.
Nach Herstellung der deutschen Einheit schon deshalb, weil man ihn in der DDR und in anderen staatssozialistischen Ländern so außerordentlich gewürdigt hatte. Es schien aussichtslos, den Versuch zu unternehmen, in der gesamten Bundesrepublik ein differenziertes Bild von Marx zu zeichnen.

Die DDR-Bürger halfen mit.
Ja, sie waren zunächst zum großen Teil mit Marx fertig. Irgendwie gingen sie davon aus, dass die DDR sein Werk war – das nun in Trümmern lag … Wissen Sie, worüber ich bei Marx oft nachdenke? Über Relativität.

Relativität? Er erlangte Weltruhm. Sein Werk ist Weltliteratur.
Ist aber alles relativ! Ein Journalist auf den Spuren von Marx fand Anfang des 20. Jahrhunderts noch einen Stammleser der British Library, der sich persönlich tatsächlich an Marx erinnern konnte. »Ja, ja, Dr. Marx, ein Deutscher«, sagte der alte Herr, »der ist über viele Jahre hierhergekommen. Eines Tages ist er einfach weggeblieben, und niemand hat je wieder was von ihm gehört.«

WALD UND WIESE (2)

Herr Gysi, welches Verhältnis haben Sie zur Langsamkeit?
Sie kann beruhigen.

Nennen Sie eine besonders schöne Farbe.
Es gibt in Frankreich und in Griechenland Häuser in einem
phantastischen Blau.

Setzen Sie Gendersternchen?
Nein. Auch den Doppelpunkt im Wort oder das große Binnen-I
mag ich nicht. Was ich nicht sprechen kann, will ich auch nicht
schreiben. Aber ich spreche und schreibe gewissermaßen doppelt, zum Beispiel: Politikerinnen und Politiker.

*Sind Sie abergläubisch – jenseits des Buches unterm Kopfkissen, das
Sie als Schüler zum Lernen brauchten?*
Nicht wirklich. Aber meine Mutter hat mir erklärt: Wenn man
eine eigene Wimper findet, sie auf den Finger legt und es schafft,
sie wegzupusten, dann geht ein vorher gehegter Wunsch in Erfüllung. Das mache ich gelegentlich, obwohl ich weiß, dass es
Unsinn ist.

Haben Sie je ein Kettchen getragen?
Nein, dafür bin ich nicht der Typ.

*Es gibt diesen berühmten Fragebogen von Max Frisch. Er fragt zum
Beispiel: »Hätten Sie lieber einer anderen Nation (Kultur) angehört
und welcher?«*
Ich bin relativ zufrieden mit meinem Land. Aber manchmal
wünschte ich mir, in Großbritannien gelebt zu haben, weil ich
dann Englisch sprechen und mich dadurch weltweit viel besser
verständigen könnte. Ab und zu denke ich aber auch an Länder

wie Frankreich oder Italien. Wegen der Küche und schöner Städte und Häuser.

Wann haben Sie aufgehört zu meinen, dass Sie klüger werden, oder meinen Sie es noch?
Na, durch Ihre Fragen bin ich ja herausgefordert, dass ich bei der Suche nach Antworten gewisse neue Zusammenhänge lerne. Ist das mehr Klugheit?

Wenn Sie an Verstorbene denken: Wünschten Sie, dass der Verstorbene zu Ihnen spricht, oder möchten Sie lieber dem Verstorbenen noch etwas sagen?
Ich möchte sie in Ruhe lassen.

Was fehlt Ihnen zum Glück?
Erzähle ich Ihnen nicht.

Beneiden Sie manchmal Tiere, die ja ohne Hoffnung auszukommen scheinen, zum Beispiel Fische in einem Aquarium?
Da ich noch nie ein anderes Tier war, der Mensch ist bekanntlich ein Säugetier, weiß ich im Unterschied zu Ihnen nicht, ob es bei diesen Tieren keine Hoffnung gibt.

Ich weiß es ja auch nicht. Das Großartige am Fragebogen von Max Frisch ist ja, dass er keine Antworten liefert, keine einzige.
Und mich wollen Sie zwingen!

Literatur stellt Fragen, das Leben ist nun mal – Antwort. So oder so. Wenigstens ein Versuch.
Na gut.

Wie verändert sich im Alter der Humor?
Bei mir zumindest nimmt er zu.

Gesetzt den Fall, Sie lassen sich auf Gott ein: Kennen Sie ein Anzeichen dafür, dass er Humor hat?
Selbstverständlich. Wie hätte er sonst alles aushalten können?

Halten Sie die Natur für einen Freund? Warum, warum nicht?
Die Natur ist kein Freund. Sie hat keine direkte Beziehung zu
uns. Aber ich mag die Natur sehr. Der Mensch gehört dazu
und darf diese seine eigenen Lebensgrundlagen nicht zerstören.

*Was fürchteten Sie im Leben mehr: Das Urteil von einem Freund oder
das Urteil von Feinden?*
Ich fürchte Urteile nicht. Aber Urteile von Freunden können
mehr weh tun als die von Gegnern.

Möchten Sie unsterblich sein?
Um Gottes willen!

Können Sie ohne Hoffnung denken?
Ja, manchmal gelingt es mir sogar, überhaupt nicht zu denken ...
Lachen Sie nicht so zynisch.

*Muss eine Hoffnung, damit Sie in deren Sinn denken und handeln
können, nach Ihrem menschlichen Ermessen erfüllbar sein?*
Nein. Ich träume zum Beispiel immer von einem goldenen
Zwerg im Wald, der bereit ist, mir drei Wünsche zu erfüllen.
Scheint nicht erfüllbar zu sein.

Auch eine Fee kam in unseren Gesprächen schon vor.
Sie kam bisher ebenfalls nicht zu mir.

*Lassen wir Max Frisch ... Aber weil wir bei Wünschen sind: Wie sind
Ihre Erfahrungen: Erreicht man im Leben mehr, wenn man weniger
will?*
Ich bitte Sie, das ist eine einfache Frage der Logik. Wenn ich nur
drei Wünsche habe, sind sie leichter zu befriedigen als fünfzig
Wünsche. Es sei denn, die drei Wünsche sind im Unterschied zu
den fünfzig irreal.

*Stimmt der folgende Satz: Berufliche Niederlagen darf ich nicht per-
sönlich nehmen, denn ich bin mehr als mein Beruf.*

Nein, der Satz stimmt nicht. Denn ich bin ja auch für das verantwortlich, was ich beruflich tue.

Hatten Sie einen bestimmten Leitungsstil?
Ja, aber ich kann ihn nicht beschreiben.

Was bedeuten Ihnen eigene Geburtstagsfeiern?
Ich mag sie. Allerdings sind sie anstrengend, weil ich immer glaube, mich mit allen unterhalten und alle unterhalten zu müssen – was bei kleineren Feiern gelingt, bei größeren kaum.

Gemeinsame Weltanschauung hin oder her – passen Menschen zusammen, wenn sie nicht den gleichen Humor haben?
Das geht dann, wenn beide den Humor der oder des anderen trotzdem mögen.

Denken Sie bei Trauerfeiern – wenigstens ganz kurz –: Danke, ich lebe noch?
Nein, ich denke an das, was ich mit der oder dem Toten erlebt habe.

Beschreiben Sie Ihre handwerklichen Fähigkeiten.
Leider gibt es da nichts zu beschreiben.

Ein britischer Bestatter stellte die Frage ins Netz: »Worauf freuen Sie sich nach dem Tod?« Er bekam ein großes Twitter-Echo aus aller Welt. Daraufhin erkundigte sich auch die Hamburger ZEIT bei Schriftstellerinnen und Schriftstellern aus mehreren Ländern. Haben Sie ebenfalls Lust auf eine Antwort?
Nein.

Wieso nicht?
Bin kein Schriftsteller.

Schade, Ihre Antwort würde mich wirklich interessieren. Es ist doch letzten Endes ein Spiel.
Na gut. Wie war die Frage?

Worauf freuen Sie sich nach dem Tod?
Nee. Ist nicht mein Ding. Lassen wir's.

Albert Camus hatte zehn Lieblingswörter: Die Welt, der Schmerz, das Meer, der Sommer, die Erde, die Mutter, die Menschen, die Wüste, die Ehre, das Elend. Nennen Sie Ihre zehn Lieblingswörter.
Der Mensch, der Frieden, das Glück, die Liebe, die Chancengleichheit, die Wonne, das Meer, der Fluss, der See, der Gletscher. Und Sie?

Der Schnee, der Wald, der Regen, der Herbst, das Schweigen, die Wolken, das Abendlicht, das Gras, der Nebel, das Gedicht, der Spatz. Moment, das sind elf … Jetzt kann ich zugeben, dass ich sechzehn Lieblingsworte habe.

Fehlen also noch sechs.
Das Gebirge, der Wald, das Völkerrecht, die Gerechtigkeit, die Verteidigung und die Waffel.

Waffel?
Klingt doch schöner als Waffe. Oder?

RUF DER POLITIK
»Dieser Wunsch kann dich aufweichen«

Herr Gysi, blicken wir zu moralisch, zu moralisierend auf Politiker?
Politik ist nun mal Öffentlichkeitsarbeit. Vor Kameras und hinter
Mikrophonen fühlt sich der Mensch nicht selten gebauchpinselt
und geschmeichelt …

*Das ist das Einzige, was sich Politiker gern vorhalten lassen: Mikro-
phone.*
… das fördert die Eitelkeit. Aber es beeinträchtigt auch das private Leben. Was für andere normal ist, ist für Politiker und Politikerinnen verboten. Man verlangt von ihnen eine Moral, die
überhaupt nichts mehr mit den gesellschaftlichen Realitäten zu
tun hat.

*Muss man nicht aber moralische Reinheitsgebote für den Politikbe-
trieb fordern?*
Um Himmels willen! Nein! Moralisch »perfekte« Politik-
treibende würden der so gar nicht lupenreinen Realität derart
abgehoben gegenüberstehen, dass sie womöglich gar kein
Verständnis mehr hätten für alle die Schwächen, die zum Menschen gehören und die also in der Bevölkerung verbreitet sind.
Die Lupenreinen sind schlimmer als die Widersprüchlichen.

Soll Politik die Menschen glücklich machen?
Nein, das wäre ein messianischer Anspruch. Menschen zu ihrem
Glück zu zwingen – mit dieser Kollektivmaßnahme bin ich aufgewachsen, das will ich nicht wieder erleben. Politik sollte nur
versuchen, einen Weg zu mehr sozialer, kultureller Gerechtigkeit und Chancengleichheit zu organisieren.

Dieses »nur« ist die ganz große Kunst.
Das Ziel wäre eine Gesellschaft, die das effiziente Wirtschaften

aus dem Kapitalismus heraus sichert, aber die Macht der großen, privaten Konzerne und Banken bricht. Die privaten mittleren und kleinen Unternehmen in marktwirtschaftlichen Verhältnissen müssen erhalten und Genossenschaften, wo sie angebracht sind, gefördert werden. Es wäre richtig, die großen, privaten Banken zu verkleinern oder sie öffentlich-rechtlich wie die Sparkassen zu gestalten.

Als Staatsbanken?
Nein, denn die Landesfinanzminister können genauso Unsinn verzapfen wie die Deutsche Bank. Deshalb endeten die Landesbanken fast alle in der Pleite. Aber die öffentlich-rechtlichen Sparkassen waren nicht mit einbezogen, die Genossenschaftsbanken auch nicht.

Waren Sie je verführbar durch Macht?
Als Fraktionsvorsitzender der PDS und der Linken im Bundestag war ich nicht Teil einer umworbenen Partei. In meiner Partei hätte ich also gar keine besondere Chance gehabt, durch Machtreize korrupt zu werden. Mit anderen Worten: Verlockungen hängen immer auch von der gesellschaftlichen Rolle ab, die eine Person oder Partei spielt.

Nehmen Sie die Grünen.
Lange Zeit waren sie für jene gesellschaftliche Gruppen, die solche Verführungen aus dem engeren Machtzirkel hätten anbieten können, gar nicht von Bedeutung und Interesse.

Das hat sich mit den Jahren geändert.
Heute, in verstärkt kriegerischen Zeiten, sind die Grünen militärisch olivgrün geworden und auf dem Weg zu Schwarz. Die Partei gewann an Einfluss und wurde damit für andere Kräfte interessant. Die Grünen sprechen jetzt gezielt auch Bevölkerungskreise an, die sie früher verschreckt haben. Die 68er-Rebellen sind inzwischen längst angekommen in der Gesellschaft. In der Mitte, ganz oben. Das spürt man. Was mich aber wirklich ärgert: dass diese Partei doch tatsächlich als Gegenüber

zu den Rechtspopulisten wahrgenommen wird. Dabei müssten das die Linken sein.

Trotzdem noch mal die Frage: Was könnte speziell einen Oppositionspolitiker verführbar machen für Keime der Korruption, für Kungelei?
Paradoxerweise genau das, was Opposition auszeichnet: Du stehst im herrschenden Getriebe als ein Gegenüber, du hast Distanz, und zwar ganz bewusst. Aber dass du im Parlament dauernd Vorschläge machst, die abgelehnt werden, das kann deinen Wunsch steigern, endlich auch mal ein Erfolgserlebnis zu haben. Dieser Wunsch kann dich aufweichen.

Man muss sich demnach auf eine andere Art Erfolgserlebnis konzentrieren?
Ja, etwa durch eine gute Rede, oder durch die Zustimmung, die ein Vorschlag von dir außerhalb des Bundestags erhält – auch wenn er im Bundestag abgelehnt wird. Das verführt gelegentlich trotzdem zu einer Kungelei mit den Regierenden – um eben auch mal etwas durchgesetzt zu bekommen.

Wer politisch agiert, der gerät unter Druck: Die Bürgerinnen und Bürger erwarten für alles, was man tut, ein edles Motiv.
Das genau ist das Problem, denn deshalb denken sich Politiker und Politikerinnen auch immer ein edles Motiv aus. Selbst jeder Krieg wird mit dem Verweis auf höchst moralische Motive geführt. Der Westen, zum Beispiel, glaubte nach 1990, das Völkerrecht nicht mehr beachten zu müssen, etwa im Krieg gegen Serbien. Der damalige Kanzler Schröder hat zugegeben, dass dieser Krieg völkerrechtswidrig war, nur war er seiner Meinung nach moralisch notwendig.
Das andere war der Krieg gegen den Irak, an dem Deutschland – Schröder war Kanzler – allerdings nicht teilgenommen hat.

Als Ernst Busch den Galilei von Brecht spielte, in den fünfziger jahren am Berliner Ensemble, hieß es im Ensemble scherzhaft: Busch ist ein großer Schauspieler, inzwischen hält er sich auch für

einen großen Physiker. Kann man das Beispiel auf die Politik über-
tragen?
Das ist ein sehr zweifelhafter Reflex: Wir reden über sehr viele
Dinge und denken mit der Zeit, alles erwüchse uns aus eigenem
Geist.

Sind Menschen, die in die Politik gehen, nicht doch klüger als an-
dere?
Wie kommen Sie denn auf so etwas?

Worüber sie alles reden! Wie reibungslos sie die Ministerposten wech-
seln.
Man ist in der Politik ein guter Verwerter von Informationen,
also: von geliehenen Klugheiten. Das ist nichts Ehrenrühriges –
man darf es nur nicht verdrängen, niemals vergessen. Wir
Politikerinnen und Politiker sind umgeben von vielen Mitarbeiterinnen und Mitarbeitern, Helferinnen und Helfern, wir
ersticken (gern?!) in Terminfülle, uns flattern dauernd Papiere
auf den Tisch, uns wird laufend zugearbeitet. Wir sind Vorder-
grund, die vielen bleiben Hintergrund. Da muss man höllisch
aufpassen, sich nicht für wirklich universal zu halten.

Müssten Volksentscheide eine größere politische Kraft bekommen?
Sie müssten auf Bundesebene erst einmal zugelassen werden.
Erst danach kann man sich über deren Kraft und Einfluss ver-
ständigen.

Wären Sie dafür, den Bundespräsidenten oder die Bundespräsidentin
von der Bevölkerung direkt wählen zu lassen?
Ich habe Bedenken, weil die Bundespräsidentin – die es übrigens
noch nie gab – und der Bundespräsident kaum politische Entscheidungen treffen können. Es ist im Wesentlichen eine re-
präsentative Funktion. Dann machte es schon mehr Sinn, die
Kanzlerin oder den Kanzler zu wählen, egal, wer sie oder ihn
anschließend im Bundestag unterstützt. Das hätte schon einen
demokratischen Reiz.

FUSSBALL

»Ich stand im Tor, weil ich faul war«

Herr Gysi, über Sport haben wir schon mal gesprochen. Mögen Sie Fußball?
Ja. Ich bin der klassische deutsche Sachverständige: Ich hab' keine Ahnung, schau' mir aber alles an und weiß alles besser.

Sie sind Mitglied vom 1. FC Union Berlin.
Ja. Die Alte Försterei liegt in meinem Wahlbezirk, Treptow-Köpenick.

Stellen Sie sich vor, Union verschießt in der 89. Minute eines ganz wichtigen Spiels den entscheidenden Elfmeter. Wie reagieren Sie? Laut polternd oder in sich gekehrt und leise verzweifelnd?
Ich würde rufen: Das darf doch nicht wahr sein! Danach wäre ich in mich gekehrt und leise verzweifelt. Sehr verzweifelt. Nein, nein, natürlich nur in Maßen verzweifelt. Übertreibung gelingt mir selten.

Das hat Vor- und Nachteile.
Das hat Nach- und Vorteile.

Ihr erster Stadionbesuch war an der Alten Försterei. Gegen wen ging es?
Weiß ich nicht mehr.

Aber können Sie sich erinnern, mit welchem Gefühl Sie die Stufen zur Tribüne hinaufgingen?
Ich sah vor allem zu, einen Platz zu bekommen, von dem aus ich auch etwas sehen konnte vom Spiel. Das ist für mich bei Stehplätzen nicht immer so leicht.

Was hat Fußball in Ihnen langfristig ausgelöst?
Vor allem eine große Verbundenheit mit dem 1. FC Union, zumal ich Fans zu DDR-Zeiten regelmäßig anwaltlich vertreten musste. Nach fast jedem Heimspiel von Union hatte ich zwei Mandanten mehr in der Untersuchungshaftanstalt Rummelsburg. Beim BFC Dynamo hatte ich eine solche Quote nicht. Das heißt, von Union konnte ich leben, vom BFC nicht. Wenn ich mit Union-Fans zu tun hatte, konnte ich ihre unvergleichliche Bindung zum Verein spüren. Ich habe dem Gericht immer erklärt, dass sie einfach eine so große Leidenschaft haben und man da eben leicht mal durchdreht, gerade wenn man jung ist. In der Regel habe ich sie relativ schnell wieder rausbekommen. Union war übrigens der frechste Club in der DDR. Es gab eine Regel, dass Vorbestrafte in der Oberliga nicht mitspielen durften. Union hat das aber nicht interessiert.

Wie wichtig sind Vereine, die sich ihrer Wurzeln bewusst sind?
Ohne sie und ihre Aktivitäten im Kiez, in der Region wäre der Fußball wohl nur noch das reine Geschäft. Wenn man so will, hält der Vereinsgeist die Seele des Fußballs auf der Profiebene aufrecht. Was immer schwerer wird.

Als Politiker der Linken müssten Sie bei den aktuellen Entwicklungen im weltweit profitgierigen Fußballgeschäft die Hände vor dem Gesicht zusammenschlagen.
Ablösesummen, Gehälter, Beraterhonorare, Öl-Millionen, TV-Milliarden – das ist schon irre, wohin sich etwas entwickelt, wenn man dem Kommerz alles unterordnet. Wie viel vom Kulturgut Fußball übrig bleiben wird, darüber mag ich gar nicht spekulieren.

Wie in der deutschen Gesellschaft verschieben sich auch in den Stadien politische Grenzen. Wie schätzen Sie die Situation ein?
Bis auf einzelne Fälle sind die Versuche von rechts, die Fankurven zu übernehmen, bisher gescheitert. Das sehe ich durchaus auch als Verdienst der Ultra-Bewegung an, das beim Umgang mit ihr zu wenig gewürdigt wird.

Dennoch gibt es immer wieder rassistische, homophobe oder anti-semitische Ausfälle in den Stadien.

Weil man so etwas in der Anonymität der Masse einfacher herausschreien kann – da anonymisiert der Fanblock, so, wie auch das Internet. Es ist aberwitzig, denn in jeder Profimannschaft spielen heute ausländische Spieler. Die Polizei hat durch Deeskalation in Berlin die alljährliche Randale um den 1. Mai deutlich reduziert, das muss doch auch beim Fußball möglich sein. Und vielleicht sollte man sich bewusst immer mal wieder in die Haut der anderen Seite versetzen.

Wie bereitet sich Gregor Gysi auf ein Spiel vor?

Zunächst dürfen Sie meine erwähnte, in der Männerwelt übliche Unkenntnis nicht vergessen. Das ändert aber nichts daran, dass ich zumindest vor dem Fernseher regelmäßig meine, es besser zu wissen, und zwar immer für die Mannschaft, für die ich hoffe. Oft die schwächere.

Was macht die Fixierung auf einen Fußballclub für Männer so interessant?

Das fängt ja bei nicht wenigen im Kindesalter an, wird von den Vätern quasi übertragen. Da kann ich nur mutmaßen, dass eine solche Identifikation neben dem väterlichen Vorbild eben eine Möglichkeit ist, in großem Gemeinschaftsgefühl ein Ziel zu verfolgen, dabei erfolgreich zu sein oder auch zu scheitern.

Was gefällt Ihnen am Fußball?

Die Unvorhersehbarkeit des Ausgangs, die Schnelligkeit bei einer bleibenden Rarität der Tore. Fußball ist wie das Leben: Du planst einen Weg, einen Schritt, aber ein fremdes Bein kommt dazwischen. Fällst auch mal auf die Nase.

Warum sind die Fans beim Eishockey in der Regel friedlicher?

Das hat mir ein Psychologe erklärt: Die Aggressionen auf den Rängen werden dadurch abgebaut, dass schon die Spieler gegeneinander ordentlich zur Sache gehen. Die Fußballer sollen sich möglichst wenig berühren, was bei Fouls die Aggressionen bei den Fans ansteigen lässt. Fußballer sind aber auch schlechter geschützt als Eishockeyspieler, so dass es im Fußball deutlich schlimmere Verletzungen gibt. Darüber sollte man auch mal nachdenken.

Sind Fußballfans ein Spiegelbild der Gesellschaft?
Ja, speziell des männlichen Teils. Aber Fußballfans sind auch das, was man den gewitzten Volksmund nennt. Beim FC Sankt Pauli – wie schon mal geschildert – war ich eingeladen und stand in der Fankurve. Der Club spielte damals in der 1. Liga. Die Sprüche imponierten mir: »Nie wieder Faschismus, nie wieder 2. Liga!«. Der Torwart hieß Volker, also wurde gerufen: »Volker, hör die Signale!«

Lange Zeit war das Zeigen der deutschen Farben verpönt. Das hat sich spätestens 2006 grundlegend geändert. Sehen Sie das kritisch?
Die Weltmeisterschaft in Deutschland hat eine offene, selbstbewusste und zugleich tolerante Beziehung zum eigenen Land freigesetzt. Als ich in Berlin ein WM-Spiel besuchte, kamen viele junge Leute mit Fahnen, Kleidung und Schminke in Schwarz-Rot-Gold. Sie sahen mich und sangen: »Gysi ist der Fußballgott«. Da wusste ich, das hat mit rechtsnationalem Gedankengut nichts zu tun.

Von Ihnen mal abgesehen: Gibt es einen Fußballgott?
Ich bin ja kein gläubiger Mensch, aber gerade beim Fußball gibt es Situationen, in denen auch ich geneigt bin, an ein höheres Wesen zu glauben. Übrigens, wenn ich den Zuschauenden trauen darf, haben wir bei Union nur Fußballgötter.

VISIONEN

Herr Gysi, warum ist unsere Zeit politisch so ohne Visionen, so elend frei von kühnen Träumen?
Für Visionen, für kühne Träume, braucht man Zeit, Entspannung und Ruhe. Und ein bestimmtes gesellschaftliches Klima. All das gibt es kaum noch.

Aber gerade die bittersten Verhältnisse haben in der Geschichte die mutigsten Träume hervorgebracht.
Das stimmt ebenfalls. Hochfliegendes wird gerade dann gedacht, wenn die Dinge darniederliegen – weil sie darniederliegen. Aber der politische Traum ist eben auch sehr in Misskredit geraten, er hat seine Unschuld verloren. Weil politische Träume leider auch zu furchtbaren Realitäten geführt haben. Viele weltpolitische Situationen sind inzwischen so kompliziert geworden, dass es schwer ist, unter dem entstandenen Druck eine Vision oder einen weitreichenden Traum zu entwickeln. Es ist aber nötig.

Sollte ein Politiker in führender Position also eine Vision haben?
Selbstverständlich. Wir brauchen sie dringend, um klare politische Ziele zu verfolgen, die etwas mit Hoffnung und Ermutigung zu tun haben. Nur ein Mensch, der solche Ziele hat, bleibt in seiner Politik berechenbar.

Helmut Schmidt sagte, wer Visionen habe, solle eher zum Psychiater als in die Politik gehen. Dem stimmen Sie nicht zu?
Nein, dem stimme ich überhaupt nicht zu. Obwohl ich auch weiß, was Bismarck sagte: Politik ist die Kunst des Möglichen. Auch das ist Aufruf zu Vorsicht und Zurückhaltung. Es ist eine klare Warnung vor Illusionen. Diese Warnung scheint mir aber manchmal als Begründung dafür benutzt zu werden, dass Par-

teien nur noch in Legislaturperioden denken. Das heißt, sie dämpfen Erwartungen: Mehr, als in vier Jahren geleistet werden kann, ist eben nicht drin!

Ist das nicht wirklich so?
Ja, aber es ist leider auch eine Einladung zur Genügsamkeit, zum Weiterwerkeln am Klein-Klein. Und es ist gefährlich. Weil globale Probleme – Kriege, Klima, Hunger, Flucht, Bildungsnot, Arbeit, Gesundheit, Umweltkatastrophen, Ressourcen – zwingend nach Lösungen rufen, egal, ob diese Rufe nun wahrgenommen oder ignoriert werden. Da ist Kühnheit gefragt. Die Weltfragen stellen sich mehr und mehr mit gnadenloser Härte, und sie fordern Konsequenzen. Darum halte ich es lieber mit Che Guevara: »Seien wir realistisch, versuchen wir das Unmögliche.«

Von welcher Vision haben Sie Abschied genommen?
Da ich schon 75 Jahre alt bin, glaube ich nicht mehr daran, eine Welt ohne Kriege kennenzulernen. Vielleicht kommt diese Zeit irgendwann einmal, aber ich werde sie nicht mehr erleben. Aber Visionen sind etwas, das mit der eigenen Lebenszeit nicht unbedingt abgegolten ist. Insofern widerspreche ich mir selber, in dieser Hoffnung. Und: Ich streite und kämpfe auch dafür, dass alle Kinder und Jugendlichen einen chancengleichen Zugang zu Bildung und Ausbildung, zu Kunst und Kultur und zu Sport haben. Davon sind wir real leider meilenweit entfernt.

Apropos Hoffnung: Welche Hoffnung haben Sie nicht aufgegeben?
Deutlich mehr Vernunft und sachgerechtere Entscheidungen zu erleben.

Wie vernunftlos darf man träumen?
Träumen darf man alles, was einem in den Sinn kommt. Es gibt für Träume keine Maßstäbe und keine Verbote. Und Träume nehmen im Übrigen keinerlei Rücksicht auf unsere Vernunft, die oft genug zu Mäßigung rät. Träume lassen sich nicht ein-

zäunen, sie können einen erheitern, lustig machen oder traurig stimmen. Auch täuschen. Vernunft ist beim wirklichen Träumen nicht gefragt.

Gefährlich?
Bei Künstlern oder Künstlerinnen nicht. In der Politik schon. Es genügt ein Blick in die Geschichte, zumal die deutsche. Kunst und Kultur dürfen abenteuerlich träumen, Politik darf die Nüchternheit nicht aufgeben.

Welcher deutsche Kanzler hatte welche Visionen?
Konrad Adenauer wollte unbedingt die Westintegration der Bundesrepublik Deutschland und war dafür bereit, auf die deutsche Einheit zu verzichten. Willy Brandt wollte unbedingt den Ausgleich mit der Sowjetunion, überhaupt mit Osteuropa und der DDR. Helmut Kohl strebte mit allen Mitteln nach der europäischen Integration.

Sie haben das Thema angedeutet: Wie bekommt man das zusammen, ohne zu verzweifeln: eine Vision zu haben, aber doch um die Kürze der eigenen Lebenszeit zu wissen?
Das ist letztlich nicht so schwer, wie Sie denken.

Das sagen Sie! Verbrecherische, wahnbesessene Politiker könnten bereit sein, und waren auch bereit, die Welt mit in den Abgrund zu stürzen, weil ihre politischen Ziele nicht aufgingen.
Ich würde gern beim Normalfall bleiben. Wenn man jung oder jünger ist, hat man von der Lebenszeit als einer Frist keine reale Vorstellung. Insofern entwickelt man eben Träume und Visionen, und zwar recht rücksichtslos und unbegrenzt. Man glaubt nicht nur an Träume, man glaubt leichtfertig und unbekümmert und leidenschaftlich auch an deren Erfüllung. Wenn man dann älter wird, erkennt man, dass man vieles nicht mehr erleben wird. Manchmal ein Glück, manchmal ein Unglück.

Glauben Sie, den Leuten Mut machen zu können?
Ich halte es mit Albert Schweitzer: Nach meiner Erkenntnis bin ich manchmal pessimistisch, in meinem Wollen aber optimistisch.

Optimismus kann naiv, ein Mangel an Informiertheit sein oder vom Verdrängen herrühren.
Es gibt Leute, die ihre Hoffnung begraben und dann in die Gleichgültigkeit flüchten – weil sie sonst schlecht schlafen und träumen. Mag schon sein, dass sich Pessimisten mit ihren Vorhersagen seltener blamieren. Aber man sollte die Zukunft nie denen überlassen, die immer abwinken. Den Kopf oben behalten, auch Rückschläge ertragen! Aus diesem Impuls heraus lebe ich.

Das Schlimme an unserer Zeit ist, so empfinde ich es, dass man so viele Fragen pessimistisch beantworten kann.
Ja, und dann wird man depressiv und handlungsunfähig.

Nicht Ihre Lebensart?
Nee. Nie gewesen. Ich gehe davon aus, dass sich der Kampf lohnt, um gefährliche oder unliebsame Entwicklungen zu stoppen und umzukehren.

Linkssein bedeutet, ein besonderes Verhältnis zur Zukunft zu besitzen. Vision und Utopie sind Leitwörter. Martin Walser schrieb: »Ich fürchte, die bedeutenden Menschen, die uns mit Himmel beziehungsweise mit Utopie bessern wollten, haben sich bei ihren Beschäftigungen unwillkürlich zu etwas hinreißen lassen, was nicht gelingen kann: sie haben Zukunft vergegenständlicht, das Heil beschrieben, als kennten sie's. Es gibt nichts Verletzenderes als Vorwegnahme, Prophezeiung, Festschreibung der Zukunft.«
Keiner weiß, wie die Zukunft aussieht. Im Versuch, diese nahezu gesicherte Wahrheit zu umgehen, blamiert sich Politik. Wir wissen nach jeder Erfahrung nur das, was wir künftig unterlassen sollten. Dieses Wissen ist schon sehr viel wert.

Utopie hin und her: Die Leute wollen ihr gutes Leben – jetzt. Was sagen Sie zu diesem unlösbaren Widerspruch von Traum und Wirklichkeit?

Die Linke muss auf der einen Seite Realpolitik betreiben und auf der anderen Seite – ich bleibe dabei – Visionen für die Menschheit entwickeln. Die meisten Menschen brauchen beides, also muss die Linke es auch anbieten. Sie muss Verständnis für die kleinen Träume der Menschen haben und Lust auf die großen Träume wecken, erhalten, stärken. Und was heißt überhaupt: kleine Träume. Das Alltagsleben ist konkret, aber nicht klein.

Nehmen die politischen Träume im Alter ab?

Nein, wie gesagt: Man wird nur realistischer in der Zuversicht, davon noch etwas zu erleben.

Altmodischer Idealismus?

Der sei gelobt! Gestatten wir doch dem Wort, edler zu sein als unsere Taten. Eine Sache wird nicht dadurch falsch, dass sie derjenige, der sie äußert, selber nicht erleben kann. Und eine bittere Erfahrung, die du gemacht hast, verhindert letztlich nicht, dass Träume nachwachsen.

ENTSPANNUNG

»Gelegentlich Kreuzworträtsel«

Herr Gysi, wobei entspannen Sie sich am besten?
Zum Beispiel bei einem gemütlichen Abend mit Wein, vorausgesetzt, dass ich am nächsten Tag ausschlafen kann.

Können Sie mal so richtig fünfe gerade sein lassen?
Ich kann das im Grunde sehr schlecht, versuch's aber immer wieder mal. Es ist ja der Versuch, die Probleme, die einen beschäftigen, wenigstens vorübergehend aus der Gedankenwelt auszuschließen.

Heiner Müller sagte: »Arbeit, die Spaß macht, ist keine.« Sehen Sie das auch so?
Im Grunde hat er recht.

Spaß ist ein furchtbares Modewort.
Ich hätte bei der Arbeit vieles gern freudiger, entspannter, leichter erlebt, aber davon kann in der Regel keine Rede sein. Dazu ist meine berufliche Tätigkeit zu anstrengend.

Ihr Lieblingsplatz auf der Welt?
Ich kann mich nicht für einen bestimmten entscheiden. Vielleicht dort, wo ich allein aufs Meer schauen kann.

Können Sie wenigstens mal spazieren gehen, ohne an Politik zu denken?
Inzwischen ja.

So unentschieden?
Es hängt auch ein bisschen davon ab, ob ich allein oder zu zweit oder mit vielen spazieren gehe. Allein denke ich ganz verschieden und an alles Mögliche. Wenn ich mit einem anderen Men-

schen oder mit mehreren anderen zusammen spazieren gehe, hängt die jeweilige Gedankenwelt vom Gesprächsstoff ab, der irgendwie entsteht.

Es gibt in der Politik berühmte Wald- oder Parkspaziergänge. Letzte Reste von Romantik oder Vorsicht vor Geheimdiensten?
Ein bisschen erstens, aber vor allem zweitens.

Was wirklich entspannt, ist Sport im Fernsehen. Haben Sie diesbezüglich unvergessliche Erinnerungen?
Ja. Es war aber nicht entspannend, sondern aufregend. Zum Beispiel imponierte mir ungemein der Weitsprung von Bob Beamon in Mexiko, als er 8,90 Meter erreichte. Unvergesslich bleibt ein Jahr nach dem Einmarsch der Sowjetunion in die ČSSR das WM-Spiel zwischen der sowjetischen und der tschechoslowakischen Eishockeymannschaft in Prag. Die Schiedsrichter konnten der Situation kaum Herr werden. Alle Eishockeyspieler sprangen über die Bande und prügelten aufeinander ein. Klugerweise hatten die Schiedsrichter aber das Spiel nicht abgebrochen, sondern so gut wie alle mit einer Zehn-Minuten-Strafe belegt und nur das Minimum für beide Mannschaften (drei Spieler und ein Torwart) aufrechterhalten. Es gewann die Tschechoslowakei. Nach den militärischen Ereignissen ein Jahr zuvor eine große tschechoslowakische Genugtuung. Das dritte Beispiel: Bei den Olympischen Spielen in München gab es ein Basketballspiel zwischen den Männern der Sowjetunion und den USA. Es ging mit der Führung wechselseitig immer hin und her. Nach dem Schlussgong führte die USA knapp. Dann gab es einen Protest der sowjetischen Mannschaft, weil die Schiedsrichter versäumt hatten, auf Verlangen des Trainers eine Pause zu geben. Die Jury entschied, dass es eine Sekunde Nachspielzeit gäbe.

Eine einzige Sekunde!?
Mir ist völlig schleierhaft, woher der sowjetische Spieler die Nerven nahm. Auf jeden Fall warf er den Ball über den Platz, ein weiterer sowjetischer Spieler war dran, der Ball war im Korb,

und es ertönte erneut der Schlusston. Die USA waren so beleidigt, dass sie ihre Silbermedaille nicht entgegennahmen.

Waren Sie in der DDR ein Nacktbader?
Bis zu einem gewissen Alter, ja. Aber was Sie für seltsame Ausdrücke benutzen! In der DDR hieß das FKK, Freikörperkultur.

Sind Sie eine Spielernatur?
Wenn ich mit Angehörigen, Freundinnen oder Freunden und entspannt bin, spiele ich auch gern. Das ist Familientradition. Wir haben daheim viel gespielt. Bridge oder das chinesische Spiel Mahjong.

Auch Monopoly?
Ja. Das Spiel hatte unsere Mutter aus dem Westen mitgebracht. Man machte spielerisch die Erfahrung, wie geldgierig man werden und wie leicht man sich dabei übernehmen kann. Ein Egoismus der Gier macht einsam.

Weil Sie China erwähnten: Dort entwickelte man Gesellschaftsspiele als Modelle, die Welt zu retten.
Na ja, manchmal ist schon viel gewonnen, wenn man spielend einen Abend rettet.

Was in vielen Familien der Fernseher übernimmt.
In unserem Haus stand lange Zeit kein Fernsehapparat. Ein Freund von mir wohnte uns gegenüber, seine Mutter besaß einen Fernseher. Da ging ich manchmal hin. Vielleicht hätten wir weniger Gesellschaftsspiele gemacht, wenn wir auch so ein Gerät gehabt hätten.

Waren, sind Sie bei Gesellschaftsspielen ein guter Verlierer?
Ich gewinne gern, halte es aber auch aus, wenn ich verliere. Manchmal ist das »Siegen« auch langweilig.

Lösen Sie Kreuzworträtsel?
Gelegentlich.

BÜRGERGELD

»Wie wäre es mit Bonus statt Strafe?«

Herr Gysi, was halten Sie vom Bürgergeld?
SPD und Bündnisgrüne wollen mit dem Bürgergeld den Makel von Hartz IV loswerden, das unter ihrer Rot-Grünen Bundesregierung im Jahr 2004 eingeführt wurde. Was im Ringen mit der CDU/CSU und unter Beifall der FDP vom Vermittlungsausschuss beschlossen wurde, ist kein Bürgergeld.

Ein bestimmtes Existenzminimum darf nicht unterschritten werden.
Das stimmt. Der neue Regelsatz von 502 Euro ist zwar eine Steigerung im Vergleich zu den bisherigen Leistungen, sichert aber kein Existenzminimum. Ein wirkliches Existenzminimum müsste nach Berechnungen des Paritätischen Wohlfahrtsverbandes 725 Euro betragen.
Die Behauptung von Union und AfD, dass Vollzeitbeschäftigte am Ende weniger Geld zur Verfügung hätten als Hartz-IV-Beziehende, das hat sich längst als Fake News herausgestellt. Außerdem bedeutet das nur, dass die Löhne erhöht werden müssen. Herausgekommen ist bei dem Ganzen Hartz V, und das bleibt Armut per Gesetz.

Was denken Sie über politische, wirtschaftliche Sanktionen, außenpolitisch, innenpolitisch?
Mit Sanktionen wurde bisher generell nie das erreicht, was angestrebt wurde. Trotz der Sanktionen gegen die Volksrepublik China geht es den Uiguren nicht besser. Der Krieg Russlands gegen die Ukraine hört auch nicht auf, nur weil es immer mehr Sanktionen gibt. Im Übrigen trifft man mit Sanktionen meist nicht die politischen Eliten, sondern die Bevölkerungen.

Die für das Unrecht, das von Staaten ausgeht, in der Regel nicht verantwortlich sind.

Ja. Und innenpolitisch finde ich Sanktionen auch bei Hartz IV beziehungsweise dem Bürgergeld falsch.

Was könnte anstelle von Sanktionen stehen?

Wie wäre es, wenn wir international und national mehr über Boni nachdächten. Man kann doch China ein Angebot hinsichtlich besserer Beziehungen machen, dann, wenn zum Beispiel bestimmte Mindeststandards bei den Uiguren eingehalten werden. Und bei Hartz IV beziehungsweise bei diesem sogenannten Bürgergeld kann man sagen, dass jene, die wirklich krank sind und jene, die sich engagieren, einen Bonus erhalten. Die anderen eben nicht. In Deutschland wird immer nur bestraft. Boni gibt es lediglich in den Chefetagen der großen Konzerne und Banken.

Bestrafung ist ja nicht nur ein Verwaltungsakt …

Es ist Auskunft über ein bestimmtes Menschenbild! Ich finde es empörend, eine bestimmte Vertrauenszeit nicht zu gewähren. Menschen, die meist unverschuldet arbeitslos wurden, sofort mit Leistungskürzungen zu bestrafen, darin offenbart sich ein asoziales Menschenbild. Schon die Bergpredigt im Neuen Testament verpflichtet die Christenheit zu Solidarität und Nächstenliebe.

Bei den sich christlich nennenden Parteien herrscht Misstrauen gegen Arme?

Das hält den Druck aufrecht, auch noch die schlechtestbezahlten Jobs anzunehmen und damit die Löhne niedrig zu halten. Ein Teufelskreis, mit dem der größte Niedriglohnsektor Europas – der ist tatsächlich bei uns – zum Wohle des Profits aufrechterhalten wird.

Sind Sie eigentlich reich?

Wenn ich an die wirklich Armen der Menschheit denke, bin ich selbstverständlich reich. Wenn ich an die wirklich Reichen der Menschheit denke, bin ich es selbstverständlich nicht.

Mir ist bewusst, dass es viele Menschen gibt, die nie das erleben und sehen können, was mir in meinem Leben vergönnt war und ist. Ich habe mal gut gegessen in einem Restaurant, da kam jemand vorbei und sagte: »Aha, auch ein Linker will nicht arm sein.« Wir hatten ein kurzes Gespräch, ich habe dem Mann erklärt, dass ich nie arm war und es auch nicht werden will.

Sind Sie deshalb ein Linker?
Ein Linker bin ich, weil ich grundsätzlich gegen Armut bin. Und zwar nicht nur gegen Armut im eigenen Land, das gibt es auch bei Rechten, sondern gegen Armut in der ganzen Welt. Aus einem durchaus egoistischen Motiv: Wenn ich von Armut umgeben bin, fühle ich mich nicht wohl. Ich will mich aber wohlfühlen.

Was ist mit Urlaub in ärmeren Ländern, etwa Afrikas?
Ich kann dem Ratschlag nicht folgen, Urlaub in Entwicklungsländern zu verbringen, weil denen ja das Geld hilft, das ich dort lasse. Mal abgesehen davon, wer in diesen Ländern wirklich am Tourismus verdient (Marx: Wert und Mehrwert!) – ich kann nicht am Strand liegen, während um mich herum Hunger und Armut herrschen.

Was sollte, vor Jahren, dieses Wahlplakat von Ihnen: »Reichtum für alle«?
Es war ein Plädoyer für mehr soziale Gerechtigkeit. Es müsste keine Armut geben, wenn der Reichtum oben begrenzt würde. Außerdem geht es nicht nur um materiellen Reichtum, sondern auch um den Reichtum an Bildung, Kunst, Kultur und Sport, an Gesundheit und an vielem anderen.

Das Plakat hat Diskussionen ausgelöst.
Weil es so viele Deutungen zuließ. Eine Denkanregung. Weil man unter Reichtum so sehr Verschiedenes verstehen kann. Reichtum für alle? Geht das überhaupt? Aha, also nicht für alle? Wer aber soll ausgeschlossen bleiben? Ist Reichtum mehr als

Geld? Der Streit darüber ergibt Sinn. Wissen Sie, es gibt Linke, die fordern, die 1. Klasse bei der Deutschen Bahn abzuschaffen. Ich bin dafür, die 2. Klasse abzuschaffen.

Wann sind Sie das letzte Mal Regionalzug gefahren?
Das passiert des Öfteren und ist nicht so lange her. Ich komme bei irgendeinem Hauptbahnhof an und muss dann in einen Regionalzug umsteigen, um einen bestimmten Ort erreichen zu können.

JAHRESZEITEN

»Ein schöner Gruß – von oben«

Herr Gysi, erinnern Sie sich noch an Frühlingsgefühle?
Na selbstverständlich. Ich hab sie noch immer, jedes Jahr! Alle Säugetiere – auch wir Menschen – erwachen irgendwie im Frühling.

Es gibt das geflügelte Wort: Wozu Utopien, wenn es Frühlinge gibt?
Kenne ich nicht. Es ist wie bei vielen Aphorismen: Man darf so etwas nicht allzu sehr abklopfen.

Der Satz preist die Schönheit des Lebens. Man muss vielleicht den Herbst des Lebens spüren, um diesen Satz zu verinnerlichen.
Herr Schütt, man kann sagen, ich esse eine Currywurst, aber man kann auch sagen, ich verinnerliche sie. Ich sage lieber: Ich esse sie.

Was vermuten Sie: Stirbt es sich im Frühling am schwersten? Im Herbst am leichtesten?
Sterben verläuft bekanntlich sehr unterschiedlich, mal sehr schwer, mal leichter, und das hängt ja wohl überhaupt nicht mit der Jahreszeit zusammen. Es kann nur sein, dass man im Herbst schneller stirbt, weil die Stimmung nicht so aufgeweckt und man nicht so widerstandsfähig ist wie im Frühling. Wenn man allerdings im Frühling zu aufgekratzt ist, kann man auch da schneller sterben.

Sie leben allein: Wem schenken Sie Blumen?
Das passiert, wenn ich zu Besuch gehe. Ich muss nur aufmerksam sein und daran denken.

Die Sprache der Politik benutzt meteorologisches Vokabular: Gehen wir auf einen neuen Kalten Krieg zu, auf eine Eiszeit?

Die USA und China sprechen davon, einen neuen Kalten Krieg verhindern zu wollen, um den Wettbewerb gegeneinander künftig fairer zu führen. Warten wir ab, ob das geschieht. Viel schwieriger ist das Verhältnis vieler Staaten zu Russland. Die NATO und die EU haben in Bezug auf die Ukraine und Russland vieles falsch gemacht. Statt die Ukraine als Brücke zwischen der EU und Russland zu sehen, haben beide Seiten immer daran gezerrt. Aber ich will noch einmal betonen, dass es keinen einzigen Fehler aufseiten von EU und NATO gab, der den völkerrechtswidrigen Angriffskrieg Russlands gegen die Ukraine rechtfertigte. Nun wird heftig an der Aufrüstungsspirale gedreht. Zwei Prozent des bundesdeutschen Bruttoinlandsprodukts, statt 47 Milliarden pro Jahr also 75 Milliarden Euro, werden fürs Militärische ausgegeben. Und noch einmal 100 Milliarden Euro zusätzlich, festgelegt im Grundgesetz.

Es heißt: Vieles funktioniert in der Bundeswehr nicht.
Ja, die Soldatinnen und Soldaten haben im Winter keine warme Unterwäsche. Außerdem rollen die Panzer nicht, die Schiffe fahren nicht, die Flugzeuge fliegen nicht.

Das sind doch Argumente!
So? Frankreich gibt in etwa die gleiche Menge Geld für seine Armee und Rüstung aus und da funktioniert alles. Also liegt es nicht an der Menge des Geldes, sondern an der Art, wie es ausgegeben wird. Außerdem hat die NATO für ihre Armeen und für Rüstung vor Beginn des russischen Angriffskrieges das 20-Fache von Russland ausgegeben. Wie kann man da auf die Idee kommen, dass die Gefahr beseitigt wird, wenn wir das 25- oder 30-Fache ausgeben?

Harter Schnitt jetzt, wir waren bei Wetter und Jahreszeiten: Verstehen Sie den verordneten Wechsel von Sommer- und Winterzeit?
Das ist ja nicht so schwer zu verstehen. Aber ich bin dagegen. Ich möchte gern eine einheitliche Zeit für das ganze Jahr haben.

Was soll gelten: Winter- oder Sommerzeit?
Ich tendiere eher zur Winterzeit, die meisten wollen aber eher die Sommerzeit. Wie auch immer, wir bräuchten eine einheitliche Zeit und keine nervenden Uhrenumstellungen.

Sind Sie ein aufmerksamer Hörer von Wetterberichten oder ist Ihnen Wetter egal?
Ich bin überhaupt kein Hörer von Wetterberichten und wundere mich oft, welches Wetter mich gerade erwischt. Dann nehme ich mir vor, doch mal lieber Wetterberichte zu hören, vergesse es aber. Egal ist mir das Wetter selbstverständlich nicht.

Bekommen Sie bei Regen schlechte Laune?
Nein, meine Laune ist nicht wetterabhängig. Aber es gibt schon mieses Wetter, bei dem man sich freut, irgendwo drinnen zu sein. Platzregen im Sommer kann aber auch sehr lustig sein.

Was fasziniert Sie an Wolken?
In bestimmten Ländern die Farbe, wenn sie rötlich werden. Quellwolken und Gewitterwolken können auch sehr schöne Formen entwickeln. Man schaut auf und sieht Bilder, Gemälde.

»Unfassbar sein wie die Wolke, die schwebt.« Schreibt Martin Walser.
Klingt schön. Als Jurist muss ich mich leider ans Fassbare halten.

Was löst Schneefall in Ihnen aus?
Auch das ist unterschiedlich, aber in der Regel ein angenehmes Gefühl. Seit Jahren wünsche ich mir wieder eine weiße Weihnacht in Berlin. Ich werde nie den Morgen meines 70. Geburtstages vergessen. Ich sah aus dem Fenster: plötzlich Schnee. Bald war alles wieder Matsch, aber dieser unerwartete Moment war wunderschön. Es sah aus, als wollte mich der Tag mal richtig schön in Watte packen. Das durfte ich selten erleben im politischen Alltag. Ging auch schnell vorbei. Aber die Erinnerung daran bleibt. Zum Geburtstag ein schöner Gruß – von oben.

USA

»Auch eine Menge Schrottfilme«

Herr Gysi, was fasziniert Sie an US-Amerika?
Die Größe des Landes, die Verschiedenheit der Bundesstaaten, die Verschiedenheit auch der Menschen in diesen Bundesstaaten. Zum Teil gibt es auch eine aufregende, spannende moderne Architektur, tolle Gemäldegalerien. Und eine phantastische Natur.

Was könnte Sie an einer Ozean-Überquerung per Schiff reizen?
Eigentlich wenig. Mit dem Schiff habe ich die Strecke noch nie überquert, drängte mich aber auch nicht danach. Im Flugzeug lese ich, auf dem Schiff fürchte ich Langeweile und bei so langer Fahrt das Gefühl verlorener Zeit.

Welche Gedanken gehen Ihnen beim Anblick der Freiheitsstatue durch den Kopf?
Vor allem geht mir durch den Kopf, dass es ein Geschenk Frankreichs ist. Mithin hat Frankreich das wichtigste Wahrzeichen der USA gestellt. Aber frei sind Menschen erst, wenn dies unabhängig von ihrer Herkunft, ihrer Hautfarbe, ihrem Glauben gilt. Die Freiheitsstatue wurde 1886 errichtet. Wenn man daran denkt, wie zu dieser Zeit die ursprünglich dort lebenden Indigenen und die Sklaven aus Afrika behandelt wurden, so meinte man mit dem Statement dieser Statue offenkundig nicht die Freiheit dieser Menschen, sondern nur die Freiheit bestimmter anderer Teile der Bevölkerung.

Was bedeutet das in Ihrer Interpretation: »Land der unbegrenzten Möglichkeiten«?
Das meint, dass jede und jeder versuchen kann, reich zu werden. In der Realität gibt es eine solche Möglichkeit für den größten Teil der US-Bevölkerung nicht.

Sind die USA noch immer das, was in Kalter-Krieg-Zeiten im Osten »Weltgendarm« genannt wurde?
Es gab zum Beispiel im Nahen Osten nur drei Länder, die einen Widerspruch zu den USA bildeten und kultivierten: Irak, Iran und Syrien. Zwei dieser Länder sind ruiniert, gegen den Iran kämpfen die USA mit allen Mitteln und Methoden. Und nur drei Länder gab es, die säkular waren, wo also eine Trennung herrschte zwischen Politik und Kirche, während die anderen islamisch oder sogar islamistisch sind: Irak, Syrien und Libyen. Alle drei kaputt. Wer war, wer ist die Speerspitze?

Mögen Sie Western?
Gelegentlich.

Was ist das Erstaunliche an Hollywoodfilmen?
Nicht alle sind erstaunlich, es gibt auch eine Menge Schrottfilme. Das war übrigens stets eine Ähnlichkeit zur Sowjetunion. Auch da gab es einen Haufen Schrottfilme, aber eben auch phantastische Werke.

Und Hollywood überhaupt?
Ich war noch nie in Hollywood und habe deshalb keinen Eindruck davon – aber ich glaube schon, dass dort eine eigene Art von Leben herrscht.

Enthielten die Westpakete Ihrer Kindheit auch Kaugummis?
Westpakete gab es nicht. Meine Großmutter in Westberlin und meine Großmutter in Paris schickten keine Pakete. Wenn uns meine Großmutter aus Paris besuchte, brachte sie uns immer etwas mit, aber keine Kaugummis.

Waren Sie in Ihrer Jugend ein Elvis-Fan?
Seinen harten Rock mochte ich, weniger die Schnulzen. Ein richtiger Fan war ich erst etwas später – von den Beatles.

Mögen Sie eher Chingachgook oder Winnetou? Warum?
Zwei Helden, jeder steht für sich. Die meisten Kinder in der

DDR sahen sich zu Weihnachten im Fernsehen beides an. Ich will da keine Wahl treffen.

Wie finden Sie, dass sich Kinder im Spiel, beim Fasching nicht mehr als »Indianer« verkleiden sollen – ja, das Wort »Indianer« bei Sprachwächtern quasi schon unter Verbot steht?
Zunächst bin ich gegen Verbote, wenn sie nicht sein müssen. Ich finde immer, dass Überzeugungsarbeit besser ist. Letztlich meine ich aber, dass die von einstigem Kolonialismus Betroffenen selbst entscheiden sollen, wie sie genannt werden möchten. Allerdings halte ich es für falsch, wenn sich Kinder nicht mehr so verkleiden dürfen. Gerade die genannten Filme waren so, dass die Kinder die »Indianer« schätzten und liebten und sich deshalb so verkleideten. Meines Erachtens sollte das auf keinen Fall aufgegeben werden. Ich finde es auch falsch, dass die Kinder beim Drei-Königs-Treffen nicht mehr mit verschiedenen Hautfarben auftreten sollen. Übrigens offenbart »Indianer« eine gewisse europäische Beschränktheit. Die Entdecker Amerikas dachten, sie seien in Indien.

Wenn es einen schwarzen Jungen gibt, soll er auch den schwarzen König darstellen?
Ja, na klar. Aber wenn es keinen schwarzen Jungen gibt, kann auch ein weißer Junge dies darstellen. Das Wichtigste ist doch, dass damit – im Spiel! – zum Ausdruck gebracht wird, wie die Geburt Christi von Menschen aller Hautfarben begrüßt wurde und dass dieser Sohn Gottes eben gleichermaßen für alle Menschen unabhängig von der Hautfarbe zuständig ist. Spiel ist Ausdruck für einen wachen Möglichkeitssinn.

Was müsste im politischen Verhältnis Bundesrepublik – USA anders sein?
Die Bundesregierung müsste erkennen, welche Interessen unseres Landes und auch der EU nicht identisch sind mit den Interessen der USA. Wenn diese Erkenntnis vorliegen sollte, müssten die eigenen Interessen auch souverän vertreten werden. Genau das geschieht nicht.

Es scheint, als ob die Tradition einer Außenpolitik, die von den Ost-
verträgen bis zur deutschen Einheit führte, vollkommen überwunden
worden ist.
Leider. Unter Führung der USA!

Washington spricht, Deutschland schweigt?
Das häufige Duckmäusertum gegenüber der US-Administration
und die Unlogik im Umgang mit verschiedenen Konflikten machen die deutsche Regierung unglaubwürdig. Übrigens, wir
haben uns doch über Lobbyisten unterhalten.

Das ist schon ein paar Currywürste her.
Als ich das letzte Mal in New York und Washington war, habe
ich mich am meisten über die Schildchen am Revers gewundert,
zum Beispiel: »Lobbyist der Chemieindustrie«, oder »Lobbyist
der Tabakindustrie«. Deutsche Lobbyisten würden das nie so
offen einräumen. Aber da Lobbyisten nun einmal zum Kapitalismus dazugehören, finde ich es ehrlicher und besser, wenn Leute
dazu stehen.

Spricht da der Pragmatiker Gysi?
Ich mag Drumherumgerede nicht. Als ich in den USA war, habe
ich auch mit führenden Wirtschaftsleuten geredet, über Profit
und Arbeitsplätze.

Was denn, Sie reden zugewandt über – Profit?
Na ja, die haben über Profit gesprochen und ich über Arbeitsplätze. Aber es waren offene Gespräche. Jeder deutsche Ver-
bandspräsident würde mir lang und breit ausmalen, dass er
eine Steuersenkung will, um mehr Arbeitsplätze zu schaffen,
er würde nie zugeben, dass er seinen Gewinn steigern will, das
wirkte ja unmoralisch. Man macht sich gegenseitig was vor,
das stört mich. Ich glaube, eine Wählerschaft könnte mit Politikern und Politikerinnen und Interessengruppen, die ganz
klar sagen, was und warum sie etwas wollen, viel besser umgehen. Die Leute müssen wissen, wo du hinwillst, nur dann
bist du berechenbar.

Wieder der Pragmatismus!
Der aber nur dann schädlich ist, wenn er nicht verlässlich auf ein Ziel gerichtet ist, sondern willkürlich wird, abhängig vom Tagesgeschehen und den Tagesmeldungen.

Wofür war die Wahl Trumps eine Vorwarnung?
Diese Wahl machte deutlich, dass Angst vor der Globalisierung dazu führt, dass Nationalisten gewählt werden. Die demokratischen Kräfte müssten sich international zusammenschließen, um diese falsche Entwicklungsrichtung zu stoppen.

Wie immer der Krieg zwischen Russland und der Ukraine ausgehen möge: Sind die US-Amerikaner die wahren Sieger? Wenn ja, warum?
Erst einmal: Russland erreicht das Gegenteil von dem, was die Führung in Moskau anstrebte: Die NATO ist geschlossener als je zuvor. Finnland ist schon neues Mitglied der NATO, auch Schweden wird hinzukommen. Die Grünen kaufen inzwischen das antiökologische Fracking-Gas aus den USA.

Die USA versuchen, für alle Staaten, die einigermaßen demokratisch strukturiert sind, die absolute Führungsrolle zu spielen.
Insofern »nutzt« dieser Krieg den Interessen der USA. Andererseits wird der Westen auch geschwächt, und die eigentliche Herausforderung für die USA ist China. Es bildet sich auch Widerstand, er wächst. Ich denke vor allem an BRICS. Dieses Bündnis aus Brasilien, Russland, Indien, China und Südafrika kann zu einer neuen Blockbildung führen. In diesen fünf Staaten lebt mehr als ein Drittel der Menschheit. Und immer mehr Staaten – inzwischen 19 – wollen plötzlich in dieses Bündnis.

Wollen wir mal Hamburger statt Currywurst essen gehen?
Auf gar keinen Fall! Hamburger esse ich höchstens einmal im Jahr – und zwar bei einer USA-Reise. Öfter nicht!

ANTISEMITISMUS

»Wieso Brillenträger?«

Herr Gysi, haben Sie persönlich je Antisemitismus erfahren?
Nein, in keiner Phase meines Lebens. Die eigene Erfahrung ist
natürlich nicht alles, um ein Problem ausgewogen zu beleuchten. Ich erlebte aber eine verbreitete Intellektuellenfeindlich-
keit. Mitunter lauern die Wahrheiten im Unterschwelligen – das
man aber auch nicht unzulässig verallgemeinern darf.

Wie meinen Sie das?
Dazu ein merkwürdiges Beispiel. Nach dem Sechstagekrieg Israels gegen Syrien, Ägypten und Jordanien wurden prominente
Jüdinnen und Juden von einem Mitarbeiter des ZK der SED angerufen und gefragt, ob sie bereit seien, eine kritische Erklärung
zur Politik Israels zu unterzeichnen. Einige sagten zu, andere
lehnten ab. Mich plagte eine bestimmte Frage. Ich stellte sie
meinem Vater. Ich merkte: Ihn störte, dass er sie nicht beantworten konnte. Aha, so hatte ich das Gespräch begonnen, es gibt
also eine Liste mit den Namen und den Telefonnummern von
jüdischen Prominenten, die umgehend von Mitarbeitern des ZK
angerufen werden können. Und dann die Frage an meinen Vater:
Wer hat eigentlich, wann und warum, diese Liste jüdischer Prominenter zusammengestellt?

*Ein renommierter Schriftsteller der DDR sagte, er sei froh, dass seine
Enkelkinder nicht wüssten, was ein Jude ist.*
So eine Bemerkung war aber bestimmt nicht antisemitisch, sondern ganz im Sinne von Lessings »Nathan der Weise« gemeint:
Wer nicht weiß, was ein Jude ist, hat die antisemitische Eintei-
lung von Menschen überwunden. Allerdings muss man auch
sagen: Die Bemerkung des Schriftstellers verweist zugleich auf
das Problem einer speziellen Kulturlosigkeit.

Über die Verfolgung des jüdischen Volkes durch die Nazis gab es in der DDR Filme und Bücher, die zum Teil Schulstoff waren.

Ja. Und als Erich Honecker den Wunsch äußerte, in die USA zu reisen, gehörte zum diplomatischen Vorspiel auch die US-amerikanische Forderung, die DDR müsse ihr Verhältnis zum Judentum und zu Israel verbessern. Plötzlich konnte mein Vater als Staatssekretär für Kirchenfragen durchsetzen, dass die uralten, wahrlich kulturlosen Pläne für eine Straße quer durch den größten Jüdischen Friedhof Europas, in Berlin-Weißensee, endlich ad acta gelegt wurden. Die FDJ übernahm die Pflege dieses Friedhofs.

Wie ist Ihnen das Jüdische in Ihrer Familie begegnet?

Meine Großmutter kam uns ab und zu aus Paris besuchen. Sie lebte dort, nachdem sie emigriert war und nicht wieder nach Deutschland zurückkehren wollte. Sie teilte die Menschen immer in jüdische und nichtjüdische ein. Sie sprach von einem großen Geiger und fügte hinzu, er sei übrigens ein Jude. Ich war so etwa zehn Jahre alt, und irgendwann regte ich mich auf: Entweder einer sei ein guter Geiger oder nicht, egal, ob er Jude sei oder keiner, ich verstünde nicht, warum sie immer diesen Unterschied mache. Unerwartet energisch meinte meine Großmutter: Der Unterschied sei nun mal ihr Leben gewesen! Da habe ich begriffen, dass es etwas gibt, das sich mir verschloss und nach dem ich also genauer fragen musste.

Und Ihr Vater?

Da war nun wieder interessant, dass er das Jüdische an Armut knüpfte. Bei einem berühmten Geiger hätte er nie hinzugefügt, dass er ein Jude sei. Aber vom Lager in Frankreich erzählte er, da sei so ein kleiner armer Teufel gewesen, ein Schuhmacher, ein Jude … Ich kann es nicht erklären. Sonst sprach er selten vom Judentum.

Warum?

Vielleicht, weil sein Antifaschismus selbstbestimmt sein sollte. Es machte für ihn einen Unterschied, ob man »nur« als Jude antifaschistisch war, denn dann konnte man gar nichts anderes sein, oder ob man als Kommunist antifaschistisch war, denn dann war es eine bewusste Entscheidung. Deshalb haben die jüdischen Kommunisten und Kommunistinnen so großen Wert darauf gelegt, zuallererst kommunistisch gewesen zu sein. Es hat gedauert, ehe ich das begriffen habe. Mein Vater hat immer gesagt, es habe drei Gründe gegeben, ihn bei den Nazis zu verfolgen. Er sei Kommunist gewesen, hatte eine jüdische Mutter und sei Brillenträger. Sofort kam die Frage: Wieso Brillenträger? Er fragte zurück: Und wieso das andere?

Waren Sie als Jugendlicher im Gedenk-Ort Auschwitz?
Mit neunzehn, zwanzig Jahren. Wir waren in Polen, einige Tage, ich hörte nur die polnische Sprache, guckte nur in polnische Zeitungen, las nur polnische Wegweiser und sonstige Schilder. Dann fuhren wir, zum Abschluss der Reise, nach Auschwitz, und ich las plötzlich nur deutsche Schilder: »Vorsicht! Lebensgefahr!«, und ähnliches. Das war wie ein Schock. Mit einem Mal fühlte ich mich, zum ersten Mal, als Täter, als Deutscher. Ich wurde richtig wütend, in dem Gefühl: Das kriegst du nicht mehr weg, du bist einer, der irgendwie für dieses Lager mitverantwortlich ist. Das ist über die Sprache gelaufen, und ich habe das Gefühl nie wieder ganz aus mir raus bekommen.

Sie haben mal gesagt: »Ich bin im Januar 1990 zum Juden erklärt worden.«
Und zwar durch den Westen. Und dann habe ich die Rolle auch angenommen, weil es keinen Sinn hat, sich dagegen zu wehren. Es ist interessant, wie das in der Bundesrepublik funktionierte: Da gab es Artikel, darin standen lauter negative Dinge über mich als Politiker der SED-Nachfolgepartei, und plötzlich kam der Einschub: Gregor Gysi, übrigens Sohn jüdischer Vorfahren … So kann man Antisemitismus erzeugen, im Nebensatz, ganz beiläufig. Manchmal auch ganz direkt! Im Januar 1990 erschien »Der Spiegel« mit einer Titelgeschichte über mich, »Der Drahtzieher«, eine ziemliche Lügengeschichte, die Schlagzeile in gel-

ber Schrift. Die Ausgabe wurde in Leipzig hunderttausendfach verteilt, und zwar unentgeltlich.

Wie jüdisch sind Sie?
Bei uns Deutschen wirken immer noch die Nazi-Gesetze aus Nürnberg. Danach war mein Vater Halbjude wegen seiner jüdischen Mutter und meine Mutter Vierteljüdin wegen eines jüdischen Großvaters. So wäre ich zu 37,5 Prozent jüdisch. Nach jüdisch-orthodoxer Auffassung ist nur jüdisch, wer eine jüdische Mutter hat. Hatte ich nicht.

Wie sprach Ihre Mutter vom Judentum?
Sie sprach vor allem über bedeutende Jüdinnen und Juden. Außerdem sagte sie: »Wenn Juden intelligent sind, sind sie besonders intelligent. Wenn sie aber doof sind, sind sie auch das besonders. Auf jeden Fall sind sie immer besonders.«

Was empfinden Sie gegenüber Israel?
Wir in Deutschland müssen besonders sensibel sein in Bezug auf die Sicherheit und das Existenzrecht Israels. Die Ermordung von 6 Millionen Jüdinnen und Juden durch deutsche Nazis bleibt das größte Menschheitsverbrechen. Es gibt immer noch Menschen, Organisationen, Regierungen und andere, die Israel vernichten wollen.

Und was gegenüber den Palästinensern?
Das Existenzrecht Israels ist in seiner völkerrechtlichen Geburtsurkunde an das Existenzrecht Palästinas gebunden. Es ist auch für viele Jüdinnen und Juden mehr als beschämend, wenn gerade Israel mit Völkerrechtsbruch, mit Besatzung, mit Demütigung der Palästinenserinnen und Palästinenser in Verbindung gebracht werden muss.

Mit einer Delegation Ihrer Partei waren Sie vor vielen Jahren in Israel, vor Ihrem Hotel wurde die deutsche Fahne gehisst.
Das fand ich damals äußerst schizophren. In Yad Vashem, in der Gedenkstätte für die ermordeten Jüdinnen und Juden, haben

André Brie und ich im Buch mit den Namen der getöteten Juden den Verweis auf Angehörige von uns gefunden. Eine israelische Zeitung schrieb, wir seien die ersten deutschen Politiker, die in Yad Vashem auf Angehörige gestoßen seien. Da empfand ich wieder diese Zerrissenheit, weil ich einerseits natürlich als Deutscher behandelt wurde, andererseits als »Mitglied der Familie«.

Welchen jüdischen Witz mögen Sie besonders?
Ein Jude trifft einen Freund, der ist sehr traurig: »Ich habe den Rabbi gefragt, ob man beim Lesen der Thora rauchen darf. Stell dir vor, er hat Nein gesagt!« Entgegnet der andere. »Du bist dumm. Du hättest doch ganz anders fragen müssen: Darf man beim Rauchen die Thora lesen? Das hätte er immer erlaubt.«

Welche Gedanken haben Sie bei dem Wort »Wüste«?
Ziemlich viel Sand!

Steht der Konflikt zwischen Palästinensern und Israel – in seiner Dauerhaftigkeit und schieren Unlösbarkeit – für das Nicht-Heilwerdenkönnen der Welt?
Er steht zumindest dafür, dass dort keine Heilung stattfindet. Meines Erachtens ist die politische Führung im Westjordanland zu einer politischen Lösung bereit, die Hamas im Gazastreifen nicht.

Es gab israelische Regierungen, die eine politische Lösung wollten.
Ja, und solche, die sie nicht wollten. Zurzeit haben wir eine, die keine politische Lösung will.

Gibt es eine biblische Geschichte, die Ihnen besonders nahegeht?
Warum musste Abel, erschlagen von seinem Bruder, sterben? Und die Reichen können einem auch leidtun, denn in der Bibel heißt es, dass eher ein Kamel durch ein Nadelöhr gelangt als ein Reicher ins Paradies kommt. Mit anderen Worten, die Reichen befinden sich nach ihrem Tod alle in der Hölle. Bedauernswert?

SCHAUSPIELER

Herr Gysi, Sie traten 2022 als Musical-Erzähler in der »Rocky Horror Show« im Berliner Admiralspalast auf. Wie denn das?
Ich wurde gefragt, ob ich bereit sei, als Sprecher in einem Musical mitzuwirken. Ich fand das eine schöne Idee, gebe aber inzwischen zu, dass es etwas leichtfertig war. Zumal ich überhaupt nicht wusste, worauf ich mich dabei einließ.

Man unterschreibt einen Vertrag.
Den unterschrieb ich in meinem Büro, zwischen Tür und Angel, ich war in dem Moment irgendwie unter Zeitdruck. Ich dachte an ein Werk wie »Anatevka oder Der Fiedler auf dem Dach«.

Sie kannten die »Rocky Horror Show« nicht?
Als sie 1973 in London uraufgeführt wurde, war ich Anwalt in Ost-Berlin und mit anderen Dingen beschäftigt. Und eines Tages war es mit dem Musical im Admiralspalast so weit, ich hatte das schon vergessen, man erinnerte mich an den Vertrag, nun sah ich ihn mir genauer an und erschrak schon über den Titel: »Rocky Horror Show«. Aber es gab kein Zurück mehr.

Mögen Sie eher Opern als Musicals?
Als Kind und Jugendlicher fand ich Opern eher langweilig, inzwischen liebe ich sie. Ja, in den letzten Jahren habe ich mich regelrecht zum Opernliebhaber entwickelt. Ein paarmal bin ich aber auch in Musicals gewesen. Als es die DDR noch gab, wurde einmal »Cats« aus Hamburg in der Komischen Oper gespielt. Die Karte hatte mir ein Freund besorgt. Wir wurden durch eine Absperrung geleitet, weil der Andrang an dem Abend so groß war. Vorher hatte es eine Amnestie in der DDR gegeben, und mein Freund meinte mit Blick auf den Hype um die Karten

scherzhaft, es wimmle hier offenbar nicht nur von Verbrechern, sondern auch von Verrückten. Später habe ich einmal mit meiner Tochter den »König der Löwen« in Hamburg besucht, das war eigentlich ganz schön.

Was war in der »Rocky Horror Show« Ihre Rolle?
Ich war eine Art Conferencier, der die Geschichte von Frank N. Furter und seinen bizarren Experimenten vorträgt.

Das Kostüm?
Ein dunkler Anzug mit roter Krawatte. Ich wollte die Schauspieler mit ihren bizarren Kostümen und das Publikum auf diese Weise konterkarieren.

Ein Stilbruch also.
Ja, wobei ich mit Stilbrüchen um ihrer selbst willen nichts anfangen kann. Ich würde zum Beispiel im Deutschen Bundestag nie in Lederhose aufkreuzen, die ich außerdem auch gar nicht besitze.

Wie viel Zeit mussten Sie in die Proben investieren?
Wir trafen uns am Nachmittag vor der ersten Aufführung zu einer Probe.

Hat die Bühnenluft Sie für weitere Auftritte animiert?
Ich plane keine Laufbahn als Schauspieler und erst recht nicht als Sänger. Sänge ich, wäre der Saal sofort leer.

Sie haben eine Schauspieler-Laufbahn hinter sich, als Kind.
In unsere Grundschule in Berlin-Johannisthal kam eine Frau vom DEFA-Synchronstudio. Das lag in der Nähe. Alle Kinder mussten ein paar Sätze sagen. Stimmen-Casting würde man das heute nennen. Ich wurde genommen und synchronisierte fortan. Am besten sprach ich Kinder aus italienischen und französischen Filmen. Der Stimmbruch beendete meine Karriere.

Spielten Sie nicht auch den Sohn des Wilhelm Tell vor, am Deutschen Theater?

Ich wurde aber nur zu einem Vorspielen eingeladen. Friedo Solter war der Tell und Wolfgang Langhoff der Regisseur. Aus mir natürlich unerfindlichen Gründen wurde ich nicht genommen. Und dann habe ich in Adlershof noch in einer sowjetischen Fernsehkomödie mitgespielt. Es wurde geprobt und dann live gespielt. Zu meinem Glück gibt es im Archiv keinen Mitschnitt. Eine Zeit lang wäre ich bestimmt in jeder zweiten Talkshow damit konfrontiert worden.

Wie fanden Sie bei der »Rocky Horror Show« den Einblick ins Künstlermilieu?

Aufregend, klar. Ich habe festgestellt, dass ich nie Schauspieler hätte werden können. Vom Talent abgesehen: diese allabendlichen Wiederholungen und fest einstudierten Abläufe, nee. Ekkehard Schall hat über 600 Mal am Berliner Ensemble den Arturo Ui gespielt – wie hält man das durch?

Jedes Publikum ist anders, die Energien in jeder Vorstellung sind andere ...

Ich weiß, darüber habe ich mich oft genug mit meiner Schwester unterhalten, die Schauspielerin ist. Trotzdem ...

Wiederholen sich Reden und öffentliche Auftritte in der Politik nicht auch? Das ist doch das wahre Öde!

Man hat seinen eigenen Text und kann sich Mühe geben, nicht zur eigenen Schablone zu werden.

Die Rollen sind in der Politik verteilt. Das Stück langweilt. Die Inszenierung lässt vom Blatt spielen, das alle vor den Mund nehmen, um Zahnlosigkeit zu verbergen. Keiner ein König, der dem Narren in sich Leine lässt; keiner ein Narr, der einen König aus sich zu machen weiß ... Immer wieder wird behauptet, Politiker seien Schauspieler, Staatsschauspieler gar.

Ich weiß, dass das eine Beleidigung für Schauspieler und Schauspielerinnen ist.

Stimmt. Max Reinhardt, der große Regisseur des Berliner Theaters, bezeichnete als Kern der Schauspielkunst: wesentlich zu werden; also nicht Verstellung, sondern Offenlegung zu betreiben.

Nur schlechte Schauspieler und Schauspielerinnen verstellen sich.

Zum guten Schauspieler führt einzig der Mut, die eigenen Unsicherheiten, den eigenen Abgrund zu zeigen. Muss man jetzt noch über Politik reden?

Dort herrscht vielfach eine Marketingstrategie, die schleift, glättet, einebnet. Maskierung als Versteck.

Wer dran risse, hätte schon das Gesicht in der Hand … Es gehört übrigens zum Ritus der »Rocky Horror Show«, dass das Publikum Ihre Figur beschimpft und mit Klopapier bewirft.

In den USA wurde während der Pandemie der Whisky knapp, in Frankreich der Cognac. In Deutschland bekanntlich das Klopapier. Es freute mich, dass man auf diese Weise für mich vorsorgte.

Auch Sie wurden also heftig beschimpft.

Und ich musste spontan reagieren. Eine Frau im Saal forderte mich lautstark auf: »Nach Hause! Nach Hause!« Ich fragte zurück: »Zu dir oder zu mir?« Da und zum Schluss bekam ich viel Applaus.

RECHTSRUCK

»Druntergeschrieben: Note 3«

Herr Gysi, warum gibt es politisch so einen Rechtsruck – in einer Zeit, in der viele Menschen die Welt als ungerecht empfinden und eigentlich nach links gehen müssten?

Die Linken hatten die Chance, eine alternative Welt aufzubauen. Diese Chance haben sie schlecht genutzt, dadurch sind sie tief in den Keller geraten. Das betraf ja selbst die kommunistischen Parteien in Italien, Frankreich und Spanien, die eine sehr kritische Haltung gegenüber Moskau bezogen und in ihren Ländern eine starke politische Kraft waren.

Hat ihnen alles nichts genutzt.

Das Zweite ist, dass wir jetzt eine Internationalisierung erleben, eine Globalisierung, die vielen Leuten unheimlich ist. Das führt zu Versuchen der Renationalisierung – eben bis hin zum äußerst groben Nationalismus. Die gesellschaftliche Linke muss aber die Stärke entwickeln, zum Gegenüber der Rechten zu werden. Dann würde auch die Mitte erkennen, dass sie ohne die Linke nicht in der Lage sein wird, den Rechtsextremismus zu überwinden.

Es gibt eine politische Arbeitsteilung in unserer Gesellschaft, die aber nicht mehr funktioniert?

Ja. Die Sozialdemokratie hat ihre historische Bestimmung aufgegeben, die CDU partiell auch. Die Aufgabe der Union bleibt die Vertretung konservativer Interessen. Das ist nicht Aufgabe der Linken und der Grünen, auch wenn Teile der Grünen das längst anders sehen. Die CDU müsste die AfD also nicht rechts überholen wollen, sondern eine Partei der Mitte bleiben. Wir alle müssen die Auseinandersetzung führen, um in der Gesellschaft das Interesse abzubauen, AfD zu wählen. Dazu müssten alle – von der CSU bis zur Linken – miteinander reden. Das findet leider nicht statt.

Helmut Schmidt sagte, rechtsextreme Parteien »kommen und gehen auch wieder.« Solche Parteien – wie wir sie jetzt vergleichsweise mit der AfD haben – hielt er für »nicht lebensgefährlich, aber dennoch für unerfreulich«. Nicht gefährlich? Wie sehen Sie das?
Als Schmidt in der Politik war, mag das so gewesen sein. Er hat dies aus seiner politischen Zeit heraus gesehen. Aber wir müssen nur Donald Trump betrachten, die Regierungen etwa in Polen, Ungarn, Italien, in den Niederlanden. Ich glaube ebenfalls nicht, dass dieser grobe Nationalismus auf Dauer hält, aber wenn wir ihn nicht ernst nehmen und bekämpfen, kann er viel länger halten, als wir uns das erhoffen.

Die AfD wurde als neoliberale Partei gegründet.
Die eigentliche Gefahr liegt darin, dass sie neben nationalistischen, rassistischen und antisemitischen auch zunehmend gefährliche soziale Thesen vertritt.

Viele Leute haben Angst, sie müssten die Armut der Welt und also noch mehr Migration schultern.
Die Linke darf sich aber diesbezüglich nicht aufweichen lassen. Natürlich weiß auch ich, dass Deutschland nicht alle Flüchtlinge aufnehmen kann. Mir ist auch nicht bekannt, dass es das vorhätte. Wir müssen wirksam die Fluchtursachen bekämpfen, das ist die Hauptaufgabe. Warum müssen wir zum Beispiel Lebensmittel so billig nach Afrika exportieren, dass die afrikanischen Lebensmittel immer teurer sind und dort keine eigene Landwirtschaft entstehen kann? Das ist doch empörend!

Man stöhnt hierzulande, obwohl andere Länder weit mehr Flüchtlinge aufnehmen.
Anstatt zu stöhnen, sollte Europa viel mehr an die Ursachen gehen. Wenn dies nicht geschieht, werden sich die Flüchtlinge immer wieder einen anderen Weg suchen. Es wäre fatal, wenn wir Flüchtlingen das Recht absprechen, Perspektiven für sich und ihre Familien auch bei uns zu suchen. Wir sollten unseren Kampf gegen die Macht der neoliberalen Weltkonzerne und

deren politische Umsetzungsgehilfen in den Regierungen nun wirklich nicht damit beginnen, dass wir für deren ärmste Opfer die Grenzzäune hochziehen. Allein schon deshalb nicht, weil unsere Gesellschaft durch vernünftige Integration nicht ärmer, sondern reicher werden kann.

Muss Integration an Bedingungen geknüpft werden?
Ja. Die Kenntnis der deutschen Sprache steht an erster Stelle, dann folgen die beruflichen Qualifikationen. Ohne Integration auf dem Arbeitsmarkt gibt es keine Integration in die Gesellschaft. Und man muss unsere Grundrechte lehren, Artikel 1 bis 20 des Grundgesetzes. Jedem Geflüchteten müssen wir nahebringen, dass Frauen und Männer bei uns gleichberechtigt sind. Und Punkt. Das müssen wir natürlich auch insgesamt bei uns durchsetzen.

Es heißt allgemein: Kein Flüchtling hat das Recht, zu versuchen, Kultur, Kunst und Lebensweise in Deutschland einzuschränken.
Aber jeder Flüchtling hat das Recht, zu versuchen, Kultur, Kunst und Lebensweise hierzulande zu erweitern.

Natürlich.
Parallel dazu muss die einheimische Bevölkerung fair bezahlte Jobs ergreifen können. Sonst ist es kein Wunder, wenn sich die Stimmung gegen Flüchtlinge dreht. Nicht der Syrer oder die Syrerin oder sonst jemand ist unser Problem, sondern: Wir müssen bestimmte ökonomische Verhältnisse verändern.

Sagen Sie das auch den Reichen?
Ja, ich werde ja mehr und mehr auch von der Wirtschaft zum Gespräch eingeladen. Sie streiten sich zwar gern mit mir und stellen sich auch gegen meine Auffassungen, aber sie laden mich trotzdem ein – was früher weitgehend undenkbar war.

Also, was sagen Sie denen?
Auch die Reichen müssen verstehen: Wenn sie jetzt nicht für mehr Gerechtigkeit sorgen, fliegt ihnen alles eines Tages um die

Ohren. Vor allem ihren Kindern und Kindeskindern. Reichtum schützt da überhaupt nicht, im Gegenteil.

Mussten Sie persönliche Erfahrungen mit Neonazis machen?
In Jena, in den Endwochen der DDR, gab es mal eine Wahlkampfveranstaltung, da stand das Rednerpodest in der Mitte des Platzes. Etwa dreihundert Neonazis bedrängten das Podium, kamen hoch und begannen zu rempeln und zu prügeln. Ich bekam von hinten einen Stoß, fiel nach unten.

Waren das die Nazis?
Nein, örtliche Polizisten, die mich schützen sollten. Ich wurde aufgefangen und in ein Auto gestoßen, das sofort losfuhr. Man fuhr mich zum Kreisvorstand der PDS. Ich sah durchs Autofenster noch, wie die Neonazis am Kundgebungsplatz wild um sich schlugen. Ich fragte den Beamten, was er dagegen tun wolle. Er sagte: »Nichts!«, er werde aller Wahrscheinlichkeit nach mit der deutschen Einheit am 3. Oktober 1990 seinen Job verlieren, und deshalb tue er Dienst nur noch nach Vorschrift. Sein Auftrag war, mich zu schützen, Punkt. Der Rest interessiere ihn nicht mehr. Das traf mich als Vorahnung: Nicht wenige würden mit Frust in die neue Zeit gehen.

Ist ja interessant: Sie ziehen als Redner auch die Rechten an.
Vor Jahren war ich in Dresden, ich sprach auf einer Kundgebung. Vor der Tribüne eine kompakte Reihe Rechtsradikaler. Ich sagte, sie sollten zu Hause doch mal ein Buch lesen, kein schwieriges, ein einfaches, aber schon das brächte sie gewiss auf bessere Gedanken. Einer warf mir einen Zettel hoch. Ich las ihn ...

Sie unterbrachen Ihre Rede?
Nein, damals konnte ich das noch: gleichzeitig lesen, reden und schreiben. Kann ich heute nicht mehr.

Zwischenfrage: Leiden Sie darunter, dass Politikerreden, etwa bei Wahlkämpfen, zu beträchtlichen Teilen aus Wiederholungen bestehen?

Nicht mehr. Wir Politiker sind in gewisser Weise Handlungsreisende in immer gleicher Sache. Das Publikum wechselt ja. Aber man muss aufpassen, dass man nicht an sich selber ermüdet.

Zurück zum Zettel …

Also: Ich sprach weiter, las aber den Zettel, schrieb etwas drauf und warf ihn wieder runter. Nach meiner Rede fragte mich einer der Männer vom LKA, die mich schützten, was ich denn da hingekritzelt hätte – der Absender hätte nach dem Wiederempfang seines Zettels ausgesehen, als wolle er gleich die Bühne stürmen. Auf dem Zettel hatte sinngemäß gestanden: »Warum nehmen Sie immer an, wir Rechten seien ungebildet, die meisten von uns haben Abitur.« Ich hatte drei Fehler angestrichen und druntergeschrieben: »Note 3, Gysi.« Die 3 war sehr geschmeichelt.

ZUFALL, GESCHICHTE

»Jugend muss uns Alte nerven«

Herr Gysi, kann auch der Zufall Geschichte machen? Kann er das, was gestern galt, heute über den Haufen werfen?
Vor 1989 hätte ich entschieden nein gesagt. Jetzt sage ich: ja, auch! Weil ich gesehen habe, wie mit dem Staatssozialismus ein ganzes System untergegangen ist.

Das ist doch, wenn man die ganze Menschheitsgeschichte nimmt, kein Einzelfall.
Damit etwas kommt, muss etwas gehen.

Wir auch.
Ja. Und das hat nichts mit Fatalismus zu tun. Auch im ungesteuerten Kapitalismus kann der Punkt kommen, an dem einfach nichts mehr geht. Natürlich ist der Zufall oft nur der Auslöser für etwas, das sich auch gesetzmäßig angestaut hat. Das Problem ist, dass man sich in der Politik zu wichtig nimmt. Ich bin ein Linker und habe wie so viele Linke gedacht, Prozesse seien absolut wichtiger als einzelne Personen. Aber das stimmt so ausschließlich nicht.

Muss man also auch lernen, sich zu fügen?
Ich habe das für mein Leben gelernt: Manchmal muss man auch etwas zusammenbrechen lassen – dann, wenn du keine Kraft, keine Ideen und also irgendwann nicht mehr genug Leute hast, um andere Strukturen herzustellen.

Geschichtsgang, Fortschrittsdenken – vieles wich einer neuen, bedrängenden Frage: Richten wir die Natur zugrunde?
Der Natur ist es doch völlig egal, mit welchem Eifer wir auf ihr rumtrampeln. Die lässt uns glatt ins Unglück laufen.

Wir bebauen – und zerstören. Wir kultivieren – und zerstören.
Schlimm, ja. Trotzdem: Der Mensch kann die Natur nicht zerstören. Das schafft er nie. Aber sich und seine eigenen Lebensbedingungen, die kann er vernichten. Ich sah mal einen Dokumentarfilm vom Atoll, wo Frankreich früher seine Atomwaffenversuche durchführte. Die Forscher trugen zig Schutzhüllen, sie tauchten, und es war unglaublich: Tief unter Wasser gab es tatsächlich eine Vielzahl neuer Pflanzen und Tiere. Alle schwer kontaminiert, aber existent.

Das heißt?
Viele Wesen sind anpassungsfähig, wir aber nur in sehr begrenztem Maße. Wir haben zum Beispiel Dioxin in die Atmosphäre entweichen lassen. Wahrscheinlich gibt es bereits Bakterien, für die das eine Art Nachtisch geworden ist. Nun haben diese Bakterien kurze Lebenszyklen. Die Generationen folgen so schnell aufeinander, dass sie sich sehr schnell an geänderte Bedingungen gewöhnen. Bei uns Menschen ist das langwieriger.

Nach hunderttausend Generationen gewöhnen wir uns vielleicht auch an Dioxin.
Aber eben nicht eher. Also gehen wir wahrscheinlich daran kaputt. Wir ändern dauernd unsere Lebensbedingungen, lassen aber außer Acht, dass unsere Anpassungsfähigkeit sehr, sehr langsam ist. Wie soll ich heute jemanden überzeugen, dass schon in drei Jahrzehnten etwas Schreckliches geschieht?

Was bedeutet für Sie ökologische Nachhaltigkeit?
Dass sie untrennbar an soziale Verantwortung gebunden sein muss. Ich kann kein Braunkohlerevier schließen, ohne dem Braunkohlekumpel zu sagen, dass er am nächsten Tag für ein gleiches Gehalt einen anderen Arbeitsplatz hat. Ich kann nicht Ökologie um den Preis betreiben, Menschen einfach in die Arbeitslosigkeit zu schicken.

Das Problem betrifft auch die Mobilität?
Klar. Wenn vom Dorf zur Kreisstadt nur einmal am Tag ein Bus fährt, dann gibt es keine Mobilität. Und da kann man doch schlecht gegen das Auto argumentieren – es sei denn, man erhöht deutlich den Busverkehr.

Wer soll die Dinge künftig antreiben?
Bei dieser Frage ist in der Geschichte immer die gleiche Kraft aufgerufen: die Jugend. Sie ist heute doppelt so europäisch wie meine Generation, sie kann aus ihrer natürlichen weltbürgerlichen Lebensweise heraus ganz andere Maßstäbe setzen. Sie ist der moderne Träger der Vernunft.

Vernunft?
Immer wollen Sie mich in eine bestimmte Ecke treiben. So kenn' ich Sie doch gar nicht. Ja, Vernunft! Natürlich Vernunft! Woran soll ich denn sonst glauben, wenn nicht an die Vernunft des Menschen?

Ist Jugend rebellisch genug?
Wieder reizen Sie mich zu pauschalen Urteilen. Aber in der Tat: Mich stört an jungen Leuten, dass sie oft zu lahm sind. Wenn sie rebellischer wären, würden sie Auseinandersetzungen mit den Erwerbstätigen, Arbeitslosen und anderen suchen und sie leidenschaftlich auffordern, ebenfalls rebellischer zu werden und sich unsoziale Dinge nicht einfach so bieten zu lassen. Eigentlich müssen junge Leute uns Alte nerven. Sie sollen aber nicht Berufstätige daran hindern, zur Arbeit zu kommen, sondern sich mit staatlichen Institutionen auseinandersetzen.

WEISSWÜRSTE

»Mehr süßen Senf!«

Herr Gysi, wir essen Currywurst, und die hat ein Pendant: die Weiß-wurst. Genießen Sie auch die?
Pendant ist ein wenig übertrieben, aber da wir über Wurst reden, fällt mir natürlich auf, dass zu viel Fleischverbrauch ja auch zu den Übeln einer expansiven Landwirtschaft gehört.

Stimmt, aber man muss nicht mit jeder Lebensregung politisch korrekt sein, auch nicht als linker Politiker. Ich bin für Tierschutz, esse aber wie Sie Steaks. Ich begrüße Tempolimits, muss aber ab und zu geblitzt werden. Zurück also zur Weißwurst.
Ja, mein Vater sagte, sie schmecke so wunderbar nach nichts. Er hatte recht.

Von der Wurst zum nächsten Pendant-Paar: Bayern und Preußen. Sind Sie ein patriotischer Preuße?
Hören Sie auf mit so etwas. Ist mir zu nebulös. Vielleicht fragen Sie noch, ob ich ein preußischer Patriot bin. Preußischer Patriot, patriotischer Preuße … Nee … Was ich weiß: Ich kann preu-ßisch stur sein.

Das heißt?
Ich sehne Konflikte nicht herbei, aber ich ducke mich vor ihnen auch nicht weg. Wenn das preußisch ist, dann bin ich, in diesem Punkt, Preuße. Zu einem führenden Unionspolitiker habe ich mal gesagt, wenn seine Fraktion freundlicher zu mir gewesen wäre, hätte ich längst meinen Abschied vom Bundestag genommen. Hat ihn und seine Leute aber nicht ausreichend animiert, sich mir gegenüber anders zu verhalten.

Was stört Sie an der CSU?
Alles und nichts.

Eine äußerst differenzierende Antwort.

Die Currywurst ist heute so mickrig, die Zeit drängt, ich muss mich kurz fassen … Nein, im Ernst, CSU-Politiker gehen mir manchmal mit ihrer Wichtigtuerei auf die Nerven, das gebe ich zu. Mir fehlt bei der CSU ein größeres Verantwortungsgefühl über Bayern hinaus, also für den Bund und für Europa. Das war zu Zeiten von Franz Josef Strauß oder Edmund Stoiber anders. Seither ist Bayerns Politik irgendwie provinzieller geworden. Aber sie vertritt vorhandene Interessen.

Halten Sie die Bayern für überheblich?

Die Bayern haben im Fußball, noch immer, die beste deutsche Mannschaft. Schon da beginnt der Neid der anderen. Allerdings stärkt das auch die Überheblichkeit in München. Bayern ist ein ziemlich reiches und erfolgreiches Land. Aber man darf nicht vergessen, dass es viele Jahre gab, in denen Bayern auch Zahlungen von anderen erhalten hat. Immer wenn man Solidarität empfangen hat, darf man Solidarität gegenüber anderen nicht verlernen.

Was finden Sie an Bayern sympathisch?

Die Toleranz, die über diesen seltsamen Patriotismus dort siegt. Über dieses Holzige, Knorrige, Festgezurrte. Ich habe in Bayern noch nie ein unangenehmes Erlebnis gehabt. Ich spüre dort eine Nähe zu meiner eigenen Auffassung von Humor.

Zum Beispiel?

Einmal hab ich auf dem Marienplatz in München gesprochen, fünf-, sechstausend Leute waren gekommen. Am Ende der Kundgebung machte ich etwas, das eigentlich gar nicht geht. Ich fragte die Leute: Wissen Sie, was ich an Ihnen nicht leiden kann? Dann schauten mich alle kurz vergrämt an, und ich sagte: Heute lachen Sie alle und klatschen, aber am Sonntag wählen Sie uns trotzdem nicht. Dann haben sie wieder gelacht und applaudiert.

Bayern, denken Sie da auch an die Lederhose?
Sowohl bei den Olympischen Spielen 1972 als auch bei den Fuß-
ball-Weltmeisterschaften 1974 und 2006 – immer gab es bei der
Eröffnung diesen Tanz, bei dem sich alle auf die Lederhosen
hauen. Da entsteht ein einseitiges Bild, als sei das ganz Deutschland. Als liefen wir nur in der Lederhose rum und schlügen uns
ständig aufs Gesäß. Noch etwas, ganz wichtig: Es gab in den
schwarzen Wäldern immer auch einen anarchischen Geist, von
Bertolt Brecht bis Herbert Achternbusch, von Erich Mühsam bis
Karl Valentin. Und Bayern hat eine grandiose linke Geschichte.
Die Revolution von 1918 war eine Bewegung, die von Bayern
ausging.

Empfinden Sie keine Befangenheit, wenn Sie woanders sind?
Nein, das kenne ich nicht. Aber mehrmals habe ich Theo Waigel
gesehen, wenn er als Finanzminister im Osten war. Er wirkte
erst wieder gelöst und lächelte ungezwungen, wenn er ins Auto
stieg und wusste, es geht zurück nach Bayern. Das ist eine
Fremdheit, die mir fremd ist. Du kannst Provinzler in New York
und Weltbürger in Klein Köris sein. Ich habe übrigens familiäre
Wurzeln auch in Bayern.

Auch das noch!
Der Bruder meines Urgroßvaters stammt aus Mühlhausen bei
Bamberg. Ich weiß: fränkisch, nicht bayrisch – aber im Land
Bayern. Er kam aus einer jüdischen Familie. Sein kaufmänni-
scher Lehrbetrieb soll das Geschäft Konrad Raab gewesen sein,
das noch heute in Mühlhausen existiert. Einer seiner Söhne,
Wilhelm Heinrich Lessing, versuchte in der sogenannten
Reichskristallnacht aus der brennenden Synagoge in Bamberg
die Thora-Rolle zu retten. Die Nazis entdeckten ihn, warfen die
Thora-Rolle zurück ins Feuer, schlugen ihn, zündeten seine
Wohnung an. Monate später starb Wilhelm Lessing an seinen
Verletzungen. Die Straße, in der seine Familie in Bamberg
lebte, wurde 1948 nach ihm benannt, und die Täter wurden
nach 1945 sehr schnell verurteilt. Er war beliebt in der Stadt.

In Bayern kennt man Sie längst auch vom jährlichen Politischen Aschermittwoch.
Zum Beispiel in Ingolstadt. Da kam zum Politischen Aschermittwoch mal geschlossen eine CSU-Gruppe. Der Wirt des Lokals kam auf mich zu und sagte: »Sie sind ja wie der Franz Josef.« Der Strauß-Vergleich holte mich fast aus den Schuhen. Die CSU-Leute gaben mir den Rat: »Herr Gysi, Sie dürfen hier als Redner nicht so mit dem Florett fechten, sie müssen den Säbel auspacken.« Außerdem sei eine Stunde Rede zu kurz.

Das lässt sich ein Gysi nicht zweimal sagen.
Im darauffolgenden Jahr habe ich drei Stunden gesprochen. Da haben sie gesagt: Danke, das reicht jetzt! Sie sprachen es schon an: Sie sind ja leider ein Fan vom FC Bayern.

Leider? Bayern München ist – bislang – gelingender Kapitalismus, so wie jeder gute Hollywoodfilm gelingender Kapitalismus ist.
Gelingender Kapitalismus, das bedeutet immer auch: Hartherzigkeit. Und in der letzten Saison gelang den Bayern wenig!

Sie sprechen immerhin vom Meister! Und Hartherzigkeit ... Die ist bei Dortmund nicht geringer. Bayern München hat hohen Unterhaltungswert. Noch die Krisen sind unterhaltsam.
Vielleicht!

Welch ein Talent, die Welt derart in zwei Teile zu hauen. Pro und Kontra – der FC Bayern ist der letzte Auslöser ideologischer Kämpfe. Revoluzzer träumen von so was – und rennen ziemlich müde über ihr eigenes Spielfeld.
Nun reicht's. Hätte ich Sie nur nicht gefragt.

Herr Gysi, Sie selber hatten mit Ihrer Gesprächsreihe im Deutschen Theater eine große bayerische Stunde, als vor Jahren Uli Hoeneß zu Gast war.
Stimmt. Er konnte mich zuvor nicht leiden. Wenn wir uns in der VIP-Lounge von Hertha BSC sahen, nickte er mir so zu, als habe er den Kopf gar nicht bewegt. Das war's. Als seine Steuerhinter-

ziehung öffentlich wurde, sahen wir uns wieder, im Stadion. Er war isoliert, typisch deutsch! Ich aber sprach mit ihm. Das hat ihn einigermaßen überrascht – und gefreut. Unser Verhältnis änderte sich.

Ein Reflex, der mit Ihrem Beruf zu tun hat?
Sie wissen ja, als Anwalt habe ich es nur mit Leuten zu tun, die Probleme haben. Haben sie Probleme, dann interessieren sie mich. Ich gehe auf sie zu. Ich fand stark, dass Hoeneß bei unserem Gespräch sagte, die Vereinstreue sei nicht raus aus den Stadien, die habe einen enormen Lebensnerv, aber die Kapitalisierung, die sei schon ein Elend. »Ich dachte immer, irgendwann ist die Spiraldrehung am Ende – ich habe mich geirrt.« Wir sprachen auch über seinen Fall. Er sagte, er habe einen großen Fehler gemacht. Punkt.

Er bleibt der beste deutsche Fußball-Manager. Aber er verlor Freunde.
»Ja«, sagte er zu mir: »Das darf ich denen nicht übelnehmen – aber Aufmunterung kam von Leuten, von denen ich es nie vermutet hätte.«

Für mich damals ein Vormittag schöner Lehren: Hör jemandem zu – und deine Vorurteile schwächeln. Sie sagten am Ende sogar, ohne Hoeneß wäre »das Land ärmer«. Das haben Ihnen einige Linke übelgenommen.
Er stand beschämt auf der Bühne, als es für ihn sehr langen Applaus gab. Das war ihm etwas peinlich, er musste also das letzte ruppige Wort haben. Zu Beginn der Veranstaltung war im Saal ein einziges lautes »Buh!« zu hören gewesen. Jetzt, im Abgang, sagte Hoeneß: »Ehrlich gesagt, mir fehlt der Buh-Rufer.« Der blieb aber still.

Noch mal zur Weißwurst …
Mein Vater hatte da beizeiten den entscheidenden Tipp für mich. Als Rechtsanwalt in der DDR nahm ich 1989 an einem Anwaltskongress in München teil. Mein Vater hatte mir vorher geraten, dass ich in München unbedingt zum Frühstück Weiß-

würste probieren müsse. In dem Hotel, in dem ich wohnte, gab es aber keine. Die Frau des Präsidenten vom Anwaltsverein sah meine Enttäuschung und gab mir ein Glas Weißwürste mit nach Hause. So kam es, dass ich die ersten Weißwürste meines Lebens – in der DDR gegessen habe. Aber klar ist: Weißwürste muss man in Bayern essen, so wie man Kölsch nur in Köln trinken sollte. Immer wenn ich in Bayern in einem Hotel bin, frühstücke ich eine Weißwurst.

Und der Tipp Ihres Vaters?
Ach ja. Er warnte mich vor dem faden Geschmack der Weißwurst, aber er wusste, wie man das ändern kann: mit süßem Senf.

Sie sagten, Weißwürste schmecken so wunderbar nach Nichts. Ich muss an Gottfried Benn denken, ihm war Nichts ein Hauptwort.
Wollen Sie da etwas gegen mich herausstreichen? Sie denken an einen Dichter, ich nur an die Weißwurst? Geschenkt. Her mit süßem Senf! Wir brauchen mehr davon.

UNRECHTSSTAAT
»Diese elende Begriffsdogmatik«

Herr Gysi, kommen wir heute zum wichtigen Gesinnungstest.
Wie bitte?

Der Test, ob Sie DDR-kritisch genug sind.
Ich fang schon mal an zu essen.

Sie haben immer darauf beharrt, dass die DDR kein Unrechtsstaat war. Warum?
Ehrlich gesagt: Der Streit darüber ist müßig.

Ich frage trotzdem: Warum?
Es gibt keine wissenschaftliche Definition des Unrechtsstaats. Die USA haben Geheimlager in Polen, in Rumänien und Marokko unterhalten. Sie haben dort Menschen aus Afghanistan eingesperrt und mit Genehmigung gefoltert. Menschen, die nicht einmal wussten, wo sie sind, die keinen Kontakt nach draußen hatten, zu niemandem. Trotzdem würde ich nicht sagen, dass die USA ein Unrechtsstaat sind. Wer sagt, die DDR sei ein Unrechtsstaat gewesen, der delegitimiert fast alles und alle, auch die Biographien der Menschen, die in der DDR gelebt haben. Das will ich nicht. Was nicht außer Kraft setzt, dass es in der DDR Unrecht gab, das nicht kleinzureden ist und ihre Abschaffung bewirkte.

Unrecht – installiert von einer Partei, die Sie im Dezember 1989 übernahmen.
Sollten die Ideen von Marx und Engels, von Liebknecht und Luxemburg denn untergehen dürfen? Die DDR hatte diese Ideen ziemlich kaputt gemacht, und mein Wunsch war, das zu ändern. Eine neue Partei zu gründen wäre sinnlos gewesen, also entstand in mir und anderen, die ich schätzte und die ich

mochte, die Frage, ob man denn die SED so reformieren kann, dass sie dann diesen Idealen einigermaßen entspricht. Marx und Engels wollten vieles, aber die DDR hätten sie so bestimmt nicht gewollt.

Der Begriff des Unrechtsstaates ist wissenschaftlich nicht zu definieren?
Nein, juristisch auch nicht.

Im Gegensatz zur Diktatur?
Diktatur ist ein wissenschaftlicher Begriff, damit kann man umgehen. Die DDR war eine Diktatur, es gab und gibt aber auch andere, anders geartete Diktaturen. Natürlich kann und muss man sie vergleichen, aber man sollte sie nicht pauschal gleichsetzen und damit Unterschiede abwürgen.

Systeme sind nicht miteinander identisch, nur weil sie Diktaturen sind?
Das Regime Pinochets war ein gänzlich anderes als das von Hitler. Unrechtsstaat … Dieser Begriff wurde geprägt vom Generalstaatsanwalt von Hessen, Fritz Bauer. Und zwar für den NS-Staat. Als konsequenter Kämpfer gegen alte und neue Nazis in der Bundesrepublik sagte Bauer den bezeichnenden Satz: »Immer wenn ich mein Dienstzimmer verlasse, betrete ich feindliches Ausland.« Mir ist der Begriff suspekt, wenn er anders verwendet wird. Meine Eltern haben gegen den Unrechtsstaat der Nazis gekämpft. Das Attribut so ohne Weiteres auf die DDR anzuwenden, bedeutet im Klartext: Menschen wie meine Eltern haben den einen Unrechtsstaat bekämpft, um einen gleich gearteten Staat wiederaufzubauen. Das ist für mich inakzeptabel.

Die Ziele der Kommunisten waren edle Ziele, viele ihrer Methoden nicht.
Bei den Nazis dagegen gab es kein edles Ziel, kein einziges.

Standen Sie nach 1989 in Gefahr, die DDR zu verklären?
Ich habe immer kritisiert, wenn Mitglieder meiner Partei die DDR in einem Maße verteidigt haben, wie sie es nicht verdient hat – nur weil sie damit ihre eigene Biographie verteidigen wollten. Aber ich habe das, was gut an der DDR war, nie verleugnet.

Dieser Reflex als eine Art Ehrenrettung für Ihre Eltern?
Unbewusst vielleicht.

Im Herbst 1989 hätten Sie zur Bürgerbewegung gehen können.
Die Leitung des Neuen Forums kam zu mir und sagte, willst du nicht Mitglied werden? Sagte ich, nee. Fragten die: Warum denn nicht? Sage ich, weil ich weiß, wogegen ihr seid, dagegen bin ich auch, aber ich weiß gar nicht, wofür ihr seid. Das ist mir zu wenig. Daraufhin sagten sie, du kannst ja mitbestimmen, wofür wir sind. Dann habe ich gesagt, passt auf, ihr braucht mich nicht mehr. Ich habe euch vertreten, als ihr nicht zugelassen wurdet, als euch Partei-, Staats- und Verfassungsfeindlichkeit vorgeworfen wurde, jetzt seid ihr zugelassen, euch passiert nichts mehr. Jetzt geht es der Partei an den Kragen, der ich seit 1967 angehöre, jetzt muss ich ihr helfen.

Woran scheiterten die Bürgerrechtler bei der ersten freien Volkskammerwahl der DDR im März 1990?
Sie hatten eine solche Sonderrolle in der DDR, dass sie später gar nicht Repräsentanten einer Gesamtbevölkerung hätten sein können. Die meisten wollten das übrigens auch gar nicht. Viele DDR-Bürgerinnen und -Bürger hatten immer den Eindruck, die Bürgerrechtlerinnen und Bürgerrechtler wollten sie als zu angepasst vorführen oder brandmarken. Was ja zum Teil seine Berechtigung hatte. Aber eine Bevölkerung wählt nicht gern ihre Richter.

Zurück zum Unrechtsstaat. Sie haben Ihre SED-Mitgliedschaft nie grundsätzlich in Zweifel gezogen.
Weil ich davon überzeugt war, auf der richtigen Seite der Geschichte zu stehen. Und wenn du in einer Struktur lebst und

dich an diese Struktur gewöhnst, dann willst du ja auch nicht permanent im Widerspruch zu ihr stehen. Ich habe dem System manches nachgesehen, weil es unter diesen sehr konkreten historischen Bedingungen existierte. Der Kalte Krieg, die Auseinandersetzung mit dem Westen diktierten ja vieles.

Sie sprachen in Interviews von einer ideologischen Kampfvokabel.
Das ist etwas, das ich überhaupt nicht mag an Deutschland – diese elende Begriffsdogmatik. Da kann einem der Appetit, den Sie mir wünschen, schon mal vergehen. Es genügt öffentlich nicht, dass ich sage, und ich wiederhole es gern tausendmal: In der DDR gab es staatlich angeordnetes Unrecht, das ist unverzeihlich, und zum Glück ist das erledigt – Punkt. Das als klare Aussage genügt aber nicht. Nein, ich soll mich fortwährend verpflichten lassen zu diesem Terminus Unrechtsstaat! Erst dieses Wort ist der Stempel, der mich beglaubigt, der mich moralisch richtig einordnet?

Ist das Druck, der vom Mainstream ausgeht?
Na klar. Menschen, denen unser damaliges System Schaden und Schmerz zufügte, denken anders. Das weiß ich. Aber besagtem Mainstream beuge ich mich nicht. Ich will und werde anderen nicht verwehren, diesen Begriff vom Unrechtsstaat zu verwenden, wenn sie von der DDR reden. Ich selber nehme mir aber das Recht eigener Einordnungen.

WITZE

Herr Gysi, ich hab heute keine Frage an Sie.
Is ja wohl ein Witz.

Ihr Satz klingt äußerst konstruiert – als hätte ich diese Antwort bestellt.
Wieso?

Weil ich mich mit Ihnen heute über – Witze unterhalten möchte.
Witze? Nee.

Nee?
Sich über Witze unterhalten … das ist inkonsequent. Erzählen wir uns stattdessen welche!

Gut. Fangen Sie an. Kann man die Geschichte des Sozialismus in einen Witz fassen?
Ja. Stellen Sie sich eine Fahrt mit der Transsibirischen Eisenbahn vor. Das unendlich weite Russland. Sibirien naht. Plötzlich sind die Schienen zu Ende. Lenin schlägt vor, die Gleise hinter dem Zug abzuschrauben und vorn zu montieren. Stalin lässt erst mal den Lokführer erschießen und überlegt dann, was zu tun sei. Und Honecker lässt die Vorhänge zuziehen, rüttelt am Gestänge, so, dass alle denken, die Fahrt ginge weiter.

Müssen Witze böse sein?
Gute Witze gehen von einer Katastrophe aus. Schon der Satz »Geht ein Mann zum Arzt …« deutet das an. Nehmen Sie die legendäre Bananenschale: Darauf auszurutschen, ist schlimm. Aber wir lachen. Der Schaden und die Freude – im Deutschen geht das in einem Wort zusammen.

Das geht überall zusammen.
Ja, denken Sie an den jüdischen Witz oder an Monty Python.

Sind Sie gern ironisch?
Ja, aber ich bestehe auch auf Selbstironie.

Wie vertragen sich Eitelkeit und Selbstironie?
Zweitere macht erstere erträglicher. Möglicherweise.

Dass Sie eitel sind, geben Sie ja stets unumwunden zu?
Dazu gehört nicht viel. Einen großen Tag hatte ich in der Schule, als alle Klassen meiner Altersstufe im Geschichtsunterricht den Gang von Heinrich IV. nach Canossa durchnahmen und deshalb auf Papst Gregor VII. zu sprechen kamen. Da ich der Einzige an der Schule war, der diesen Vornamen trug, lief ich in den Pausen mit stolz geschwellter Brust herum.

Ich meine die Eitelkeit in späteren Zeiten.
Wer so in die Öffentlichkeit tritt, dass es anderen auffallen soll, ist eitel. Die Frage ist immer nur: Beherrscht meine Eitelkeit mich, oder beherrsche ich sie?

Und?
Ich mühe mich.

Alle Welt weiß: Sie reden gern.
Ich rede gern. Und wer redet, möchte gehört werden. Wer gehört werden möchte, darf nicht nur stammeln. Politiker und Politikerinnen sollten also, wenn sie etwas sagen, auch etwas zu sagen haben.

Warum wollen Sie unbedingt auch unterhalten?
Vielleicht brauche ich ein Steigerungsmoment, um an meine Wirkung zu glauben. Wenn man Außenseiter ist, und das war ich schon als Rechtsanwalt in der DDR, denkt man nicht, dass man automatisch Aufmerksamkeit erlangt.

Ironie schafft Distanz.
Ja und? Wenn du dich total identifizierst, bist du meist nicht gut. Hingabe ja, Preisgabe nein.

Warum sind Linke so humorlos?
Sind sie's?

Schon diese Frage ist ja wohl ein Witz.
Bereits Brecht wusste, dass der Kampf um die bessere Welt einen Zorn voraussetzt und auslöst, der die Züge leider auch verzerrt. Ich selber kann aber so nicht leben. Zur Faust geballte Gesichter flößen mir Furcht ein, sympathisch kann ich sie nicht finden. Die Sorge um die Welt ist eine uns aufgezwungene Not. Die mag uns lenken, aber sie darf uns nicht dominieren und eng machen.

Wer die Welt liebt, muss sich doch aber, unter gegebenen Umständen, sehr um sie sorgen.
Na klar, aber es gibt Linke, die verbeißen sich geradezu ins Kritisieren. Sie sind mit Kampf derart beschäftigt, dass ihnen Genuss am Leben nur schwer oder gar nicht mehr gelingt. Was sie auch tun, sie denken militant ans Elend der kapitalistischen Verhältnisse. Man hat in ihrer Gegenwart fortwährend ein schlechtes Gewissen.

Aber Sie genießen, auch den Kapitalismus?
Freude und Lust lasse ich mir prinzipiell nicht nehmen.

Freude worüber?
Dass es das schöne lohnenswerte Leben gibt. Gerade weil ich gar nicht weiß, wie lange meine Lebensstrecke ist, kann ich jeden Morgen sagen: Schön, mein Gleichgewichtsorgan funktioniert! Noch. Meine Augen zeigen mir die Farben! Noch. Ich höre die Vögel singen. Also: Nichts für selbstverständlich nehmen.

Ich hatte nach dem Kapitalismus gefragt?

Unter den Freunden meiner Eltern war ein französischer Unternehmer. Trotz seines relativen Reichtums stand er der Französischen Kommunistischen Partei nahe. Ich war noch ein Kind, aber hatte durchaus schon begriffen, dass es einen Widerspruch gab zwischen diesem reichen Mann und seiner Solidarität mit der KPF. Eines Tages fragte ich ihn, was er eigentlich täte, wenn die sozialistische Revolution in Frankreich siegte. Er antwortete: »Oh, das weiß ich genau. Dann gehe ich sofort in die Schweiz – und kämpfe dort weiter.« Die Anekdote erzählt viel über die Gesprächskultur bei uns zu Hause: ironisch, frei von Verklemmung und ideologischer Militanz. – So, nun erzählen auch Sie mal einen Witz.

Ulbricht besucht den Überseehafen Rostock, er weiht neugebaute Schiffe ein, fragt die Genossen, wohin es gehe. »Wir fahren nach Kuba, mit neuen Landmaschinen.« – »Und womit kommt ihr zurück?« – »Mit Orangen.« Das nächste Schiff. »Wir fahren nach Südamerika, mit neuen optischen Geräten.« – »Und womit kommt ihr zurück?« – »Mit Kaffee.« Ulbricht geht zum nächsten Supertrawler, es ist das hypermodernste Schiff von allen. »Na, Genossen, wohin fahrt denn ihr?« – »In die Sowjetunion, mit Kaffee und Orangen.« – »Und womit kommt Ihr zurück?« – »Mit dem Zug.«

Komisch, dass es in der DDR Witze über Ulbricht und Honecker gab, jedoch kaum über Pieck oder Grotewohl.

Aber über Ihren Vater.

Er war nicht im ZK oder politisch noch weiter oben.

Das ist ja das Erstaunliche.

In dem einen Witz fährt er, als er Botschafter in Italien war, mit dem Papst im offenen Wagen durch Rom, und die Frauen am Straßenrand tuscheln, wer denn dieser Mann in Weiß neben Klaus Gysi sei. In einem anderen Witz heißt es, die DDR-Führung habe ihn als Botschafter abgelöst. Warum? Weil es ihm nicht gelungen sei, den Papst für die renommierteste Unterhaltungssendung des DDR-Fernsehens, den »Kessel Buntes«, zu gewinnen. Ein Witz, den mein Vater nicht kannte. Als ich ihm diesen Witz erzählte, erwiderte er sofort, das sei eine Lüge. Natürlich habe er den Papst für die Sendung gewonnen! Gescheitert sei der Auftritt trotzdem, denn der Papst wollte zwei Choräle und lediglich einen Schlager singen, währenddessen die DDR-Oberen auf zwei Schlagern und nur einem Choral bestanden haben. So war er: Eine Pointe schien ihm nie so gut, dass er sie nicht noch – zu seinen Gunsten – toppen konnte.

Herr Gysi, ich merk's doch …
Was?

Es gibt auch Witze über Sie, und die müssen jetzt auch endlich erzählt werden.
Na gut, wenigstens einer. Mit Kohls Arbeitsminister Norbert Blüm betrete ich eine Kneipe, und Blüm ruft von Weitem: »Zwei Kurze!« Der Wirt schaut kurz hoch und sagt: »Das seh ich, und was wollt ihr trinken?« Wenn ich den Witz irgendwo erzähle, frage ich mich immer, wieso die Leute lachen.

Aber Herr Gysi, keine Sorge: Die lachen natürlich nur über Blüm.

KANZLER

Herr Gysi, eine spielerische Frage: Wie würden Sie als Kanzler agieren, bevor eine Entscheidung fällt? Wie transparent? Wie sehr wären Sie offen für widersprüchliche Ansichten? Mir geht es um jenes ethische Grundprinzip, das man sich selber schuldig ist, egal, ob man Kanzler oder Fraktion, ob man Regierung oder Opposition ist.
Bei wichtigen Problemen würde ich immer deutlich machen, welche widersprüchlichen Informationen ich erhalten und nach welchen Kriterien ich mich dann entschieden habe. Transparenz halte ich für sehr wichtig.

Hängen Regierende zu sehr am Posten, an der Macht? Haben Politiker und Politikerinnen generell kein Gefühl für den richtigen Punkt des Rücktritts?
In aller Regel haben sie dieses Gefühl nicht. Es gibt aber Ausnahmen.

Sie?
Als Partei- und Fraktionsvorsitzender bin ich nicht zurückgetreten, sondern: Ich habe nicht erneut kandidiert. Das ist ein Unterschied. Man muss das in Führungspositionen verinnerlichen: Das Wichtige an der Demokratie ist, dass man nicht nur jemanden wählen, sondern auch jemanden abwählen kann. Aufhören ist eine Kunst. Der Fehler von Helmut Kohl bestand darin, dass er meinte, unbedingt noch einmal kandidieren zu müssen. Wenn er es unterlassen hätte, wäre er mit Glanz und Gloria gegangen. Aber nein: Er musste sich eine Niederlage organisieren.

Und Angela Merkel?
Auch sie hätte in der Mitte ihrer letzten Legislaturperiode ihren Abschied ankündigen können. Aber nein, auch sie organisierte

sich ein müdes Schlusskapitel. Es gibt eben Dinge, die zahlen sich nicht aus.

Warum hat vorausschauende Politik kaum eine Chance?
Wenn ich als Regierung mitbekomme, dass eine Struktur überholt ist und uns irgendwann schwer auf die Füße fallen wird, und ich beginne aus genau dieser Erkenntnis heraus bereits heute die Struktur zu verändern, dann bekomme ich dafür kaum Akzeptanz. Erst wenn etwas fast schon kollabiert ist, wächst die Bereitschaft, Reformen zu akzeptieren.

Ein Beispiel?
Zusammen mit dem deutschen Generalkonsul war ich im Nordirak, in einem Flüchtlingslager. Die Jungs spielten Fußball, die Mädchen standen am Rand. Ich fragte die Mädchen, wie es ihnen ginge, und sie fingen kollektiv an zu weinen. Sie erklärten uns, dass sie bis vor einem Tag einen einzigen, aber sehr guten Lehrer gehabt hätten, den sie jetzt los seien, weil die UNO die 50 Dollar pro Woche für ihn nicht mehr bezahlen könne. Ich schrieb an die Kanzlerin. Es passierte nichts. Warum nicht? Wenn die Kanzlerin damals entschieden hätte, mehr Geld für die UNO oder die Flüchtlingslager zu geben, hätte eine stark bebilderte Zeitung womöglich den Vorwurf erhoben, im Ausland würde Geld ausgegeben, das in Deutschland dringend für soziale Zwecke gebraucht würde. Mängel wären aufgezählt worden, die mit Sicherheit auch gestimmt hätten.

Vorbeugende Politik kann also leicht diskreditiert werden.
Genau, und deshalb findet sie so selten statt. Nach dem Flüchtlingsstrom im Sommer 2015 reiste Angela Merkel in den Libanon und bot unmittelbare Hilfe für die Flüchtlingslager an. Damit die Menschen weniger Grund hatten, den Libanon zu verlassen, um irgendwie nach Europa zu gelangen. Jetzt wurde die Hilfe akzeptiert, weil man das Problem weithin sah und die Hilfe als einen gewissen Selbstschutz erkannte. Wenn man vorbeugend tätig wird, muss man oft mit geharnischter Kritik rechnen, weil noch kein Verständnis dafür vorhanden ist.

Was Sie beschreiben, verhindert jeden strategischen Ansatz.
Und das macht mir Sorge. Der Bundestag wird alle vier Jahre gewählt. Wir haben in jedem Jahr Landtagswahlen, die die Bundespolitik immer wieder unterbrechen. Die meisten Politikerinnen und Politiker wollen wiedergewählt werden, das blockiert.

Müssen Kanzler oder Kanzlerinnen mutiger sein?
Es ist so, dass man als Bundeskanzlerin oder Bundeskanzler einen Eid leistet, Schaden vom eigenen Volk abzuwenden. Also muss man vorbeugend tätig werden und versuchen, es zu erklären. Wenn man genügend Vertrauen in der Bevölkerung erzielt hat, wird eine Mehrheit die Erklärung auch nachvollziehen können. Wenn nicht, wird man eben abgewählt, hat aber seinen Eid nicht verletzt.

Wie regiert Olaf Scholz?
Na ja.

Na ja?
Er wirkt etwas gezwungen, als betriebe er eine Politik, die er gar nicht will. Keine gute Lage.

Herrscht bei uns noch das Primat der Politik?
Nein. Konzernchefs entscheiden, was die Regierung macht und nicht die Regierung, was die Konzernchefs zu tun haben. Das ist schon deshalb undemokratisch, weil wir indirekt die Regierung wählen oder abwählen können, Konzernchefs aber nicht. Wenn die nationale Politik und auch die internationale Politik fast alle Regulierungen für die weltweite Finanzwelt aufhebt, hat sie sich abhängig von der Finanzwelt gemacht, indem sie das Primat der Politik aufgegeben hat.

Zitat von Ihnen: »Wir haben eine Weltwirtschaft, aber wir haben keine Weltpolitik.«
Es gibt de facto kein Pendant zur Weltwirtschaft, und nationale Politik ist der Weltwirtschaft nie und nimmer gewachsen. Die

Konzerne und großen Banken haben auf allen fünf Kontinenten Arbeitskräfte, Dienstleistungs- und Produktionsstätten. Sie haben dafür gesorgt, dass die soziale Frage zu einer Menschheitsfrage geworden ist.

Fehlt es generell an charismatischen Akteuren in der Politik?
Die Zeit sucht sich die Persönlichkeiten, die sie benötigt. Als Gorbatschow am nötigsten war, erschien er auf der Bildfläche und wurde der entscheidende Akteur. Die Politik dümpelt derzeit, und so sehen ihre Protagonisten aus. Im Augenblick gibt es keine Persönlichkeit, die eine Weltautorität erreicht, wie sie etwa Nelson Mandela besaß. Er saß über fünfundzwanzig Jahre unschuldig im Gefängnis, man kann nicht gerade behaupten, dass sich die USA sehr um ihn bemüht hätten. Er galt ihnen als Terrorist. Als er dann aber Präsident Südafrikas wurde, strahlte er eine Kraft aus, die bei seinem Tode dazu führte, dass nicht etwa nur Obama und Clinton, sondern auch George W. Bush anreiste. Er konnte es sich nicht leisten, keinen Respekt gegenüber Nelson Mandela zu bekunden.

Gab es in Ihrem Leben Stimmen, die vor einer politischen Karriere warnten?
Selbstverständlich, zum Beispiel meine Mutter. Sie sagte, als ich Parteivorsitzender wurde: »Du trittst sofort zurück!« Das verblüffte mich, weil sie in Bezug auf mich immer sehr ehrgeizig war. Ich fragte verwundert, warum ich zurücktreten solle. Ihre Antwort: »Weil sie dich sonst erschießen!«

Sie kannte sich eben aus.
Die Erfahrung des 20. Jahrhunderts sprach aus ihr. Da war die tiefe Sorge der Mutter, und diese Sorge verband sich mit der Furcht der Genossin in ihr – die sich auskannte im 20. Jahrhundert und Bescheid wusste über die bitteren Methoden des Machtwechsels in den eigenen Reihen. Mich hat diese Reaktion sehr berührt.

Ist Macht für Sie je ein Reiz gewesen?
Natürlich reizt es gelegentlich, Dinge im selbstverstandenen vernünftigen Sinne auch entscheiden zu können. Auf der anderen Seite ist man aber auch froh, bei besonders schwierigen Entscheidungen nicht gefordert zu sein. Wir Menschen sind eben widersprüchlich.

RUSSEN

*Herr Gysi, hat Putin mit dem Krieg gegen die Ukraine das linke, näm-
lich russische Heiligenbild zerstört?*
Ich weiß wirklich nicht, ob Putin je ein Linker war. Auf jeden
Fall hat er keine linke Politik betrieben. Insofern begann die
Zerstörung schon viel früher. Er hat sie mit dem Krieg gegen die
Ukraine nur ausgebaut.

*Empfanden Sie als Berliner Junge die Sowjets als Besatzer? Oder
wirklich als Freunde?*
Meine Eltern erklärten mir, dass es unsere Freunde seien. So sah
ich es auch. Später reiste ich in die Sowjetunion, was ich sehr
interessant und aufschlussreich fand.

Sowjet-Soldaten – woran erinnern Sie sich?
An eine Prügelei. Es war in der ersten Klasse. Nachkriegsberlin.
Ein Schüler behauptete, die Russen hätten Frauen vergewaltigt,
ich bestritt das. In dieser Antwort schlug instinktiv die Haltung
meiner Eltern zur Sowjetunion durch. So kam es zur Prügelei.
Wir Jungs wussten gar nicht, was das ist: eine Vergewaltigung.
Abends fragte ich meinen Vater, und er erklärte mir, was das sei,
es klang aber ziemlich umständlich. Aber ich ahnte, worum es
sich dabei handelt. Dann fragte ich ihn, ob es stimme, dass auch
die Russen so etwas getan hätten. Er sagte, im Prinzip sei so eine
Behauptung falsch, er verteidigte also die sowjetischen Soldaten,
dann allerdings kam ein »Aber ...«, auch wieder alles sehr umständlich. Ich merkte: Es stimmte also doch!

*Die Sowjetunion war weniger reich als die USA. Woher dann diese
großen Erfolge – im Weltall, im Sport?*
Na ja, im Sport waren sowohl die USA als auch die Sowjetunion
erfolgreich. Aber dass sie den ersten Sputnik, den Hund Laika

und auch den ersten Menschen ins Weltall schickte, hatte damit zu tun, dass in der Sowjetunion jede Begabung gefördert wurde, wirklich jede. In den USA wurden nur die Kinder der Eliten gefördert. Unter Präsident Kennedy hat sich das dann an den Universitäten geändert, aber bei den Schulen, die Angelegenheiten der Bundesstaaten sind, blieb es so. Ansonsten waren die USA der Sowjetunion überlegen, ökonomisch, wissenschaftlich und auch politisch. Wie gesagt: Im Sport, aber auch in Kunst und Literatur konnte die Sowjetunion mithalten, wobei es immer politische Ausgrenzungen gab.

Sind die Westdeutschen im Kern Antikommunisten?
Selbstverständlich ist die Bevölkerung der Bundesrepublik Deutschland immer antisowjetisch und antikommunistisch beeinflusst worden. Die Kommunistische Partei Deutschlands wurde in der Bundesrepublik verboten, ohne dass es einen nennenswerten Aufschrei gegeben hätte. Leider gab es Entwicklungen in der Sowjetunion und der DDR, die diesen Geist unterstützten. Die Deutsche Kommunistische Partei wurde später gegründet, hatte durchaus eine beachtliche Zahl an Mitgliedern, schaffte es aber nie in ein Parlament. Die Resonanz blieb also begrenzt.

Die DKP gibt es heute noch.
Aber wer weiß das schon.

Bleibt Kommunismus für Sie ein gesellschaftliches Ziel?
Das Problem besteht darin, was man unter Kommunismus versteht. Karl Marx und Friedrich Engels haben eine Befreiungsideologie entwickelt. Im Kommunistischen Manifest schrieben sie, dass die Freiheit des Einzelnen Voraussetzung der Freiheit aller ist. Dem widersprachen aber die Realitäten in allen staatssozialistischen Ländern. Eine gewisse Ausnahme bildete nur Jugoslawien. Die meisten Menschen in der alten Bundesrepublik verbanden mit dem Begriff Kommunismus aber nicht die Vorstellungen von Marx und Engels, sondern bestimmte Realitäten in den staatssozialistischen Ländern.

Sind Sie den Sowjets (Stichwort Befreiung) dankbarer als den US-Amerikanern?
So kann ich die Frage nicht beantworten. In Anbetracht des Schicksals meiner Familie unter Hitler bin ich allen dankbar, die den Zweiten Weltkrieg beendeten und uns vom Faschismus befreiten. Aber die Sowjetunion hatte wesentlich mehr Opfer und Zerstörungen. Ich lebte etwas länger als vierzig Jahre unter sowjetischem Einfluss und lebe jetzt unter einem US-amerikanischen. Beides begrenzte beziehungsweise begrenzt die Politik des eigenen Landes, inzwischen auch der EU, und damit auch meine Wirkungsmöglichkeiten. Trotzdem kann ich heute natürlich weit vielgestaltiger und freier agieren als zu DDR-Zeiten.

Ist Ihnen, vom Gefühl her, das Russische näher als das US-Amerikanische?
Ich glaube, lieber Herr Schütt, Sie stellen mir lauter Fragen, die Sie sich selbst stellen.

Natürlich!
Um das einmal zu sagen: Ich kann nicht für Sie, sondern nur für mich antworten.

Ach!
Also: Das Russische war mir vertrauter als das US-Amerikanische. Ich reiste bisher aber gern in beide Länder und schätze die Menschen dort auf unterschiedliche Art und Weise. Unerträgliche und Unerträgliches gibt es in beiden Staaten und Gesellschaften. Aber eben auch das Gegenteil. Und Russland wird immer autoritärer.

Waren Sie im Russischunterricht besser als in Englisch?
Ich hatte Russisch und Latein, kann deshalb Ihre Frage nicht beantworten.

Trinken Sie lieber Wodka oder Jack Daniels?
Weder noch.

BÜCHER

Herr Gysi, wenn man Sie nach Privilegien in Ihrer Kindheit und Jugend fragt, schütteln Sie mit dem Kopf.
Das stimmt nicht. Ich betone nur immer, dass es bei uns daheim diese landläufigen Privilegien von höheren SED-Funktionären nicht gab. Was es in unserer Familie gab, war eine wirkliche Besonderheit, die sich aus der verlegerischen, kulturpolitischen Tätigkeit meiner Eltern ergab: Das waren die vielen Bücher.

Lesen Sie gern Gedichte?
Lieber als Gedichte lese ich Balladen, Kurzgeschichten und Romane.

Die Alternativfrage: Goethe oder Schiller?
Friedrich Schiller war ein hervorragender Dramatiker, natürlich auch ein großer Balladendichter. Johann Wolfgang von Goethe war nicht nur hochintelligent, sondern auch vielseitig. Er agierte auch als Minister und in den Naturwissenschaften. Einzigartig ist sein »Faust«, allein der Satz »Es irrt der Mensch, solang er strebt« steht über uns allen.

Er stimmt?
Und ob! Es ist aber kein Satz, der sich gegen das Streben richtet, sondern gegen die Anmaßung, das Streben habe ein erreichbares Endziel. Wir sind und bleiben in allem, was wir tun, Versuch, Fragment – und eben Irrtum. Was stets neue Versuche erforderlich macht.
Aber um auf Ihre Frage zu kommen: Ich entscheide mich nicht gern zwischen Goethe und Schiller. Wenn ich allerdings muss, dann stimme ich aus den dargelegten Gründen für Goethe.

Wann lesen Sie überhaupt, bei Ihrem vollen Terminkalender?
Ja, meistens muss ich auch bei längeren Fahrten arbeiten, das heißt, ich beantworte E-Mails und andere Posteingänge, bereite Reden und anderes vor. Aber wenn ich Zeit habe, lese ich. Während der Zugfahrten, im Flugzeug oder wenn ich im Auto gefahren werde – und vor allem im Urlaub.

Welche Art Bücher nehmen Sie in den Sommerurlaub mit?
Klassik, Krimis und bestimmte Gegenwartsliteratur.

Nennen Sie Ihre drei Lieblingskinderbücher.
»Paul allein auf der Welt«, »Hänsel und Gretel« und »Schneewittchen«. Letzteres schon wegen der Zwerge.

Benutzen Sie zum Lesen Buchhüllen? Benutzten Sie sie früher?
Nein.

Sind Ihre Bücherregale nach einem Ordnungsprinzip eingerichtet?
Bei der Belletristik selbstverständlich. Bei Sachbüchern herrscht ein gewisses Durcheinander. Bei der Belletristik unterscheide ich nach der Sprache. Deutsche Literatur steht woanders als jene Bücher, die aus dem Französischen oder aus anderen Sprachen übersetzt wurden. Geordnet ist alles nach dem Alphabet der Nachnamen von Schriftstellerinnen und Schriftstellern.

Haben Sie die Bibel vollständig gelesen?
Ich habe viel in der Bibel gelesen, aber sie nicht vollständig aufgenommen.

Lesen Sie noch immer darin?
Gelegentlich lese ich auch heute in der Bibel, zum Beispiel, wenn ich Zitate für Reden benötige. Ich lese besonders gern, also immer wieder, die Bergpredigt, weil sie für mich Ausdruck der Dialektik ist.

Dialektik?

Man hob das Alte Testament nicht auf, man entwickelte es weiter, überwand es sogar zum Teil. »In der Schrift steht ..., aber ich sage euch ...«. Das ist die Erfindung der Dialektik. Das »aber« gehört im Leben zu beinahe jeder Aussage. Dem Spruch folgt der Widerspruch.

Zu welchem weiteren Buch greifen Sie immer mal wieder?

Zu den Schriften von Thomas Mann. Sie faszinieren mich. Außerdem greife ich ab und zu zum »Kommunistischen Manifest«, allein schon, weil sich auch daraus schön zitieren lässt.

Wie gut kennen Sie den Koran?

Ich habe ihn zu Hause und habe mir für mein spätes Rentenalter vorgenommen, darin zu lesen.

Welches Buch wollten Sie ein Leben lang lesen, sind aber nie dazu gekommen?

Ich habe zehn Bände einer in der Sowjetunion erschienenen und ins Deutsche übersetzten Weltgeschichte. Die wollte ich immer lesen, bin aber tatsächlich bis heute nicht dazu gekommen.

Brauchen Sie ein Buch zum Einschlafen?

Nein!

Lesen Sie auch mit Tablet?

Das mache ich gelegentlich, wenn ich verreise und mir die Bücher zu schwer sind.

Bei welchem Buch haben Sie es nicht geschafft, bis zum Ende zu kommen?

Das ist mir nur einmal passiert. Da der Autor aber noch lebt, werde ich Ihnen nicht sagen, um welches Buch es sich handelte.

Hatten Sie schon mal das Gefühl, Literatur rette Ihnen irgendwie das Leben?

Nein, das schafft auch Literatur nicht!

Mögen Sie utopische Romane?
Nicht besonders.

Haben Sie Ihr SED-Parteibuch noch?
Ja, aber nicht das erste.

Was lesen Sie gerade?
»Der eigenartige Genosse Enrico Berlinguer« von Chiara Valentini. Es ist interessant, weil dieser Generalsekretär der Kommunistischen Partei Italiens ein Kommunist, aber eben auch ein aufrechter Demokrat war und deshalb größte Spannungen mit der KPdSU, der Kommunistischen Partei der Sowjetunion, unerschrocken in Kauf nahm.

Welche Zukunft hat das Buch an sich überhaupt noch?
Ich glaube, dass die jüngere Generation in erster Linie zum Tablet greifen wird. Aber dann wird auch das Buch wieder zurückkehren, wie jetzt die Schallplatte. Ein Buch macht beim Lesen Geräusche, und es riecht, und es sieht aus.

Machen Sie Eselsohren?
Sehr, sehr ungern, nur wenn ich muss, weil ich kein Lesezeichen dabeihabe.

Es gibt eine Biographie über Sie. Haben Sie die gelesen?
Ja, aber erst zwei oder drei Jahre nach ihrem Erscheinen. Ich wollte eigentlich nicht, dass jemand eine Biographie über mich schreibt. Ich habe ja dann später eine Autobiographie geschrieben, die viel authentischer ist.

ZIVILER UNGEHORSAM
»Der Schwarze Block ist gefährlich«

Herr Gysi, gehört Zorn zu Ihrem politischen Gefühlshaushalt?
Zornig werde ich eigentlich sehr selten. Aber fast zornig werde ich bei Fremdenfeindlichkeit, Rassismus, Antisemitismus, beim gefährlichen Spiel mit dem Frieden und bei Arroganz von Besser- und Bestverdienenden gegenüber den weniger Verdienenden.

Der Zorn wütete in der Geschichte, er zerschlug, er lehrte das Fürchten; er gab sich selbst, seit Homer mit ihm die »Ilias« eröffnete, schillernde Namen. Der vielleicht schillerndste Name: Revolution. »Aber was letztlich zur Welt kam, war nicht der neue Gott, sondern eine kriminelle Fehlgeburt; zu allem Überfluss erweist sich das große Geld als revolutionärer denn alle, die glaubten, sie besäßen den Schlüssel zu dessen Kritik.« Das schrieb der Philosoph Peter Sloterdijk.
Bisschen zu viel Fabulierkunst an unserem Wurststand … Lassen Sie es mich einfacher sagen: Man muss das Dumme dumm nennen und das Gefährliche gefährlich und das Böse böse. Man muss es benennen, weil man sonst schon vorher aufgegeben hat.

Das nennt man Klassenkampf?
Auch.

Was hat sich in den letzten Jahren in unserer Gesellschaft am stärksten verändert?
Dass die Menschen immer stärker das politische Establishment ablehnen, das politische Establishment es aber kaum merkt und so weitermacht wie bisher. Man muss immer wieder daran erinnern: Andrea Nahles, als sie noch SPD-Chefin war, trug doch tatsächlich den absurden Vorschlag mit, den untragbar gewordenen Chef des Verfassungsschutzes durch Beförderung loszuwerden. Und Kanzlerin Merkel fragte in einer öffentlichen Runde eine Putzfrau, die ihre mageren Renten-, also Altersaus-

sichten beklagte, ob sie denn nicht privat vorgesorgt hätte. Ich bitte Sie! Wie werden denn noch Realitäten zur Kenntnis genommen?

Und irgendwann wundern sie sich, dass einer von außen gewählt wird, irgendein Trump.
Ich will aber keinen Trump! Eine Roulettekugel war im Vergleich zu diesem Präsidenten exakter berechenbar.

Die Demokratie und ihr parlamentarischer Betrieb haben an Glaubwürdigkeit verloren.
Ja.

Gewinnt unter diesen Bedingungen alles Außerparlamentarische nicht an Gewicht, bis hin zum zivilen Ungehorsam?
Organisationen, Bewegungen bilden sich letztlich auch zu dem Zweck, selbst Lobbyarbeit zu betreiben. Das muss man ja nicht nur negativ sehen. Wenn eben zum Beispiel die Umweltfrage stark vernachlässigt ist im gesellschaftlichen Bewusstsein, in der Öffentlichkeit, erst recht in der Politik, dann bilden sich Organisationen, Kollektive, die versuchen, mit auffälligen Aktionen die Umweltproblematik wieder ins Bewusstsein zu rücken – damit werden sie zu einer Lobby für die Umwelt. Und je stärker sie öffentlich wahrgenommen werden, desto stärker werden sie auch von der Politik wahrgenommen, und desto größer ist die Chance, dass sie das eine oder andere auch erreichen und durchsetzen.

Außerparlamentarische Arbeit schön und gut. Wer demonstriert, endet an den Gittern der Bannmeile.
Stimmt. Das ist ein Problem. Gewerkschaften, Kirchen, Arbeitgeberverbände – die sitzen ständig bei den Herrschenden und betreiben dort ihre Lobbyarbeit. Aber diejenigen, die das nicht können und darauf angewiesen sind, es mittels einer Kundgebung zu tun, die schickt man aus der Bannmeile heraus und sagt: Das könnt ihr sonst wo machen, aber bitte nicht in unserer Nähe, das sei unzulässig. Das fand ich schon immer absurd, in

Anbetracht der Realitäten in der politischen Landschaft. Andererseits darf die Erstürmung eines Parlaments – wie in den USA geschehen – natürlich auch nicht zugelassen werden.

Veränderungen setzen leider zu oft eine Art Skandal oder Erschütterung voraus.
Leider ja.

Und leider geistert der Zorn wie verloren durch die Zeit. Er ist der verlassene, verstoßene Partner jener Träume, die an den Schlaf der Welt zu rühren gedachten. In Schulen, in denen fürs Leben gelernt werden soll, läuft der Zorn nur noch Amok – wider diese scheinbar endgültige Pädagogik: Fürs Leben lernt man nur, was man gegen das Leben lernt.
Das klingt wie einstudierter Zynismus.

So wie Ihre Reden manchmal etwas altbacken klingen.
Warum so barsch? Habe ich Sie beleidigt?

Nein, natürlich nicht.
Aber?

Radikalität ist ein Grundproblem linkspolitischer Existenz.
Aber?

Kein aber.
Links sein bedeutet rebellisch sein.

Nun doch ein »aber«. Rebellion ist ein Begriff geworden, bei dem man misstrauisch wird.
Wieso?

Rebellion, Radikalität, das klingt natürlich besser als Bürokratie. Aber wo findet das noch statt? Bürokratie findet sehr wohl statt. Ist aber elend langweilig – und das Vorherrschende.
Die Frage lautet, wie man Dinge radikal ändert, ohne immer gleich die Grundfeste zu zerstören. Es ist eine Prüfung für die

225

Demokratie: Was wagt sie, welche Risiken geht sie ein, ohne sich zu gefährden.

Radikal bedeutet nicht automatisch: extremistisch?
Nein, aber es bedeutet durchaus, an Wurzeln zu gehen, wie Marx es ausdrückt, an die Grenzen des Bestehenden – um sie zu sprengen.

Wie nun kann unter Demokraten ein politisches Empfinden entwickelt und bestärkt werden, dass das gegenwärtig Bestehende nun wahrlich nicht das Beste, Endgültige ist?
Es gehört Mut dazu, sehr weit zu gehen, ohne die Gefahr heraufzubeschwören, zu weit zu gehen. Demokratie ist nicht das Ende der Radikalität. Der Radikalität des Denkens nämlich. Wir denken oft zu brav. Wir nutzen den Parlamentarismus viel zu wenig für die Pflege der originellen Idee.

Wir sind zu sehr Getriebene, immer kurz vor Ladenschluss.
Der Betriebsgeist der Dinge fesselt uns.

Verstehen Sie den sogenannten Schwarzen Block, der nichts davon hält, mit roten Pappnasen an schwer gepanzerten Polizeikordons entlangzulaufen?
Diejenigen, die zum Schwarzen Block gehen, sind meist ziemlich radikalisiert, und einige von ihnen sind auch gewalttätig. Das ist schon deshalb gefährlich, weil die Gegengewalt meist größer ist.

Ist Ungehorsam, also Störung der Ordnung – angesichts der Sturheit der Herrschenden – nicht wirksamer als eine Lichterkette?
Da bin ich mir nicht sicher. Wenn es eine sehr, sehr lange Lichterkette der Menschen gibt, kann das Politikerinnen und Politiker schon deshalb nachdenklich machen, weil es sich ja um friedliche Bürgerinnen und Bürger handelt, die da etwas erreichen wollen. Wenn allerdings gezündelt wird, werden Regierende auf die kriminelle Seite hinweisen und noch betonen, dass sie sich nicht nach »Kriminellen« richten werden.

Und damit lenken sie vom Problem ab.
Ja.

Wie weit darf ziviler Ungehorsam gehen?
Es hängt von der Situation und dem Anliegen ab. Je bedeutender der Konflikt ist, der angesprochen werden soll, desto weiter darf auch der zivile Ungehorsam gehen.

Geben Sie zu: Die Deutschen sind langweilige Demonstranten.
Selbstverständlich gebe ich das so absolut nicht zu, schon deshalb nicht, weil ich ja selbst auch zu Kundgebungen und Demonstrationen aufrufe und gehe. Aber ich räume ein, dass zum Beispiel Französinnen und Franzosen mehr Widerstandsgeist haben als wir.

Wann, wobei haben Sie – im politischen Einsatz – je die Fassung verloren?
Habe ich das? Vielleicht habe ich es vergessen oder verdrängt. Allerdings weiß ich, dass ich 2005 bei der Ablehnung von Lothar Bisky als Vizepräsident des Deutschen Bundestages ungeheuer wütend war. Als fassungslos würde ich mich in diesem Zusammenhang allerdings nicht bezeichnen. Im Gegenteil: Ich hatte zwar einen zornigen, aber klaren Kopf, als mir Ulrich Wickert in den »Tagesthemen« sagte, naja, vielleicht gebe es in Lothar Biskys Biographie eben doch ein paar Punkte, die zur Ablehnung geführt hätten. Ja, erwiderte ich, das stimmt, aber man könne da nichts mehr machen. Leider sei Bisky nicht, wie Kiesinger, in der NSDAP gewesen, und leider habe er im Hitlerstaat auch keine höhere Funktion in einem Reichsministerium gehabt, um nun in der Bundesrepublik höchst demokratisch und sofort gewählt zu werden.

Ihr jüngster Wutanfall?
Wut ist privat. Geht Sie also nichts an.

ELTERN

Herr Gysi, waren die Gysis eine kultivierte Familie?
Na klar. Klingt das jetzt überheblich?

Stellen Sie's richtig.
Da gibt es nichts richtigzustellen. Meine Eltern empfand ich als Weltbürger. Sie beherrschten Fremdsprachen, kannten viele Länder, und sie waren Büchermenschen.

Viel Streit?
In unserer Familie gab es keine falsche Harmonie. Man schaute einander in die Augen und legte los. Bestimmte Gepflogenheiten, die vielleicht mit Stil zu tun hatten, die waren bei uns überhaupt kein Gegensatz zur Direktheit, mit der wir miteinander umgingen.

Was überhaupt ist Stil?
Der kommt von innen, nicht von Äußerlichkeiten.

Worüber wurde daheim gestritten?
Politik, Kunst und Kultur, menschliche Beziehungen. Meine Mutter war wählerischer mit ihren Freundschaften, mein Vater hatte eine Grundfreundlichkeit gegenüber jedem. Er war verspielter.

Kindheit schmiegt sich an, Jugend lehnt sich auf. Wie war das bei Ihnen?
Der Abstand zu den eigenen Eltern gehört ab einem bestimmten Punkt zum Erwachsenwerden. Aber zum Beispiel mit dem Systemwechsel 1989/90 ist bei meiner Schwester und mir das Verhältnis zu unseren Eltern in keine Zerreißprobe geraten. In Prüfungen geriet es oft, ja, aber nicht in Zerreißproben.

Der Theologe Paul Oestreicher hat über Ihren Vater gesagt: »Klaus Gysi konnte gut mit Klaus Gysi leben.«
Es ist ein großes Glück, wenn ein Mensch einverstanden ist mit sich selbst. Mein Vater war im guten Sinne ein Schlawiner.

Sind Sie eigentlich einverstanden mit sich?
Diese Frage jetzt? Ich denke, das hier soll ein Gespräch über meine Eltern sein.

Kein Ausweichen, bitte! Sind Sie einverstanden mit sich?
Im Großen und Ganzen ja.

Sind Sie auch ein Schlawiner?
Im Großen und Ganzen jein.

Sie sind ein Scheidungskind.
Meine Mutter hätte ganz gerne die Trennung rückgängig gemacht und hoffte dabei auf uns Kinder. Ich erinnere mich noch, wie wir mit ihr im Kino waren. Das war vielleicht ein Jahr nach der Scheidung, 1959. Es lief ein italienischer Film, »Ferien auf Ischia«. Da hat ein kleines Mädchen organisiert, dass seine Eltern wieder zusammenkommen. Und da sagte unsere Mutter hinterher zu uns: »So etwas erwarte ich auch von euch, ein bisschen mehr von dem Mädchen könntet ihr schon haben.«

Wie war die Trennung verlaufen?
Eigentlich, etwas überspitzt gesagt, nahm mein Vater nur die Zahnbürste mit. Alles andere blieb, vor allem eben die Verbundenheit. Trotz der Scheidung, die eine traurige Sache war, blieb etwas Haltbares zwischen unseren Eltern. Es gab eine große Hochachtung voreinander. Da war eine Tiefe der Beziehung entstanden, die sie nie aufgegeben haben.

Und Sie, die Kinder?
Als sich unsere Eltern scheiden ließen, war Gabriele zwölf, ich zehn. Bis dahin hatte es natürlich immer gemeinsame Urlaube

gegeben, zum Beispiel auf Hiddensee, das änderte sich fortan. Kinder entwickeln in schwierigen Situationen ihren eigenen Pragmatismus. Wir wussten, dass unser Vater, wenn wir mit ihm zusammen waren, sich nun immer wieder was ausdenken musste. Das haben wir natürlich genossen: Friedrichstadt-Palast, Zirkus, Kino, Restaurants …

Bestimmt noble Restaurants.
Ja, zum Beispiel das Ganymed am Schiffbauerdamm. Wäre mein Vater bei uns geblieben, hätte er mit uns wahrscheinlich weit weniger unternommen. So gesehen, hat die Scheidung das Leben von uns Kindern auch bereichert. Wie es meist im Leben ist: Etwas Negatives hat auch eine kleine positive Seite und umgekehrt.

Nichts ist ohne sein Gegenteil wahr, sagt Martin Walser.
Ja, alles hat eine Ausnahme, alles hat Kehrseiten, und die sind nicht nur dunkel und trübe.

Warum trennten sich Ihre Eltern?
Es ist ein Problem, wenn Stärke auf Stärke trifft. Als mein Vater in den fünfziger Jahren wegen seiner Westemigration Schwierigkeiten mit der Partei bekam und für eine Weile arbeitslos wurde, meine Mutter jedoch nicht, fühlte er sich zurückgesetzt. Das erzeugte wohl die ersten Risse.

Wie ändert sich mit den Jahren die Erinnerung an die Eltern?
Das ist interessant. Man denkt nicht mehr nur an die letzten Lebensphasen, die ja mit Bedrückung und Sorge, mit Krankheit und Pflege und zunehmender Hinfälligkeit zu tun haben. Längst denke ich wieder an die kraftvollen Jahre meiner Eltern. Ihr Bild in meinem Gedächtnis hat sich geändert. Und noch etwas: Je älter man wird und sich an die Eltern erinnert, desto mehr denkt man die eigene Vergänglichkeit mit. Weil man mit der Zeit selber in das Alter kommt, in dem die Abschiede zunehmen.

Das beunruhigt?
Ich denke eher an den beruhigenden Aspekt. Man wird im Nachhinein verständnisvoller, versteht die Eltern besser und ärgert sich über manche eigene Ungehörigkeit. Ich bilde mir ein (*lacht*): So, wie ich an meine Eltern denke, so werden meine Kinder über mich denken. Das macht Hoffnung. Das tut gut, auch wenn ich das selber ja nicht mitbekommen werde (*lacht*).

Hatten Ihre Eltern mit dem Ende der DDR das Gefühl, ihr politischer Einsatz, ihr politisches Leben sei letztlich sinnlos gewesen?
Wenn ein System scheitert, darf nicht automatisch geschlussfolgert werden, auch jedes Leben sei gescheitert, das in diesem System stattfand.

Es ist ja nach wie vor die Frage nach dem Knacks, unter dem diese Generation des unerbittlichen Kampfes auf Leben und Tod litt und der das System letztlich in die Stagnation trieb.
Als ihr Leben in der DDR begann, sagten unsere Eltern mit Recht, das Schlimmste hätten sie schon hinter sich. Viele Menschen dieser Generation haben wahrscheinlich gedacht: Solange eine Situation nicht mehr lebensgefährlich ist, du nicht mehr geschlagen wirst, du keinen Hunger hast, nicht erfrierst, nicht verfolgt wirst, so lange lässt sich das Leben – endlich! – genießen. Ertragen sowieso.

Die Hoffnung dieser Generation war: Die Jüngeren begreifen, womöglich ohne große Mühe, was sie an diesem Staat haben. Ein großer Irrtum.
Honecker dachte, die Menschen wachen morgens auf und denken: sicherer Arbeitsplatz, billiges Brot, sehr günstige Mieten! Und Kohl dachte, speziell die Ostdeutschen wachen morgens auf und jubeln: Reisefreiheit, BILD-Zeitung, endlich richtige Autos! Aber die Menschen, wo auch immer, wachen morgens ganz anders auf: Mist, wieder ein langer Arbeitstag, die Kinder krank, und das Wetter kannste auch vergessen!

Heiner Müller sagte: Wenn die Ostdeutschen alle ihren Mercedes oder VW haben, wollen sie auch ihren Erich Honecker wiederhaben. ... Herr Gysi, Sie lachen.

Wahrheit und Witz passen gut zusammen. Diese Dialektik haben auch meine Eltern ganz gut gelebt.

WAHLKAMPF

Herr Gysi, wünschen Sie sich manchmal, insgeheim, einen Bundestag ohne CDU?
Nein. Einen Bundestagsabgeordneten der CDU/CSU-Fraktion, der durch besonders heftige Attacken gegen uns aufgefallen war, habe ich genau das gefragt: ob ihm ein Bundestag ohne die Linkspartei lieber wäre. »Und ob!«, antwortete er. Ich erwiderte ihm, dann habe er im Gegensatz zu mir das Wesen der Demokratie nicht begriffen. Interessen und Ideen dürfen, ja, sollen kollidieren. Deshalb bin ich gegen einen Bundestag ohne Union, weil doch auch konservative Interessen vertreten werden müssen, ich selber tue es ja nicht. Natürlich darf die Union mit weniger Stimmen vertreten sein, das will ich einräumen.

Man muss die Demokratie als etwas Unfertiges betrachten.
Sagt sich allerdings leicht dahin. Man muss diese Unruhe, diese Wechsel, dieses Fragmentarische auch ertragen wollen. Und können.

Ehrlich: Sind andere Meinungen nicht lästig?
Na klar, man will immer recht haben ... Nein, das wäre ein Elend. Das macht doch politische Arbeit aus: Man möchte mit der eigenen Meinung überzeugen, klar, trifft aber fortwährend auf Meinungen, die ihren Anspruch ebenso anmelden. Wieder sind wir bei der Frage: Was ist Wahrheit? Ist sie ein Besitz? Ist sie ein Zustand, ein Prozess, eine Festlegung oder letztlich nur Einbildung?

Was ist sie?
Na ja, sie ist etwas, das sich uns gern entzieht.

Linke denken gern, sie hätten sie gepachtet.
Schlimmer: Sie halten Pacht für Eigentum.

Zur Demokratie, zum Ringen um Mehrheiten gehört der immer wiederkehrende Wahlkampf. Mögen Sie Wahlkämpfe?
Nein. Einerseits haben wir im Politikbetrieb überhaupt keine Zeit, andererseits hängen wir zu Wahlzeiten überall rum: auf Plakaten nämlich, an Bäumen, Laternenpfählen und Wänden. Wohlgefühlt habe ich mich in diesen Kampagnen und bei der Vielzahl der Veranstaltungen nur begrenzt.

Die meisten Porträts auf solchen Plakaten wirken wie eine Aufhübschung für den Gemeinplatz – wo doch aber kein Mensch lebt.
Politikerinnen und Politiker stecken nun mal in einem Dilemma: Wirkung erzielen zu wollen, ohne aber die Sacharbeit in einen Zirkus zu verwandeln. Und Sacharbeit zu betreiben, ohne dabei total zu verblassen.

Bei der Bundestagswahl 2021 warben Sie auf dem Plakat in Ihrem Wahlkreis mit dem Spruch: »… 'tschuldigung, brauch' mal wieder Ihre Erststimme«. Ein Plakat ohne politische Forderung. Keine Agitation.
Einigen in meiner Partei gefiel das überhaupt nicht. Aber manchmal darf man selbstbewusst davon ausgehen, dass die Leute einen kennen. Dass sie wissen, was man denkt und tut.

Mit diesem Wissen müssen einen die Leute trotzdem nicht unbedingt wählen.
Das ist wahr. Deshalb Wahlplakate!

Mit einem Wahlplakat belästigt man die Leute.
Daher mein augenzwinkerndes »… 'tschuldigung«.

Was steckte dahinter? Welcher Grundsatz?
Wenn ich Menschen anspreche, möchte ich nicht belehren, nicht propagieren, nicht mit Parolen prunken oder protzen, ich möchte Nähe – aber ohne Anbiederung. Man kann noch so viel

Energie auf so einem Plakat ausstrahlen, man bleibt abhängig von der Gunst anderer.

Wahlkämpfe rufen zu demokratischer Beteiligung auf. Aber leider ist Politikverdrossenheit der modernste Ausdruck von demokratischer Beteiligung.
Das ist eine Behauptung von Ihnen, da bleibt einem ja schon der erste Bissen der Currywurst im Halse stecken.

Ja ja, Wahrheit schnürt zu. Aber das war nur eine ganz einfache, eindeutige Feststellung. Politikverdrossenheit ist ein Fakt!
Politikverdrossenheit? Es ist doch eher eine Verdrossenheit mit Politikern und Politikerinnen des Establishments, nicht mit Politik an sich. Und die Reaktion auf diese Unglaubwürdigkeit des Betriebs ist – Politik.

Nichtwählen ist Politik?
Genau. Und zwar aktive Politik. Leider. In die völlig falsche Richtung. Denn da sind Leute zum Teil nicht verdrossen, sondern sehr agil. Bedauerlicherweise, muss man sagen. Immer mehr Menschen fühlen sich abgehängt statt eingebunden, Altersarmut wird geradezu programmatisch angesteuert, die soziale Marktwirtschaft ist teilweise Geschichte. Ein Skandal! Da blockt die Bevölkerung ab, man wählt nicht mehr oder stimmt ungültig oder wählt kleinste Parteien oder fatalerweise AfD – um ihre Protesthaltung gegenüber den Etablierten auszudrücken.

Warum dennoch, warum überhaupt Wahlplakate?
Unser langjähriger Wahlleiter André Brie hat mir mal gesagt, Wahlplakate brächten keine einzige Stimme, aber keine Plakate kosteten viele Stimmen.

Dass Wahlen stattfinden, erfahren die Menschen auch ohne Plakate.
Plakate steigern aber die Aufmerksamkeit. Welche Parteien überhaupt und mit welchen Parolen sie antreten, das ist in der Bevölkerung nicht durchgängig bekannt. Man darf doch nicht allen Ernstes annehmen, die Menschen beschäftigten sich im

Alltag über Gebühr mit unserer Blase. Wenn bestimmte Politiker und Politikerinnen keine Plakate aufhängen ließen, wüssten die meisten Menschen gar nicht, dass man kandidiert. Sich in der Wahlkabine zu informieren, ist gemeinhin zu spät. Die Entscheidung muss bereits vorher getroffen werden.

Gibt es einprägsame Wahlkampf-Erinnerungen?
Spontan fällt mir Fremdsteuerung ein. Du bist nicht mehr Herr deines Kalenders. Du lebst den Tag nicht mehr, du wirst geschickt. Einmal sollte ich in Berlin Marzahn-Hellersdorf zu den Erzieherinnen und Eltern in einer Kindertagesstätte sprechen. Die entpuppte sich als Alters- und Pflegeheim. Extremer kann ein Unterschied kaum sein. Ich änderte meine Rede, notgedrungen und blitzschnell.

Ist Wahlkampf in Berlin anders als anderswo?
Insofern, als du dich auf besondere Weise im Kreis drehst: im immer gleichen Berlin redest du über immer gleiche Themen vor immer gleichen Leuten. Mit Günter Rexrodt von der FDP hab ich mal beim Fernsehen gespielt, dass ich als Rexrodt antworte und er als Gysi. Glücklicherweise schnitten die Fernsehleute das nicht mit. Wenn ich an den Wahlkampf in Berlin denke, denke ich vor allem an den 11. September 2001. Der terroristische Anschlag in New York und Washington unterbrach jäh unsere Routine. Die landläufigen politischen Streitgegenstände schienen für Momente klein und nebensächlich.

Sind Ihnen die Marktplatzreden in Kleinstädten manchmal peinlich?
Warum? Ob ich in einer kleineren oder in einer größeren Stadt rede, macht doch keinen Unterschied – jedenfalls hinsichtlich der möglichen Peinlichkeit nicht.

Was wäre peinlich?
Peinlich ist, wenn niemand kommt. Also: Peinlich sind der Politiker oder die Politikerin, die so gestrickt sind, dass sich niemand für sie interessiert.

WAFFEN
»Das Denkmal einer großen Taube«

Herr Gysi, beschreiben Sie Ihr Verhältnis zu Waffen.
Ich habe auf dem Rummel früher gern mit dem Luftgewehr ge-
schossen und tatsächlich auch getroffen. Während der vormilitärischen Ausbildung musste ich einmal mit einem Kleinkaliber-
gewehr schießen. Das war meine einzige Begegnung mit Waffen,
mehr war da nicht. Gut so! Ich mag sie nicht, und ich kann mit
ihnen auch nicht umgehen.

Leisteten Sie Wehrdienst?
Ich war nur in der vormilitärischen Ausbildung, zu Beginn des
Studiums. Uns wurde erklärt, wie wir uns vor einem Atomschlag
zu schützen hätten. Wir sollten uns hinknien, und zwar mit dem
Rücken zur Richtung der Explosion, und einen Arm vor die
Augen halten. Bei den Ausbildern fand ich wenig Resonanz mit
meiner Bemerkung: Wenn das schon alles sei, um sich zu retten,
verstünde ich die weltweite Hysterie, die Ängste und all die Welt-
untergangsszenarien rund um die Atombombe nicht. So schlimm
seien diese Bomben doch dann gar nicht. Eine aberwitzige Be-
lehrung.

War die NVA der Bundeswehr militärisch überlegen?
He, was stellen Sie mir denn für Fragen! Woher soll ich das
wissen?! Aber eine Anekdote fällt mir ein. Mir hat ein Offizier
der NVA erzählt, die Bundeswehr sei ihm stets wie eine Armee
vorgekommen, die am Wochenende, wie es sich gehört, Ruhe-
pause hat. Wenn seine eigene Kompanie an so einem Wochenende in die Bundesrepublik einmarschiert wäre, hätte sie
schnurstracks durchmarschieren können, das hätte kein einziger
Soldat der Bundeswehr überhaupt mitbekommen. Der unbehel-
ligte Durchmarsch wäre an sich also überhaupt kein Problem
gewesen – nur, so der NVA-Offizier, hätte er nicht gewusst, wie

er die Soldaten am ersten Karstadt-Kaufhaus hätte vorbeiführen sollen.

Haben Sie Angst vor einem Weltkrieg?
Nein, ich kenne solche Ängste deshalb nicht, weil ich mir nicht vorstellen kann, dass es passiert.

Ist Deutschland derzeit ein bedrohtes Land?
Nein, ich kenne kein Land, das sich auf eine Aggression gegen Deutschland vorbereitet.

Warum sind Sie gegen Lieferungen schwerer Waffen aus Deutschland an die Ukraine?
Ich bin prinzipiell gegen den Waffenexport Deutschlands. Nach dem verheerendsten Krieg der Weltgeschichte, dem Zweiten Weltkrieg mit 50 Million Kriegstoten durch Deutschland, dürfen wir nicht mehr an Kriegen verdienen. Deutschland ist aber der fünftgrößte Waffenexporteur der Welt und verdient somit an jedem Krieg. Andere Länder haben eine andere Geschichte und können das Selbstverteidigungsrecht der Ukrainer anders unterstützen. Abgesehen davon tragen schwere Waffen grundsätzlich auch zur Eskalation bei, nicht wirklich zu einem Frieden. Wir brauchen einen Stillstand der Waffen!

Stimmt in Bezug auf die Lage in der Ukraine der Satz: »Das ist nicht unser Krieg«?
Ja und nein. Deutschland ist keine direkte Kriegspartei, kämpft nicht mit Soldaten und wird auch nicht angegriffen. Aber dadurch, dass Deutschland immer mehr Waffen liefert und ukrainische Soldaten ausbildet, wird dieser Krieg selbstverständlich auch »unser« Krieg.

Ist es nicht verständlich, wenn mehr und mehr Länder (Finnland, Schweden) in die NATO wollen? Finnland ist schon drin
Die Regierungen von Finnland und Schweden begründeten ihren Beitrittswunsch damit, dass eine NATO-Mitgliedschaft verhindere, dass Russland sie jemals angriffe. Die Bundesregie-

rung meint nun, hundert Milliarden Euro und mehr für das Militär in Deutschland ausgeben zu müssen, um uns vor Russland zu schützen. Wenn aber die Begründung von Finnland und Schweden stimmt, ist dieser Hochrüstungsbeginn falsch, denn Deutschland ist schon Mitglied der NATO.

Hätten Sie Ratschläge an Präsident Selenskyj?
Sicher, aber er wird sie weder hören wollen noch befolgen. Das Wichtigste wäre, dass er aufhört, von einem Sieg zu träumen. Keine Seite kann siegen. Aber die Ukraine darf nicht verlieren.

Was macht es einer weltweiten Friedensbewegung so schwer, Wirkung zu erzielen?
Wahrscheinlich ist sie dadurch geschwächt, dass der Ukraine ein Selbstverteidigungsrecht zusteht. Das ist ja immer auch ein militärisches Recht. Trotzdem gibt es immer mehr Menschen, die einen Stopp dieser furchtbaren Entwicklung wünschen.

Habe ich recht in der Annahme, dass Ihnen Uniformen keinen Respekt einflößen?
Da haben Sie völlig recht. Mir gefällt der Denkmalentwurf von Woody Allen: Im Zentrum der Hauptstadt steht das Denkmal einer großen Taube, und auf ihren Schultern sitzen lauter kleine Generäle.

MUT, ANGST

»Wäre ich kriminell geworden?«

Herr Gysi, waren Sie mal in Lebensgefahr?
Jeder Mensch ist jeden Tag in Lebensgefahr. Zum Beispiel kann es einen tödlichen Unfall geben. Aber einmal war ich tatsächlich in einer besonderen Gefahr.

Wann, wieso?
Als Junge. Ich fiel auf der Straße hin, lag quer über den Schienen, und es kam die Straßenbahn. Ich hörte ein Quietschen, zum Glück hat mich jemand von den Gleisen gezogen.

Welches war Ihre erste Mutprobe?
Weiß ich nicht mehr.

Und Ihre größte Mutprobe?
Weiß ich auch nicht mehr. Vielleicht mein erster Alleinflug, um den Pilotenschein zu erwerben. Das war zu meiner Zeit als Parteivorsitzender.

Sie sind auch mit dem Fallschirm abgesprungen.
Das war vorher. Angst hatte ich da überhaupt nicht, weil ich ja an einen Könner »angeschmiedet« war.

Angeschmiedet?
Na ja, angebunden. 1990 hatte sich eine Sportvereinigung an mich gewandt, es ging um den ersten Tandemsprung in der DDR mit einem Fallschirm, das war bis dahin untersagt. Ich sagte zu.

Bedenkenlos?
Ich bin bei so etwas kaum fähig, im Voraus über Gefahren nachzudenken. Ich erkenne in dem, was mich lockt, niemals

gleich das, was mich abschrecken müsste. Der erfahrene Fallschirmspringer erklärte mir, wie ich mich verhalten solle, und damit war's in Ordnung. Das ganze Zeug umschnallen, einsteigen, aufsteigen mit der Maschine, ich blieb ungerührt. Erst als er weit oben die Klappe des Flugzeugs öffnete und mich der Luftzug sehr heftig anwehte, beschlich mich ein leichtes Unwohlsein.

War Ihr Flugpartner zufrieden mit Ihnen?
Er sagte hinterher, ich sei – gegen die Norm – absolut unverkrampft gewesen, ich hätte keinen starren Hals gehabt, sondern mich im freien Fall umgesehen. Daran habe er gemerkt, dass ich keine Angst hatte. Das konnte ich ihm erklären: Ich habe gedacht, wenn schon mein letztes Stündlein schlägt, dann gucke ich mir alles noch einmal an.

Bezeichnen Sie sich als mutigen Menschen?
Eher nicht, ich bin nur ein Zweckoptimist, ich besitze einen Schuss Naivität und glaube deshalb nicht, dass mir etwas passiert. Das unterscheidet sich aber von Mut.

Erinnern Sie sich bitte an einen Moment allergrößter Angst.
Wozu soll ich mich an einen solchen Moment erinnern? Da bekäme ich ja gleich wieder Angst. Erschüttert war ich, als ein Neonazi auf einen Buchhändler in meinem Berliner Wahlkreisbüro schoss. Der Täter wurde zur Verantwortung gezogen. Solche Ereignisse verdeutlichen auf schreckliche Weise die Dünnhäutigkeit des Lebens und die gewachsene Unberechenbarkeit beim Zusammenprall unterschiedlicher politischer und weltanschaulicher Sichten.

Körperliche Kraft – war die Ihnen im Leben je wichtig?
Na klar, vor allen Dingen als Jugendlicher. Ich wollte ja gegenüber den Mädchen auch diesbezüglich etwas darstellen.

Sie waren als junger Mensch Judoka – wieso musste es ein Kampfsport sein?

Ich wollte einfach lernen, auch bei einer Auseinandersetzung mit einem Stärkeren gut standhalten zu können. Aber generell sind körperliche Auseinandersetzungen nicht mein Ding. Wäre ich geeignet und daran interessiert, Konflikte auch auf diese Weise zu lösen, hätte ich einen anderen Beruf ergriffen.

Was sagen Sie zum Satz, der Mensch benötige eine gewisse Grundhärte im Leben?
Von welcher Welt, von welcher Gesellschaft reden Sie?

Von unserer.
Die Notwendigkeit einer gewissen Grundhärte ergibt sich daraus, dass Menschen ohne diese Härte stets mehr leiden als andere. Sie sind bestimmten Situationen nicht gewachsen. Härte heißt auch Abhärtung. Aber man kann sich das nicht aussuchen. Der eine hat eine gewisse Grundhärte, der andere nicht. Es gibt Hartgesottene und Weichgesottene.

Das klingt nach allgemeiner menschlicher Natur.
Ich kämpfe entschieden gegen eine Gesellschaft, die die Grundhärte zur sozialen Tugend für alle erklärt. Meine Sozialisation hat mich davor bewahrt, Grundhärte ausbilden zu müssen. Wer weiß: Hätte die mich kriminell werden lassen? Deshalb kämpfe ich leidenschaftlich für die Abschaffung sozialer Diskriminierungen und Barrieren.

Gleichheit für alle?
Nein, das Ziel ist eine Gesellschaft, die Armut ebenso ausschließt wie jenen grenzenlosen Reichtum, der zwingend zur Armut führt.

Nun werden die Menschen in höchst unterschiedliche Verhältnisse hineingeboren.
In einem Staat und einer Gesellschaft ist von großer Bedeutung, wie ein Ausgleich gefunden wird – zwischen denen, die es weit schwerer haben und denen, die es leichter haben. Es gibt Strukturen, die das in vielfacher Hinsicht erleichtern, und solche, die

es in jeder Hinsicht erschweren. Die Chancengleichheit erfordert Gleichstellung, sie gilt für alle Menschen, unabhängig von ihrer Nationalität, Religion oder Religionslosigkeit, unabhängig von ihrem Geschlecht, ihrer psychischen oder physischen Verfasstheit, ihrer Hautfarbe und sexuellen Orientierung. Chancengleichheit muss es vor allem beim Zugang zu Bildung, Ausbildung, Kunst, Kultur und Sport geben.

Deshalb sind Sie links.
Genau. Und dann gab und gibt es für mich noch einen ganz zentralen Grund, links zu sein. Das ist der Internationalismus.

Das scheint im Moment schwer vermittelbar zu sein.
Dadurch, dass er nicht sofort und leicht vermittelbar ist, wird der Internationalismus nicht falsch. Das ist ja gerade der Kern politischer Kommunikation: die eigenen Ideen in die Öffentlichkeit zu tragen, auch bei Menschen, die diesen Ideen kritisch gegenüberstehen.

Alles, was Sie als Arbeit und Aufgabe der Linken bezeichnen, kann man unter ein Fazit stellen: Es ist sehr mühselig.
Ich bin nicht Linker geworden, um es einfach und bequem zu haben.

Jeder ist seines Glückes Schmied.
Aber der Zugang zur Schmiede darf kein Privileg für Leute sein, die aufgrund ihrer Besitz- und Geldverhältnisse ohnehin schon viele Eisen im Feuer haben.

Mut ragt heraus. Anpassung versteckt sich. Haben Sie Verständnis für Anpassung?
Selbstverständlich. Die meisten Menschen tragen Verantwortung für Kinder, für eine Partnerin oder einen Partner, wollen im Leben zurechtkommen, nicht im Gefängnis enden, keine Zeit mit Streit und Konflikt vertrödeln. Insofern verstehe ich Anpassung. Diejenigen, die sich nicht anpassen, sind stets Wenige, aber jede Gesellschaft braucht sie.

Das Chamäleon passt sich am perfektesten an, es ist darin so etwas wie unser Meister.

Vorsicht mit solchen Vergleichen. Dass man nicht weglaufen soll, darf man nicht den Rehen auf der Autobahn erzählen. Und auch diese Wahrheit ist bekannt: Das Chamäleon wechselt nur die Farbe, nicht den Charakter.

Drei Gewalttätige in der U-Bahn greifen jemanden an. Was tun Sie?

Das weiß ich nicht, da ich mich noch nie in einer solchen Situation befand. Ich könnte Ihnen also nur sagen, was ich hoffe, in einer solchen Situation zu tun. Das aber haben Sie mich nicht gefragt.

Gab es eine Situation, in der Sie so feige waren, dass es Sie noch heute bewegt?

Selbst wenn es diesen Moment gegeben hätte, erzählte ich es Ihnen bestimmt nicht. Außerdem hätte ich auch die Situation längst vergessen, weil ich mich selbst nicht gern daran erinnerte. Ich bin schnell im Vergessen, das ist ein Fluch. Ich bin schnell im Vergessen, das ist ein Segen. Übrigens: Etwas sehr Schönes zum Thema ...

Mut oder Angst?

Mut. Etwas sehr Schönes zum Thema sagte DDR-Kosmonaut Sigmund Jähn. Als erster Deutscher im All 1978 wurde er nach seiner Landung in Kasachstan von Journalisten bestürmt und mit Superlativen über seinen Mut überhäuft. Er hörte sich das alles geduldig an. Und dann antwortete er. »Mut? Ach, wissen Sie, die Sache ist doch ganz einfach: Die Rakete nimmt Sie mit, ob Sie nun besonders mutig sind oder nicht.« Immerhin: Reingesetzt hat er sich. Es gibt eben Berufe, Leidenschaften, Sportarten, die auch deshalb eine besondere Besessenheit abfordern, weil sie sich zwangsläufig in der Nähe des Todes erfüllen.

Woran denken Sie da, Sie klingen plötzlich so nachdenklich.
Der Fallschirmspringer vom Tandemsprung, von dem ich Ihnen
erzählte, ein anerkannter Routinier, der mir im wahren Sinn des
Wortes einen neuen Horizont eröffnete, er ist gar nicht so lange
danach bei einem Fallschirmsprung tödlich verunglückt.

DIPLOMATIE

Herr Gysi, entspricht die Arbeit im Außenpolitischen Ausschuss des Bundestages Ihrem Naturell?
Nein. Gelegentlich gibt es interessante Informationen durch das Außenministerium, aber zwischen den Fraktionen gibt es im Ausschuss keine Diskussionen. Die fehlen mir. Das meiste, was man erfährt, ist ohnehin schon bekannt.

Wären Sie ein guter Diplomat? Ähnlich vielleicht Ihrem Vater, der Botschafter in Italien war?
Auf jeden Fall glaube ich, dass ich relativ gut Gespräche führen kann. Ansonsten kann ich das nicht beurteilen, weil ich noch nie Diplomat war.

Warum kam Diplomatie so auf den Hund?
Innerhalb der Europäischen Union spielt die Diplomatie eine immer geringere Rolle, weil sich die zuständigen Ministerinnen und Minister direkt miteinander in Verbindung setzen. Das führte Schritt für Schritt zu einer Vernachlässigung der deutschen Diplomatie auch in vielen anderen Ländern. Außerdem begann der Westen, das Völkerrecht zu missachten, was Schule machte und nun auch von Russland praktiziert wird.

»Verfehlte Russlandpolitik« heißt es rückblickend Richtung Merkel und Schröder. Wie hätte man Russland behandeln sollen?
Man hätte Russland nicht als Gegenüber festlegen dürfen. Als Russland ein strikter Gegner des völkerrechtswidrigen Krieges der NATO gegen Serbien war, hat man dies ignoriert. Auch Gerhard Schröder hat das nicht berücksichtigt. Das war ein großer Fehler.

Man hätte Russland immer gleichwertig behandeln müssen?
Hat man aber nicht. Vor Beginn des Krieges forderte Putin von der NATO eine Erklärung, dass die Ukraine und alle weiteren ehemaligen Sowjetrepubliken nicht Mitglieder der NATO werden dürfen.

Als Konsequenz daraus, dass etwa Lettland, Litauen und Estland bereits Mitglieder der NATO waren.
Diese Staaten sollten die Ausnahmen bleiben. Ferner verlangte Putin, dass die NATO keine Manöver mehr im Schwarzen Meer durchführt. Außerdem sollten bestimmte Waffen aus den ehemaligen Sowjetrepubliken, die nicht der NATO angehören, abgezogen werden. Der Westen reagierte dreimal mit der Antwort »Nein«. Klug wäre gewesen, wenn die NATO diese drei Forderungen zur Kenntnis genommen und ebenfalls drei Forderungen an Russland gestellt hätte.

Welche?
Man hätte fordern können, dass Russland die Souveränität und territoriale Integrität aller ehemaligen Sowjetrepubliken anerkennt. Ferner hätte man fordern können, dass Russland keine Manöver mehr in Grenznähe durchführt. Drittens hätte man darauf bestehen können, dass es keine Cyberangriffe mehr aus Russland gibt. Nach der Formulierung der drei Forderungen hätte die NATO erklären können, dass jetzt von beiden Seiten jeweils drei Forderungen auf dem Tisch lägen und man vorschlüge, darüber Verhandlungen zu beginnen. Diese, so hätte man erklären können, könnten nur ein gutes Ergebnis erzielen, wenn beide Seiten aufeinander zugingen.

Unklar, ob dieses Vorgehen den Krieg verhindert hätte.
Das stimmt, trotzdem hätte man diesen Versuch unternehmen müssen – was aber wohl absichtsvoll nicht geschah.

Was muss geschehen, damit Diplomatie wieder als eine wahre Kunst gilt?

Die Regierungen müssen sich nur darauf besinnen, und es muss Beispiele für gute Erfahrungen geben.

Muss diese Praxis eine Ehrenrettung erhalten: »Wandel durch Annäherung«?
Meines Erachtens hat dieser Anspruch nie an politischem Wert verloren. Gerade durch besagte Annäherung zwischen der BRD und der DDR hat sich die feste, erstarrte DDR doch auch verändert.

Isolation und Sanktionen führen meist zum Gegenteil, zur Verstockung, zur Verhärtung.
Ein Blick in isolierte und sanktionierte Staaten genügt, um zu wissen, dass das Ergebnis solcher Politik eben keine positive Veränderung, sondern eher eine Zuspitzung ist.

Haben neutrale Staaten heute noch Sinn und Einfluss?
Neutrale Staaten könnten Sinn und Einfluss haben, wenn sie diese verantwortungsvolle Rolle für sich akzeptierten. Die meisten Staaten in Europa, die nicht der NATO angehören, wollen aber in dem Sinne nicht neutral sein, sie wollen sich in der Regel auch gar nicht einmischen. Die Rolle, die Finnland und Schweden während des Kalten Krieges ausübten, nimmt heute niemand mehr wahr. Und nur gelegentlich die Schweiz und Österreich.

Was will die NATO im Ukraine-Krieg?
Der Philosoph Jürgen Habermas erklärte, dass die NATO bisher ihr Ziel nicht definiert habe. Er schrieb, dass es einen Unterschied gebe, ob ein Land siegen müsse oder ob es nicht verlieren dürfe. Interessant!

Machen Sie einen Vorschlag!
Habe ich im Bundestag gemacht und die üblichen Beschimpfungen von Union und FDP dafür erfahren. Mit Einverständnis der ukrainischen Führung könnte die NATO doch erklären, dass sie jetzt keine einzige Waffe mehr an die Ukraine lieferte, voraus-

gesetzt, die russische Führung stimmte einem Waffenstillstand zu. Das würde sie beachtlich unter Druck setzen. Das Ergebnis von Friedensverhandlungen muss dann eine auch vom Westen gesicherte Ukraine sein.

Ihnen wird entgegnet, dass Putin zu einem Waffenstillstand nicht bereit sei.
Aber die NATO könnte es vorschlagen. Dann ist er vor aller Augen schuld, dass weitere Waffen an die Ukraine geliefert werden. Warum schlägt die NATO so etwas nicht vor?

Glauben Sie denn, Selenskyj stimmt so einem Vorschlag zu?
Das liegt in Joe Bidens Hand.

Welches war Ihre schwierigste diplomatische Mission?
Am schwierigsten war, und es glückte leider auch nicht, den serbischen Präsidenten Milošević während des Krieges davon zu überzeugen, dass er UN-Truppen für den Kosovo anfordern solle. Er hätte hinsichtlich der Zahl, der Dauer und der Bewaffnung keine Bedingungen stellen dürfen. Aber er hätte darauf bestehen sollen, dass die Staaten, die Jugoslawien gerade bombardierten, nicht dabei sein dürfen.

Wahrscheinlich wäre es nicht aufgegangen.
Aber er wäre in die Offensive geraten, und den Staaten wäre es schwer gefallen, zu erklären, weshalb sie auf ein solches Ersuchen Jugoslawiens beim Sicherheitsrat der UNO nicht eingehen. Den Patriarchen der serbisch-orthodoxen Kirche und den höchsten Vertreter des Islam in Belgrad konnte ich überzeugen, Milošević nicht. Lieber hat er später unterschrieben, dass die NATO in vollem Umfange in den Kosovo einmarschieren darf.

Fühlen Sie sich auch in der Krise Ihrer eigenen Partei als Diplomat, als Vermittler?
Als Diplomat nicht, als Vermittler schon. Es geht mir darum, dass wir das Gemeinsame und nicht das Trennende betonen sollten.

WALD UND WIESE (3)

»Ikarus' Ende ist bestürzend«

Herr Gysi, ist es schön, das eigene Herz schlagen zu hören?
Nein, schon deshalb nicht, weil man dann auch mitbekommt, wenn es zu schlagen aufhört.

Wer regiert Deutschland demnächst, wenn Sie nicht aufpassen?
Ob ich aufpasse oder nicht, das ist mitnichten von Bedeutung für diese Frage. Es wäre wichtig, dass große Teile unserer Bevölkerung darauf achten, wer geht, wer kommt. Was wir benötigen, ist vorbeugende, sachgerechte, vernünftige, angemessene Politik, mit der bestimmte wichtige politische Ziele verfolgt werden. Eine Regierung, die so agiert, habe ich leider noch nicht erlebt.

Welches war Ihre größte Enttäuschung nach 1989?
Die Tatsache, dass die Bundesregierung nicht bereit war, irgendetwas aus dem Osten für ganz Deutschland zu übernehmen. Die nächste große Enttäuschung für mich waren die Verletzungen des Völkerrechts, die zu Kriegen geführt haben, auch direkt vor unserer Haustür. Die Folgen sind verheerend. Ansonsten war ich nicht so leicht zu enttäuschen, weil ich das meiste, was eintrat, auch befürchtet hatte.

Sind Sie misstrauisch gegenüber Journalisten?
In der Regel nicht, es gibt aber Ausnahmen.

Politiker betreiben gern Medienschelte. Sie auch?
Nur, wenn Journalisten oder Journalistinnen es verdient haben.

Lesen Sie überhaupt noch, was über Sie geschrieben wird?
Eher selten.

Wieso?
Weil ich mich nicht ärgern will.

Gibt es Journalistensätze über Sie, die Ihnen besonders gefallen haben?
Heribert Prantl von der »Süddeutschen Zeitung« schrieb: »Der am meisten und am erfolglosesten verfolgte deutsche Politiker heißt Gregor Gysi!« Der Satz gefällt mir.

Wird Sensationsgier unsere Umgangskultur zugrunde richten?
So viele wirkliche Sensationen gibt es ja bei uns nicht. Und wo so getan wird, muss man auf den gut funktionierenden Filter in Bewusstsein und Gemüt der meisten Leute bauen.

Entscheiden bei Wahlen noch Parteiprogramme oder eher die Medienpräsenz?
Die Menschen entscheiden nach verschiedenen Kriterien. Deshalb sind auch verschiedene Momente wichtig. Wenn eine Partei häufig in den Medien ist und sich schlecht darstellt, kann sie Stimmen verlieren. Es kommt durchaus auf die Wirkung von Persönlichkeiten und auf das Erscheinungsbild einer Partei an, aber natürlich nach wie vor auch auf inhaltliche Aussagen.

Haben politische, soziale Bewegungen heute größere Wirkung als Parteien?
Das lässt sich doch nicht gegenrechnen.

Noch nicht.
Das ist Unsinn.

Was unterscheidet eine Partei von einer Bewegung?
Man kann eine Bewegung nicht von oben beschließen. Die entsteht entweder von unten oder gar nicht. Und eine Bewegung funktioniert erfahrungsgemäß auch nur für ein einziges Thema – etwa gegen die Abholzung eines alten Waldes oder gegen ein Polizeigesetz oder für den Erhalt der Bienen in Bayern.

Sollten Politikerinnen und Politiker geschützter agieren dürfen? Ohne dauernde mediale »Spione«, ohne dieses Durchstechen und Rausposaunen noch unbestätigter Dinge?

Es wäre schön, wenn man in gewisser Ruhe Politik machen könnte. Aber die Politikerinnen und Politiker, ihre Mitarbeiterinnen und Mitarbeiter sind anders gestrickt. Deshalb werden wir beide eine Besserung nicht erleben. Unabhängige journalistische Begleitung ist für eine funktionierende Demokratie natürlich wesentlich.

Hand aufs Herz: Haben auch Sie Ihre Doktorarbeit gefälscht?

Ich bin da ganz ruhig. Meine Arbeit hat man garantiert durch zig Computer gejagt.

Also nichts.

Nichts. Ich war in der »heute-Show« bei Oliver Welke. Zwischen Aufzeichnung und Sendung lag eine halbe Stunde, diese kurze Frist genügte den Redakteuren, einen Satz von mir rauszustreichen. Natürlich nur, wie es hieß, wegen der Länge. Den Satz habe ich erneut gesagt, als ich in Aachen den Orden »Wider den tierischen Ernst« bekam. Dort haben sie ihn ebenfalls aus der Aufzeichnung getilgt. Der Satz lautete: »Ist Ihnen schon einmal aufgefallen, dass bisher alle gefälschten Dissertationen aus dem Westen kamen?« Das ist ja wirklich ein Satz, den man aus Längegründen streichen muss!

Wie lautet der Titel Ihrer Doktorarbeit?

»Zur Vervollkommnung des sozialistischen Rechts im Rechtsverwirklichungsprozess«.

Ins Deutsche übersetzt?

Wie weit darf die Interpretation eines Gesetzes durch Gerichte und andere Institutionen gehen und wo beginnt die Gesetzesverletzung? Wie weit können gesellschaftliche Veränderungen berücksichtigt werden? Damit im Zusammenhang stand eine Vielzahl weiterer Fragen.

Wie oft kommt im Text Erich Honecker vor?
Im Text gar nicht. Aber es gibt ein Zitat aus dem von ihm gegebenen Bericht des Zentralkomitees an den IX. Parteitag der SED, in dem es hieß: »Die Bedeutung des Rechts nimmt zu.«

Sonntagsbraten, Sonntagswetter, Sonntagskind. Was halten Sie von der Sonntagsrede?
Für Menschen, die in die Kirche gehen, hat sie etwas Erhebendes. In der Politik ist sie zum Ausdruck für Oberflächlichkeit geworden.

Halten Sie gern Jugendweihe-Reden?
Ja. Aber denken Sie mal zurück: Wissen Sie denn noch, wer bei Ihrer Jugendweihe redete und was der Redner sagte?

Nein.
Sehen Sie! Man weiß vielleicht noch, was es für Geschenke gab, wie gründlich man am ersten Sektglas nippte. Bei Jugendweihe-Reden beginne ich gern mit dem Hinweis auf erweiterte Rechte, so reden ja alle!, aber das kontere ich anschließend damit, dass von nun an aber auch das Strafgesetzbuch für die jungen Erwachsenen gilt und sie fortan mit bis zu zehn Jahren Freiheitsentzug bestraft werden können. Stöhnen, Murmeln im Saal. Wer so anfängt, ist sich der Wachheit der Zuhörerschaft gewiss. Die Köpfe bleiben oben. Da wird etwas angekündigt, das neugierig macht.

Sind wir auf der Welt, um diese zu begreifen?
Nein, um in ihr zu leben. Man kann aber trotzdem gern versuchen, sie zu begreifen und zu verändern.

Wer ist Ihnen näher – Sisyphos oder Ikarus?
Auf jeden Fall Sisyphos. Ikarus' Ende ist bestürzend.

Er ist der Einzige, dem der Sturz noch als Flug angerechnet wird.
Trotzdem: Sisyphos! Aber natürlich: Sisyphosarbeit lehne ich wie die meisten strikt ab.

Was heißt für Sie persönlich, in Ihrem Alter: Zukunft?
Ganz einfach: Es ist nur noch begrenzt meine Zeit, aber für viele Menschen eine viel längere Zeit. Letzteres muss ich berücksichtigen.

Nennen Sie Dinge, die außerhalb der Politik noch auf Sie warten.
Na, ich bin ja noch Rechtsanwalt, Moderator und Autor. Außerdem träume ich von einer Weltreise. Allerdings weiß ich nicht, ob, wie und mit wem ich sie je verwirklichen kann.

KRIMINALITÄT

Herr Gysi, sind Sie in Ihrem Leben schon mal kriminell geworden?
Na ja, auf jeden Fall hat mich ein Gericht beim Hungerstreik der
PDS-Führung 1994 – wir haben darüber gesprochen – zusammen mit anderen wegen Landfriedensbruch verurteilt.

Haben Sie kriminelle Energie?
Hat wohl jeder. Es ist so vieles verborgen in uns. Aber die Energie, besagter krimineller Energie freien Lauf zu lassen, hatte ich
nie.

Sie sind also materiell nicht verführbar.
Es gibt nichts, von dem ich sage, das muss ich noch unbedingt
in meinem Leben haben, und dafür überspringe ich auch Grenzen. Wenn ich in Urlaub fahren will, kann ich mir das leisten,
das muss ich mir als Politiker nicht von irgendwelchen Unternehmen finanzieren lassen.

Macht Sie das hart in der Beurteilung anderer?
Eher sanfter. Andere kommen vielleicht aus einer völlig anderen
sozialen Situation als ich – das kann Einfluss haben auf Verlockungen, denen man ausgesetzt ist.

Da spricht der Verteidiger.
Ja, möglich.

Schon mal vom perfekten Mord geträumt?
Selbstverständlich nicht.

Sehen Sie gern Kriminalfilme?
Ich sehe Kriminalfilme gern. Sie animieren mich aber nicht zu
Straftaten, eher zum Gegenteil, zu einem größeren Gefühl für

Gerechtigkeit. Wenn ich Krimis sehe, erwarte ich spannende und unterhaltsame Charaktere, auf allen Seiten, und ich erwarte einen Fall, den zu lösen äußerst kompliziert ist.

Welchen Krimi mochten Sie besonders gern?
Früher mochte ich Edgar Wallace, vor allem aber imponierte mir der Film »Zeugin der Anklage« mit Marlene Dietrich und Charles Laughton.

Waren Sie schon mal Opfer einer Straftat?
Kaum. Beleidigungen zähle ich nicht.

Gibt es etwas, das Sie bereuen?
Ja, aber das erzähle ich Ihnen nicht.

Gibt es einen Verbrecher (in der Kunst!), den Sie bewundern?
In den meisten Opern zum Beispiel gibt es schwere Kriminalfälle. Aber wenn die Täter ausgezeichnet singen, mag ich sie schon deshalb.

In welcher Hinsicht haben Sie Schuldbewusstsein?
Mein Schuldbewusstsein hat mit Kriminalität nichts zu tun.

Leben heißt: schuldig werden.
Irgendetwas macht man immer falsch. Wenn ich an Schuldbewusstsein denke, geht es vor allem um die Vernachlässigung von Freundschaft, um den Mangel an Zeit für Angehörige. Das kann belasten.

Hat Strafe Sinn?
Es lässt sich nur schwer einschätzen, wie viel Kriminalität wir hätten, wenn es keine Strafen gäbe. Ich glaube schon, dass die Androhung von Strafe Kriminalität mindert. Es gibt aber auch Situationen, in denen es für den Täter auf die angedrohte Strafe überhaupt nicht ankommt, weil er sich zum Beispiel zu einer Tötung in extrem angespannter Situation entschließt, ohne in dem Moment über eine Strafe nachzudenken.

Haben Gefängnisse Zukunft?

Vielleicht entwickeln wir irgendwann andere Methoden, um bestimmte Verbrecherinnen und Verbrecher unterzubringen und die Bevölkerung vor ihnen zu schützen. Da kann vieles sinnvoller gestaltet werden als heute. Es muss ja darum gehen, die Betreffenden von einer bestimmten Kriminalitätsneigung abzubringen. Man braucht Medizin, Psychologie, Pädagogik und vieles andere. Der Schutz der Bevölkerung darf allerdings auch nicht vernachlässigt werden. Eine gewisse Verwahrung ist bei bestimmten Kriminellen also weiterhin erforderlich.

Waren Sie selber schon mal im Gefängnis?

Ja, während des Studiums, bei einem Praktikum, ich musste bei der Kriminalpolizei in Königs Wusterhausen hospitieren. Ein Leutnant fuhr mit mir zu einer Untersuchung auf ein Dorf. Unglaublich: Danach wurde in der Kneipe mit Leuten aus dem Ort mächtig gesoffen. Ich blieb natürlich nüchtern, denn zurück musste ich den »Wartburg« steuern. Es war inzwischen Nacht. Keine S-Bahn fuhr mehr nach Berlin. Im Polizeirevier übernachtete ich notgedrungen in einer Zelle.

War das erlaubt?

Natürlich nicht. Der Wächter machte genau darauf aufmerksam. Der Leutnant fuhr ihn an: »Dann müssen wir beide eben schweigen!« Wie ein Luchs passte ich auf, dass die Zelle nicht abgeschlossen wurde. Am nächsten Morgen der erste Augenaufschlag: Ich sah die Gitter und erschrak.

Und das Frühstück?

Ich frühstückte gemeinsam mit einem Festgenommenen. Eine Scheibe dunkles Brot mit Marmelade, ohne Butter. Dazu gab es eine Tasse Muckefuck, eine Art Ersatzkaffee, der nach wenig Kaffee und nach viel Ersatz schmeckte.

FREIE WIRTSCHAFT

»Eigentum verpflichtet«

Herr Gysi, warum hat der Kapitalismus so ein zähes Leben?
Er hat große Kräfte. Er ist biegsam. Er kann zum Beispiel demokratisch sein, muss es aber nicht. Er kurbelt eine sehr effiziente Wirtschaft an, und dies nicht nur durch Ausbeutung des Globalen Südens. Er vollbringt Höchstleistungen in Wissenschaft und Forschung, auch in Kunst und Kultur. Häufig setzen sich Kunst und Kultur kritisch mit dem Kapitalismus auseinander, aber: Er bringt diese widerständige Kraft hervor und erneuert stets die Bedingungen, dass sie sich entfalten kann. Brecht war ein Produkt des Kapitalismus, nicht des Staatssozialismus.

Was kann der Kapitalismus nicht?
Er kann keinen dauerhaften Frieden schaffen, denn es geht um Ressourcen und der Krieg bringt Profit, und er ist absolut unfähig, soziale Gerechtigkeit und Chancengleichheit herzustellen. Die reichsten acht Menschen der Erde besitzen genau so viel wie die finanziell untere Hälfte der Menschheit, das heißt: wie 3,6 Milliarden Menschen. Mehr ist dazu nicht zu sagen. Und er hat große Schwierigkeiten, ökologisch nachhaltig zu sein. Und die Emanzipation des Menschen, das heißt dessen Selbstverwirklichung, zu bewirken.

Was sagt Ihnen der Begriff »freies Unternehmertum«?
Kommt ganz darauf an, wie Sie »frei« definieren. Das Wirtschaften selbst ist schon mal an Bedingungen geknüpft, also an Zwänge. Wie kommt man an ein Unternehmen? Mit welcher Freiheit ist das verbunden, mit welcher Unfreiheit anderer? Und mit welchen zweifelhaften Methoden? Wir haben zum Beispiel in den osteuropäischen Ländern nach 1990 gesehen, was passiert, wenn man aus dem Sozialismus heraus eine freie Marktwirtschaft installiert. Legal ist doch kein einziger Sowjetbürger

zu so viel Geld gekommen, dass er in der Lage gewesen wäre, ein großes Unternehmen zu gründen. Es gab zwei Möglichkeiten: Man war kriminell oder man hatte ausländisches Kapital.

Und das muss nun immer und überall so sein?
Nein. Aber es ist kennzeichnend für eine frühe Phase des Kapitalismus. Wir sind hier in Westdeutschland inzwischen hundert, hundertfünfzig Jahre weiter. Die Söhne, Enkel und Urenkel der ersten Kapitalisten müssen bei uns nicht mehr straffällig werden, um freie Unternehmer zu werden.

Linke fordern reflexartig mehr Regulative für Unternehmen. Was hat das mit Freiheit zu tun?
Regulative müssen sein.

Weltwirtschaftlich?
Weltpolitisch! Man kann nicht einerseits die Globalisierung vorantreiben und andererseits die Rahmenbedingungen für wirtschaftliches Handeln ausschließlich auf der Ebene der Nationalstaaten belassen.

Man sagt, die Religion derer, die Angst haben, sei der Nationalismus.
Keine nationale Regierung wäre allein in der Lage, die Weltwirtschaft zu kontrollieren.

Heißt Freiheit nicht auch, nach den eigenen Regeln spielen zu dürfen, etwa in der Wirtschaft?
Was für eine Freiheit wäre denn das? Warum machen wir Wirtschaft? Wegen des Profits? Dann brauchen wir gar nicht weiterzureden. Aber wenn der Zweck von Wirtschaft der ist, dass sie dem Menschen dient, ihm nützen soll, dann sollen auch die, die dafür sorgen, dass das läuft, gut daran verdienen.

Sie plädieren für Profite?
Ich bin gegen die Haltung, die sagt: Profite, und sonst nichts. Der Zweck von Wirtschaft ist die Wohlfahrt des Menschen. Aber es muss sich auch lohnen können.

Unternehmer fürchten staatliche Bevormundung, fürchten sie gewissermaßen wie drohende Freiheitsberaubung.
Aber bei Schwierigkeiten soll der Staat sie retten. Die Frage ist, von welcher Freiheit die Rede ist. Die Unfreiheit der Arbeitenden besteht darin, dass sie kaum eine Auswahl an Arbeitsplätzen haben. Das ist nicht das Bild von Freiheit, das ich habe. Nehmen Sie mal Hartz-Regelungen: Du nimmst, was ich sage, oder du verlierst deine Unterstützung. Ist das frei? Das Recht auf freie Arbeitsplatzauswahl ist damit eingeschränkt. Es ist das alte Spiel: Man hat zwar das Recht, aber leider keine Möglichkeit, es zu nutzen. Das wichtigste Recht des Arbeitnehmers im Kapitalismus ist es aber, frei zu entscheiden, wem er seine Arbeitskraft verkauft.

Diese Freiheit ist eingeschränkt?
Ja, ganz klar. Die Zwänge sind bekannt. Die fünfziger Jahre waren in der Bundesrepublik weitestgehend freiere Jahre als heute, da konnte man sich seinen Job eher aussuchen. Aber inzwischen sind selbst dort, wo man noch Arbeit hat, die Freiheitsbedingungen arg eingeschränkt. Es reicht doch schon, dass ein Konzern Entlassungen ankündigt – dann können die Löhne gesenkt werden. Kann der Arbeitnehmer dazu Nein sagen? Ist er frei? Und: Ist ein Aktionär wirklich frei? Wenn Sie nicht gerade Großaktionär sind, dann dürfen Sie einmal pro Jahr zur Hauptversammlung und das war's. Man fragt nicht groß, was diese wollen. Ihre Freiheit hilft nicht dabei, den Kurs des Unternehmens zu beeinflussen. Das ist das, was ich Casinofreiheit nenne. Freiheit, die keine Verantwortung einschließt.

Die meisten Unternehmer führen mittelständische oder kleine Firmen. Da ist nichts mit Casino.
Ja, und hier werden sie in ihrer Freiheit enorm eingeschränkt, schlimmer als früher. Sie sind auf Banken angewiesen, haben eine dünne Eigenkapitaldecke. Die Banken stellen absurde Bedingungen. So ist das. Die kleinen und mittleren Unternehmen sind stärker vom Markt abhängig und die Politik kümmert sich kaum um sie.

Noch mal: Die Freiheit der kleinen Leute ist zurückgegangen?
Noch mal: Ja. Konzerne aber stehen ganz anders da – die haben ihre Freiheit vergrößert, sie können international agieren, weitaus einfacher als das vor fünfzig oder dreißig Jahren der Fall war.

Generationen von Marxisten-Leninisten haben geglaubt, Fortschritt und Freiheit kämen von selbst, wenn man einfach den Eigentümer von Unternehmen wechselt.
Das Modell der Sowjetunion hat gezeigt, dass das nicht stimmt. Im Kern geht es darum, den Inhalt von Eigentum zu verändern, indem man zum Beispiel den Artikel 14 des Grundgesetzes ernst nimmt.

Artikel 14?
Eigentum verpflichtet. Wie viel Entscheidungsrecht hat etwa eine Kommune bei der Art und Weise der Nutzung von großem Eigentum? Wie viel Entscheidungsbefugnis hat dabei eine Gesellschaft?

Wie steht es um Ihre persönliche Freiheit?
Ganz ausgezeichnet – ich fühle mich ziemlich frei. Ich genieße das sehr. Ich habe eine gute berufliche Qualifikation, ich kann mir mehr als andere aussuchen, was ich mache. All das ist mit hoher Sicherheit verbunden.

Aber Freiheit ist doch mehr.
Natürlich. Ich habe eine gute Bildung erhalten, und deshalb kann ich ein Konzert oder ein Buch viel mehr genießen als jene, die nicht so viele Chancen hatten. Das gehört zur Freiheit dazu. Andererseits: ich bin leider ziemlich bekannt. Also kann ich meinen Frust nicht dadurch abbauen, dass ich mich gehen lasse. Darauf habe ich auch gar keine Lust – aber Prominenz schränkt Freiheit auch ein.

Fühlen Sie sich manchmal noch wie ein Parteisoldat?
Auch das hat mit Freiheit und ihrer Relativität zu tun: Niemand entscheidet für sich allein. Ich meine jetzt nicht Parteitagsbe-

schlüsse. Aber wenn mich Leute ansprechen, die Hoffnungen in mich setzen, ja, dann empfinde ich das schon auch als Druck. Da fühle ich mich nicht frei. Verantwortungsgefühl schränkt ein. Aber im Grunde befreit es natürlich: vom Egoismus … Und außerdem ist das sowieso schwierig mit der Freiheit.

Wieso?
Wer weiß schon ganz genau, was das ist. Unfreiheit lässt sich leichter definieren.

Warum?
Der Fisch könnte sich sagen: Im Aquarium ist die Übersicht größer als im Ozean.

Den Ozean kennt er gar nicht, von dem weiß er gar nichts.
Vielleicht macht so etwas glücklicher. Vielleicht. Na ja, mich nicht.

OSTDEUTSCHE

»Der Chefarzt kam aus München«

Herr Gysi, sollte man den Ostdeutschen nicht sagen: Es gibt ein paar Dinge im vereinten Deutschland, mit denen man sich – nach über dreißig Jahren! – endlich anfreunden sollte? Ohne Jammern.

Das entscheidet jede und jeder für sich. Meine politische Aufgabe sehe ich nach wie vor darin, Missstände, Sorgen und Unzufriedenheit zu erfassen und Vorschläge zu ihrer Überwindung zu unterbreiten.

Zum Beispiel?

Ein Fehler der Bundesregierung bei der Herstellung der deutschen Einheit bestand darin, dass sie nicht aufhören konnte zu siegen. Deshalb hat sie sich für den Osten nicht interessiert. Vieles aus der DDR musste weg, das wissen wir alle, aber es gab auch Dinge, die erhaltenswert waren. Ich erinnere an den deutlich höheren Stand bei der Gleichstellung der Geschlechter, an die Polikliniken, an die Berufsausbildung mit Abitur, an das Zentralregister für Krebserkrankungen, an die Sekundärrohstoff-Erfassung und einiges andere. Wären solche Dinge für ganz Deutschland übernommen worden, hätte es das Selbstbewusstsein der Ostdeutschen gestärkt, es wäre deutlich geworden: Trotz der Diktatur haben wir einige Dinge so gut gemacht, dass sie es wert waren, in ganz Deutschland eingeführt zu werden. Denn wenn man alles ablehnt, sagt man den Leuten ja auch: Eure Lebensleistung liegt bei null! Und die Westdeutschen wiederum hätten erlebt, dass durch das Hinzukommen des Ostens ihre Lebensqualität gesteigert worden wäre. Ein solches Erlebnis ist ihnen nicht gegönnt worden.

Die Folgen?

Wäre ich in Passau geboren, würde ich sagen. Der Osten kostet viel Geld, er ist ein Fass ohne Boden, die Leute nörgeln nur und wählen komisch.

War die Treuhand eine unselige Anstalt?
Zu beträchtlichen Teilen leider ja. Ihre Willkür war ein großer Schaden. Es gab einen vernünftigen Vorschlag von uns, nämlich allen Unternehmen der DDR per 1. Juli 1990 die Lohnkosten ein Jahr lang in vollem Umfang zu erstatten. Ein Jahr später davon 90 Prozent, wieder ein Jahr später 80 Prozent usw., bis die Subvention nach zehn Jahren ausgelaufen wäre. Die Unternehmen hätten Chancen bekommen, ihre Produkte bekannt zu machen, die Qualität zu steigern, neue Produkte herzustellen. Die Investoren wären an den Subventionen interessiert gewesen und hätten Konkurrenz nicht einfach durch Insolvenz beseitigt.

Auch so wären Unternehmen in Insolvenz gegangen.
Natürlich, aber deutlich weniger, und die Massenarbeitslosigkeit und die Abwanderung der Jugend wären nicht so groß gewesen.

Die Enttäuschung der Eliten auch nicht, oder?
Ich habe, nachdem er nicht mehr Bundeskanzler war, mit Helmut Kohl gesprochen. Er hat zu mir gesagt, seine Eliten, also die des Westens, hätten die Vereinigung mit den Ost-Eliten nicht gewollt. Er hätte darauf Rücksicht nehmen müssen. Ich antwortete: »Aber die ostdeutschen Eliten waren doch dann auch ›Ihre‹ Eliten.« Schweigen. Ein Beispiel dafür, dass da keine Einheit hergestellt wurde – die Ostdeutschen blieben lange Zeit Hinzugekommene. Mehr nicht.

Mehr nicht? Na ja ... Der Arzt in Dresden, der nach dem Ende der SED auf mehr Freiheit hoffte, bekam seine Freiheit.
Ja, nur durfte er nicht zusätzlich hoffen, auch noch Chefarzt zu werden. Der kam aus München.

Waren die Ostdeutschen zu DDR-Zeiten zu feige?

Ein führender Politiker der CDU hat mir erzählt, er sei mal mit der Jungen Union im Bus durch den Osten gefahren, und am Grenzübergang, als die DDR-Grenzer den Bus betraten, hätte er am liebsten laut »Freiheit!« gerufen. Er traute sich aber nicht. Er bekannte seine Angst. Ich fragte ihn angesichts dieses unterbliebenen Rufes, ob man den Ostdeutschen nicht zu viel zumute, indem man dauernd anmahne, was sie alles in Richtung der eigenen Regierung hätten rufen sollen? Und sie saßen nicht im geschützten Westbus. Er bejahte das.

Westdeutsche behaupten gern, Opportunismus sei in der DDR Voraussetzung für den beruflichen Aufstieg gewesen.
Genau das hat mich Michel Friedman in seiner TV-Gesprächsreihe gefragt: wie opportunistisch man in der DDR sein musste, um Karriere zu machen. Ich sagte: etwa so sehr wie in der Bundesrepublik. Entrüstet wehrte er ab, ich wolle das doch nicht im Ernst gleichsetzen. Natürlich nicht, gab ich zurück: In der DDR wurde man zum Opportunismus gezwungen, weil es schnell um die Existenz gehen konnte – in der Bundesrepublik geht es nur um die Karriere.

Die Westdeutschen waren nicht die Besseren, sie hatten nur zum Beispiel das Anfangsglück eines Marshallplanes.
Hätten die Westdeutschen die sowjetische Besatzungsmacht gehabt und der Osten die drei westlichen, dann wären wir geworden wie die Wessis, und die Wessis wären geworden wie die Ossis. So einfach ist es. Die Gnade des Zufalls!

Wenn die Bayern unter sowjetische Besatzung geraten wären ...
Ich kann genau sagen, wer aus der CSU der Typ 1. Sekretär der SED-Bezirks- oder Kreisleitung ist. Die kenne ich persönlich.

Im Osten links zu sein, war das etwas anderes als Linkssein im Westen?
In der DDR war Linkssein – vom Ideal her jedenfalls – gesellschaftsbildend, im Westen war es immer Widerstand, mitunter sogar illegal. Deshalb ist die Demokratie so wichtig.

Weil geistige Vielfalt möglich ist?
Weil Überzeugung zählt, nicht Druck. Überzeugungsarbeit ist
anstrengend, aber es führt kein Weg daran vorbei. So ist Demokratie aufgebaut. In einer Diktatur allerdings muss man ganz
anders denken.

*Da gibt es möglicherweise, um Zustände zu ändern, keinen anderen
Weg als den der Gewalt.*
Ja. Bei dem Wort Revolution denke ich also an Völker, die nach
einem Weg suchen, sich von Gewaltherrschaft zu befreien, aber
ich denke auch daran, hierzulande, dass man mit Schlagworten
vorsichtig sein sollte.

Der Begriff Revolution …
Ja, manche halten es schon für den Beginn einer Revolution, vor
einer McDonald's-Bude mit großer Geste eine Flasche Coca Cola
auszukippen.

*Der Begriff Revolution, wollte ich sagen, wurde im Osten öfter be-
nutzt, er ist im Mainstream negativ besetzt.*
Andererseits sprechen auch Konservative inzwischen häufig von
irgendeiner Revolution. Ökonomisch, technisch, strukturell.
Wir müssten erst mal wieder klären, was wir darunter verstehen.
Als Norbert Röttgen noch Bundesumweltminister war, nannte
er die Verlängerung der Laufzeit von Kernkraftwerken eine Revolution für die Energiewirtschaft. Nach Fukushima nannte er
dagegen das Aus für Atomkraftwerke eine Revolution. Als ich im
Bundestag darauf hinwies, dass die Union offenbar den Unterschied nicht kennt zwischen Revolution und Konterrevolution,
warf Bundestagspräsident Norbert Lammert ein: Ohne die Fach-
kenntnisse von Herrn Kollegen Gysi komme die Union in dieser
Frage wahrscheinlich nicht weiter. Eigentlich sind dem Bundestagspräsidenten solche inhaltlichen, bewertenden Bemerkungen
gar nicht gestattet. Aber seine Ironie war belebend. Wir verstanden uns.

Hat Geld die Ostdeutschen verdorben?
Geld verdirbt jeden Menschen – und es hilft. Wissen Sie, was mir heute fehlt: dass Dinge billig sind. In der Kaffeestube im Justizgebäude der DDR in Berlin fragte ich früher in die Runde: Wer will einen Kaffee? Es meldeten sich fünf. Da habe ich mir doch das Geld nicht ernsthaft wiedergeben lassen! Heute kostet ein Kaffee drei Euro. Da musst du schon, um spendabel zu bleiben, ein bisschen befreundet sein. So verschwinden kleine Gesten, die am Ende ein Beziehungsgefüge ausmachen.

Worauf sollte der Ostdeutsche stolz sein?
Wahrscheinlich ist selbstbewusst das bessere Wort. Denen, die nicht mehr ganz jung sind, sage ich, dass sie klüger sind als andere: Ihr habt zwei Systeme erlebt, die Westdeutschen und die Jungen nur eins. Wir wissen etwas vom Scheitern, das ist ein durchaus lehrreicher Vorsprung.

Was an Ihnen bleibt ein Ostmensch?
Ich glaube, eine bestimmte Art zu denken, zu fühlen, zu essen.

ZEITGEIST

Herr Gysi, ich muss immer wieder mal fragen: ist Opposition nicht zermürbend?
Selbstredend weiß ich, dass Opposition nicht gänzlich loszulösen ist vom Gefühl der Ohnmacht. Es geht aber darum, den Zeitgeist zu ändern.

Das dauert.
Aber es ergibt Sinn. Es war die Linkspartei, die – man kann schon sagen: vor Urzeiten, der Bundestag saß noch in Bonn – einen staatlich geregelten Mindestlohn vorschlug. Selbst viele Gewerkschaften waren dagegen. Hätte ich damals prophezeit, dass eines Tages sogar die Unionsparteien solch einen Mindestlohn auf ihre Agenda setzen und ihm zustimmen – man hätte mir wahrscheinlich geraten, mich in psychiatrische Behandlung zu begeben, und ich wäre freiwillig hingegangen. Und was ist heute? Es gibt den Mindestlohn, er ist Gesetz geworden mit Stimmen der Union.

Aber keiner spricht mehr davon, dass die Pionierarbeit von Ihrer Partei ausging.
Sei's drum, es ist Veränderung des Zeitgeistes, und die Hoffnung in diese Kraft der Politik gebe ich nicht auf. Ein anderes Beispiel: Als ein befreundetes Mitglied meiner Partei mit seinem Partner vor Jahren eine Lebensgemeinschaft einging, die Ehe für alle gab es noch nicht, hielt ich zur Feier eine kurze Ansprache. Ich wies darauf hin, dass ich in meinem Leben, hinsichtlich schwuler Männer, Zeuge einer gravierenden kulturellen Veränderung gewesen bin. Als ich Kind war, wurden sie noch eingesperrt. Dann wurde die Strafbarkeit – zunächst in der DDR, später in der BRD – aufgehoben. Dann endlich kam offiziell die Lebenspartnerschaft, und nun gibt es die Ehe.

So ist zumindest vom Gesetzgeber her eine volle Akzeptanz als Maß gegeben.

Die sich als Selbstverständlichkeit auch schrittweise in der Bevölkerung durchsetzt.
Es gibt Länder, in denen dies noch gänzlich anders aussieht. So fügen sich in einer Gesellschaft wie im einzelnen Leben die Anstrengung, die harte Arbeit, das Glück, und eben: die Veränderung des Zeitgeistes.

Bis etwas kippt.
Eines Tages zum Beispiel kam Bismarck nicht mehr an der Sozialversicherung vorbei.

Der Zeitgeist kann sich auch im negativen Sinne ändern.
Und ob! Deshalb ist linke Opposition so nötig. Zum Beispiel hat sich unter Helmut Kohl die politische Rhetorik lange Zeit um eine gewisse Verschleierung der ökonomischen Kälte bemüht. Aber die Wahrheit sickerte irgendwann sogar durch die Sonntagsreden.

Welche Wahrheit?
Kohl sprach vom »Freizeitpark Deutschland« – das war der Verweis darauf, dass die Menschen »in diesem unserem Land« im Vergleich mit anderen Regionen der Welt zu viel Urlaub hätten. Auch tauchte immer öfter das Schlagwort von der »Senkung der Lohnnebenkosten der Unternehmen« auf. So veränderte sich Schritt für Schritt der bestimmende Zeitgeist, die politische Maßstabsetzung. Aus der so oft propagierten Gesellschaft der sozialen Marktwirtschaft, in der ethische Werte zählen, wurde immer offener die Ordnung, die sich hauptsächlich ökonomisch rechnet. Für die, die ohnehin das meiste besitzen.

Also sind Sie, beim Blick auf die Politik der Regierenden, unvermeidlich ein – Schwarzmaler.
Die Linkspartei machte und macht sehr wohl Vorschläge! Kein Mensch ist mit Freuden Schwarzmaler, ich jedenfalls bin es

nicht. Aber Sie haben recht, und deshalb denke ich mitunter immer noch mit Schmerzen an die Bedenken, die ich zum Beispiel, vor Jahren, vor dem Bundestag äußerte, als die Einführung des Euro bevorstand.

Welche Bedenken?

Ich versuchte zu erklären, dass man eine Binnenwährung und einen Binnenmarkt nicht einführen könne, wenn es keine abgesprochenen Standards bei den Steuern, im Sozialbereich und auf anderen Gebieten gebe. Ohne eine politische Union, habe ich gesagt, funktioniere keine Währungsunion. Der Kontinent, davon war ich überzeugt, lässt sich über Geld nicht integrieren. Wenn man mit derartigen Befürchtungen an die Öffentlichkeit tritt, liegt es in der Natur der Sache, dass man die Zuversichtlichen aufstört, die Gutgläubigen nervt und als Schwarzmaler gilt. Den wachsenden Rassismus, die Finanzkrisen – all das habe ich prognostiziert. Aber keinesfalls bin ich stolz darauf, recht gehabt zu haben.

Heißt das also nicht doch, dass Opposition zermürbt?

Ja, ich leugne das nicht, bohren Sie nicht weiter … Klar muss man sich mitunter selbst überwinden: schon wieder Widerspruch einzulegen, schon wieder jemandem in die Parade zu fahren, schon wieder die falschen Versprechungen bloßzulegen. Aber sehen Sie, in den ersten Jahren meiner politischen Tätigkeit hätte mich niemand zu Gesprächen oder Vorträgen in Kreise eingeladen, die den Kapitalismus repräsentieren, Banken, Makler, Manager, überhaupt Konzerne und andere Unternehmen.

Ist Ihnen bange, wenn Sie zu solchen Leuten hingehen?

Nein. Leute gänzlich anderer politischer Auffassungen und Grundsätze streiten sich zwar mit mir und stellen sich auch zum Teil heftig gegen meine Auffassungen, aber: Sie laden mich doch ein. Früher war das undenkbar. Bei Maklern hatte ich ein Streitgespräch mit Christian Lindner von der FDP. Es war ihm peinlich, dass er ständig Zwischenbeifall bekam, ich dagegen nie. Macht gar nichts, habe ich zu ihm gesagt: Da gehen wir das nächste Mal zum Mieterbund, da ist es dann umgekehrt.

Sehnen Sie sich manchmal nach einer Tätigkeit, bei der man am Ende des Tages sehen kann, was man geschafft hat?
Das ist in der Politik anders möglich, nach einer Rede oder Sendung. Einzelnen Menschen kann ich dagegen kaum helfen. Als Anwalt schaffe ich das des Öfteren, aber vermag dagegen kaum etwas in größerem Maße zu verändern. So halten sich die Möglichkeiten in beiden Tätigkeiten die Waage.

PARTEIRETTUNG

»Das ist kein Soloprojekt«

Herr Gysi, sind Sie vom Herzen her ein Versöhner?
Ja. Aber auf keinen Fall ein Versöhnler.

Wir führen dieses Gespräch im Mai 2023 – in den letzten Monaten ist in Reden und Interviews von Ihnen kaum ein Plan so oft beschworen worden wie der, die Linkspartei zu retten. Werden Sie's schaffen'?
Weiß ich nicht. Aber ich bin nicht allein, es ist kein Soloprojekt.

Und Sie sind kein Messias.
Der wurde wahrlich nicht erfunden, um Parteien zu retten. Das müssen die Mitglieder schon selber schaffen.

Weiß das Ihre Partei?
Gute Frage. Die nächste bitte …

Ihre Partei ist in einer existenziellen Krise.
Sie muss sich – als konsequente antimilitaristische Friedens- und Sozialpartei – auf Kernfragen konzentrieren und sich gegen Abspaltungsbestrebungen zusammenschließen. Die Möglichkeit zweier Parteien, die ja in der Luft liegt …

… Stichwort Sahra Wagenknecht.
Diese Möglichkeit bedeutet keine Erweiterung geistiger und politischer Horizonte, es wäre eher eine verhängnisvolle Reduzierung, wo doch jetzt die ganze Kraft gefordert ist.

Die Lage Ihrer Partei kratzt nicht Ihr politisches Lebenswerk an?
Nein. Die Situation 1989/90 war eine andere. Wir beide haben doch oft darüber gesprochen. Lebenswerk, das klingt überhaupt überzogen …

272

Es gibt dieses Lebenswerk!
Wenn schon, dann bleibt es an jene Zeit gebunden. Man ist nicht für alle Zeit in derselben Pflicht.

Das ist ein starker guter Satz! Sie sind gelassen.
Gelassen, hm. Sagen wir: Ich bin gelassener geworden. Der damalige Hass auf mich und viele Parteimitglieder bestimmte wesentlich die Atmosphäre. Sie wissen es doch: In eine Rolle war ich da geraten, die mir so gar nicht entsprach, die mir aber schlagartig vor Augen führte, wie das Leben vieler Menschen aus dem Gleis geworfen worden war. Die neue Freiheit beflügelte die einen, aber löste bei anderen auch große Angst aus, die Deutungshoheit über das eigene Leben zu verlieren, durch die Trümmer bisherigen Sinns stolpern zu müssen und nicht mehr zu wissen, woran man sich halten könne. Also überrollte mich auch eine Welle der Erwartung.

Mit Abstand betrachtet: schön?
Im Gegenteil. Das bedrückte mich stärker als die Ablehnung. Denn ich sah mich mit Hoffnungen konfrontiert, die ich nie und nimmer würde einlösen können. Leute auf Veranstaltungen weinten, sie wollten mich berühren. Ich stand für das Versprechen, das ich doch gar nicht abgegeben hatte: die Welt, die für viele aus den Fugen war, für sie wieder einzurichten.

Im Laufe Ihrer politischen Laufbahn hieß es mitunter, Sie seien als Politiker gut, aber leider in der falschen Partei.
Diese Bemerkung hat in ihrer Häufigkeit sehr stark nachgelassen – weil man inzwischen meine Nachfrage kennt: Welche Partei empfehlen Sie mir denn? Da fällt keinem mehr etwas ein.

In wie viele Lager ist Ihre Partei inzwischen zerfallen?
Ich bin kein Buchhalter. Ich zähle nicht.

Die Medien haben mit dieser Zählung emsig zu tun.
Wir selber liefern den Stoff! Da zeigt sich doch das Problem der Meinungsverschiedenheiten bei den Linken und dem de-

nunziatorischen Ton, der mitschwingt. Das muss ich den Grünen lassen: Die kloppen sich genauso wie wir, aber nichts davon steht in der Zeitung. Bei uns steht ein Streit schon in den Medien, wenn er noch gar nicht stattgefunden hat. Wir müssen das endlich anders hinkriegen.

Schränkt die Parteimitgliedschaft Ihre Meinungsfreiheit ein?
Ich sage meine Meinung in der Regel frei und bin deshalb relativ schnell mit Antworten.

Woraus resultiert das Tempo?
Das kommt daher, dass ich so wenig Wert auf Erlaubnis lege. Ich überlege mir nicht, ob eine Ansicht im Sinne der Partei exakt ist oder nicht. Manchen Leuten sehe ich an, wie in ihren Köpfen die Nervosität greift: Darf ich das jetzt sagen oder nicht, wem nützt das und wem nicht? Das habe ich mir abgewöhnt. Ich sage regelmäßig, was ich denke. Wenn man nur sagt, was man vermeintlich sagen darf, denkt man eines Tages total zensiert – und merkt es irgendwann nicht mehr.

Hatten Sie als SED-Mitglied je ein Parteiverfahren?
1968 war das einzige Mal, dass ich ein Parteiverfahren bekam und im Studium etwa ein Jahr lang isoliert war. Die Ereignisse in der Tschechoslowakei hatten dazu geführt, dass auch an der Universität die sogenannte ideologische Wachsamkeit erhöht wurde. Disziplinarische Vergehen, begangen aus unterschiedlichsten Gründen, wurden plötzlich als konterrevolutionär eingestuft. Gegen einen dieser Vorfälle an der Juristischen Fakultät argumentierte ich ziemlich logisch. Das Ergebnis war das erwähnte Parteiverfahren. Mein Vater warnte mich: »Bitte, Gregor, übertreibe es nicht.« Er verstand mich, aber er kannte auch die Gefahr, dass sich eine böse Dynamik gegen mich entwickeln könnte.

Ihr Vater sprach nach 1989 über die Verelendung der Parteidisziplin zur »Kasernenhofdisziplin«. Es gab von ihm auch selbstkritische Aussagen, was sein Funktionieren in der DDR und der SED betraf.

274

Er verklärte nichts, auch nicht sich selbst. Vielleicht war es dann wie ein Trost oder eine Genugtuung: Der Sohn hilft mit, die Partei zu reformieren, mit der sein Leben so sehr verbunden war. Obwohl er in einem Zeitungsinterview über mich sagte: »Ich hätte ihm etwas anderes gewünscht; Politik ist nun mal das härteste Geschäft der Welt.«

Welches war für Sie der größte politische Moment der letzten Jahre?
Bezogen auf meine Partei? Das war die Wahl Bodo Ramelows zum Ministerpräsidenten von Thüringen, im Dezember 2014. Ich war im Landtag dabei, und ich hatte damit einen Aberglauben besiegt.

Aberglauben?
Der Wahlsieg war hauchdünn, das ahnte man vorher, und deshalb wollte ich erst gar nicht nach Erfurt fahren, denn: Manchmal denke ich, man kann Niederlagen dadurch provozieren, dass man anwesend ist.

Kleben auch in Ihrer Partei zu viele Leute an ihren Posten?
Das passiert gelegentlich, aber das Problem besteht auch darin, dass wir zu wenig Mitglieder und mithin zu wenig Auswahl für entscheidende Posten haben. Charisma gibt's nicht von der Stange.

Wohl wahr! Fühlen Sie sich in Ihrer Partei einsamer als früher?
Eine Partei ist nicht geeignet, solche Empfindungen zu diskutieren. Man geht doch nicht in eine Partei, um weniger einsam zu sein.

Holen sich die derzeitigen Parteivorsitzenden Rat bei Ihnen?
Nein, ich habe aber noch nie Parteivorsitzende erlebt, die sich bei mir Rat geholt hätten, wie ich es als Parteivorsitzender übrigens auch nicht getan habe.

Ist man in einer Führungsposition wirklich frei?
Nein. Man lebt entlang von Leitplanken …

Wann haben Sie das letzte Mal in einem Parteigremium mit der Faust auf den Tisch geschlagen?
Noch nie, das ist nicht mein Stil.

Die Linkspartei von morgen – wie muss die sein?
Sie braucht eine einheitlich getragene politische Zielstellung, muss überwiegend Politik und nur wenig Selbstbeschäftigung betreiben, darf keine Denunziation zulassen und muss Streit so führen, dass er lebendig bleibt, nicht unangenehm, abweisend, kleinlich, dogmatisch, ideologisch wird.

Der Idealist Gregor Gysi! Da sind wir wieder beim Thema: Was kann parlamentarische Opposition noch, wenn der Kapitalismus immer brachialer wird?
Das hängt davon ab, wie stark die Opposition ist. Und es hängt auch davon ab, was sich Menschen bieten lassen und wo sie Grenzen ziehen. Ein Parteigremium allein ist nie in der Lage, so etwas zu organisieren. Die Konfliktkultur einer Gesellschaft wird von vielen Kräften getragen.

Ehrlich: Besuchen Sie noch Parteiversammlungen?
Wo es nach Parteilehrjahr riecht, wird man mich nicht finden. Auf jeden Fall treffe ich mich des Öfteren mit Mitgliedern meiner Partei, mal mit wenigen, mal mit einer größeren Zahl.

Kann man mit 75 überhaupt noch eine Partei retten?
Ich glaube nicht, dass das Alter dabei wichtig ist. Allein kann man es aber nie.

Was glauben Sie: Wie stark ist Ihr Einfluss in der Partei noch?
Na ja, mir reicht er.

DIE LETZTE GENERATION
»Gesprächskreis im Teufelskreis«

Herr Gysi, vor dem Strafgericht in Berlin Moabit haben Sie vor Monaten ein Mitglied der »Letzten Generation« verteidigt. Der 24-Jährige gehörte zu den Aktivisten, die sich auf Straßen ankleben, etwa auf Ausfahrten der Berliner Stadtautobahn. Aktionen sind das, um auf die drohende Klimakatastrophe aufmerksam zu machen. Am Ende stand ein Schuldspruch.

Am Ende dieser einen Verhandlung. Aber ich bin bereit, im Zweifelsfall bis zum Bundesverfassungsgericht zu gehen.

Sie akzeptieren das Urteil nicht?

Juristisch: Dasitzen ist keine Gewalt. Versammlungsrecht hat Vorrang. Das sage ich, auch wenn es mich selber treffen und sehr ärgern würde, wenn ich im Stau stünde. Der Fall ist ein Beispiel für das grottenschlechte Generationenverhältnis in der Gesellschaft.

Wie kamen Sie zu dem Mandat?

Vertreter der »Letzten Generation« kamen zu mir ins Bundestagsbüro. Wir haben hart diskutiert.

Was heißt hart?

Viele Kraftfahrer im provozierten Stau sind wütend. Ich kann diese Wut verstehen.

Befürworten Sie die Aktionen der »Letzten Generation«? Was ist Mut, was fragwürdig?

Die »Letzte Generation« hat ein Recht darauf, von uns Alten zu verlangen, dass wir Politik nicht für uns, sondern für sie, das heißt für die Zukunft machen. Die Lebensgrundlagen der Menschheit sind durch die Klimakatastrophe gefährdet. Nur sollten sich die jungen Leute eine Protestform überlegen, bei der sie die Mehrheit gewinnen und nicht stattdessen vor den Kopf stoßen. Die Regierung muss mit ihnen sprechen, um eine Eskalation zu verhindern. Jetzt treten schon größere Schäden im Asphalt auf. Das geht nicht.

Diese Aktivisten – Sie sagen es selbst – stoßen die Mehrheit vor den Kopf. Aber muss sich nicht jeder Drang zur Veränderung zuallererst gegen die Mehrheit wenden?
Das ist in der Regel richtig. Trotzdem sollte man versuchen, Wege zu finden, mit denen man eine Mehrheit anspricht. Wie wäre es mit dem Ankleben an bestimmten staatlichen Symbolen?

Welches Verhältnis haben Sie überhaupt zur Mehrheit? Publizist Günter Gaus hielt sie für die Basis der Demokratie, aber zugleich fürchtete er sie.
Es ist beides richtig. Die Mehrheit kann falsche Entscheidungen treffen, doch zur Demokratie gehört, Mehrheitsentscheidungen zu respektieren. Aber selbst wenn eine bestimmte politische Überzeugung von der Mehrheit getragen wird, muss diese Überzeugung natürlich nicht automatisch richtig sein. Gaus fürchtete dieses gebetsmühlenartige: Ach, ist ja alles nicht so schlimm; woanders ist es auch nicht besser; es ist immer schon so gewesen; es ist gut so, wie es ist; man kann eh nichts machen.

Gaus setzte die Freiheit intellektueller Befriedigungen niemals höher und wichtiger an als das Durchkommensbedürfnis der vielen Abhängigen und also Kraftloseren.
Da hatte er recht. Meist sind diese Menschen von erheblichen sozialen Grenzziehungen betroffen. Daher fehlt ihnen der Handlungsspielraum. Somit werden sie daran gehindert, wirklich frei zu sein.

Von Ihnen stammt der markante Satz, dass es in der Politik nicht um Wahrheit gehe, sondern um Mehrheiten. Das eine steht gegen das andere?
Niemals ist das Mehrheitliche ein Umstand, auf den man geringschätzig und mit Arroganz blicken sollte. Aufgabe der Politik ist

es, der Mehrheit zuzuhören und zugleich für Strukturen und gesellschaftliche Atmosphären zu sorgen, in denen Mehrheit etwas ist, von dem Friedlichkeit ausgeht, aber auch Beweglichkeit und Veränderungswille. Und: verlässlicher Schutz von Minderheiten!

Ideal!
Also erstrebenswert.

Zurück zur »Letzten Generation«: Offenbar gab es – das haben Razzien ergeben – Pläne der Aktivisten und Aktivistinnen, die Anlagen des PCK Schwedt zu attackieren.
Angriffe auf die Ölzufuhr verurteile ich. Ebenso die Attacken auf Kunstwerke in Museen. Auch ist es gefährlich, die Landung oder den Start eines Flugzeuges auf dem Flughafengelände zu behindern.

Hat Ihnen der junge Mann, den Sie verteidigten, vor Gericht leidgetan?
Mich bewegte seine große Ernsthaftigkeit, seine Trauer, seine Verzweiflung. Ich musste ihm ein Taschentuch reichen, auch der Richter bot eins an. Das war nicht bloß Schnupfen.

Fürchten Sie die Zukunft, die von diesen jungen Leuten heraufbeschworen wird?
Was heißt heraufbeschwören? Es geht um Fakten.

Da gibt es die schöne Geschichte vom Ehepaar, das sich angezogen fühlt von der Einladung an der Tür eines Gourmet-Restaurants: »Hier können Sie essen und trinken, so viel Sie mögen! Die Rechnung wird von Ihren Enkeln bezahlt!« Die beiden gehen hinein, holen sich vom Wirt noch einmal die Bekräftigung – und langen zu. Vom Teuersten das Beste, vom Besten das Teuerste. Noch ein Gang und noch ein Gang, noch ein Glas und noch ein Glas. Satt und zufrieden verlassen sie das Restaurant. Aber der Wirt kommt ihnen nach, präsentiert die Rechnung: 420 Euro! »Aber wieso denn!«, empört sich der Gast und pocht auf die Ankündigung mit den Enkeln. »Ja, ja«, sagt der Wirt, »das stimmt und wird auch eingehalten. Aber dies hier ist die Rechnung Ihres Großvaters.« So viel zu Nachhaltigkeit und Generationenvertrag.

Wissen Sie, ich bin 75, ich halte den Klimawandel bis zu meinem Tod noch aus. Die junge Generation nicht. Wir Älteren moderieren den Ernst der Lage nicht ausreichend.

Nach dem Prozess haben Sie einen Brief an Kanzler Olaf Scholz geschrieben.

Wir reden öffentlich fast nur noch über die Methoden dieser Gruppe, sie werden kriminalisiert, aber das sind doch keine Betrüger und Diebe. Die Diskreditierung ihrer Praktiken dient der Abwehr des Problems, über das wir eigentlich reden müssten. Kanzler Scholz hat ja nun den Bundesverkehrsminister gebeten, das Gespräch zu führen.

Schnell war von »grüner RAF« die Rede.

Das ist Verleumdung.

Noch mal: Es muss Gespräche geben!

Sonst könnte tatsächlich eine Radikalisierung einsetzen, deren Folgen für alle Seiten verhängnisvoll wäre. Radikalisierung zeigt immer an, dass die Kommunikation versäumt oder zu spät eingeleitet wurde.

Gregor Gysi, der Gesprächskreis-Initiator.

Gesprächskreise sind ein Weg aus Teufelskreisen. Ich erinnere an Runde Tische. Soll doch der Verkehrsminister zugeben, dass er gegen ein generelles Tempolimit auf Autobahnen ist, weil ihn die Autoindustrie unter Druck setzt. Ja, einen Verkehrsminister möchte ich erleben, der vor die Fernsehkameras tritt und gesteht: Er habe lange Gespräche mit den Chefs der deutschen Autoindustrie geführt, die aber hätten ihn aus ihren betriebsegoistischen Gründen heraus bedrängt. So, dass er einem Tempolimit wirklich nicht zustimmen könne – es sei ja bekannt, wie stark der Markt die Politik im Griff habe.

Das ist ein furchtbarer Zustand.
Ein Geständnis wäre wenigstens ehrlich. Ich würde das Tempolimit übrigens dennoch einführen.

Wird die Wählerschaft also von Politikern und Politikerinnen belogen?
Einfach Ja zu sagen, wäre falsch und blöd. Einfach Nein zu sagen, wäre auch falsch und blöd. Regierende greifen nicht immer zu Argumenten, weil sie von ihnen überzeugt sind, sondern oft, um Lobbyismus zu betreiben. Man sucht Begründungen, die die Mehrheit überzeugen könnten, verschweigt aber häufig die wahren Motive für Entscheidungen.

Demokratie bedeutet: Koalitionen verständigen sich, um regieren zu können, auf Kompromisse.
Aber öffentlich wird nicht mehr über das Widerspruchsfeld gesprochen, das dem jeweiligen Kompromiss vorausging – und das doch trotz der Einigung bestehen bleibt. Nach außen hin wird der Kompromiss »verkauft« wie eine gemeinsame Idee, die man schon immer hatte, in der Hoffnung, eine Mehrheit akzeptiere das.

Die Leute spüren mehr und mehr, dass Politik etwas »verkauft«, indem man sie – für dumm verkauft.
Verkauf ist kein guter Ausgangspunkt für eine glaubwürdige Politik. Wählerinnen und Wähler sind keine Kundinnen und Kunden.

Ist Mehrheit auch ein Versteck – für die Mehrheit?
Viele E-Mails, die ich bekomme, enthalten eine Stelle, in der es heißt, dass dies nicht nur die Ansicht der Absenderin oder des Absenders sei, sondern die Meinung der Mehrheit der Bevölkerung. Der Wunsch, eine Mehrheitsmeinung zu vertreten, ist sehr groß.

ALTER

Herr Gysi, Ihre Autobiographie endet mit dem Satz »Ich bin wild entschlossen, das Alter zu genießen.« Können Sie das denn überhaupt?
Das weiß ich noch nicht, aber ich bereite mich irgendwie darauf vor.

Wie wild werden Sie denn sein?
Ich bitte Sie! Nächste Frage.

Wann und wie beginnt Alter?
Keine Ahnung.

Der Schauspieler Ulrich Mühe hat seinen Kollegen Dieter Mann gefragt, wann das Alter anfange. Dieter Mann hat geantwortet: wenn man sich zum Schuhe-Zubinden hinsetzen muss.
In Wirklichkeit beginnt es wohl damit, dass man weiß, dass man nicht mehr alles erreichen kann, dass der berufliche Höhepunkt überschritten ist, dass man nicht mehr alles auf der Erde sehen wird. Dass man also nicht sagt, da will ich wieder hin, sondern: Da will ich noch mal hin.

Immer mehr Licht wird zum Abendlicht.
Aber ich bin wirklich dafür, das Alter zu genießen, nicht immer nur trauernd ans Ende zu denken. Man soll sich etwas gönnen, sofern man es sich leisten kann. Es kann auch mit etwas müden Knochen noch ein Ruck durch den Körper gehen.

Der Dichter Samuel Beckett ging ins Altersheim. Für Sie eine Option?
Möglichst nicht.

Was ist vom Alter das Langweiligste, was das Aufregendste?
Langweilig ist es, wenn man nichts vorhat und auch nichts passiert. Aufregend ist es, wenn man sich auf etwas wirklich freut.

Was sagen Sie den ganz alten Genossen, die sich über die Bundesrepublik aufregen und hier nicht heimisch werden wollen, nicht mehr heimisch werden können?
Ihnen sag ich: Ihr habt die Weimarer Republik erlebt, dann die Nazi-Diktatur, dann die sowjetische Besatzungszeit, dann die DDR. Jetzt seid ihr Bundesbürger. Das alles in einem einzigen Leben! Darüber kann man doch auch mal verwundert sein, sich sogar freuen. Man befindet sich doch nicht nur in einer Struktur – man lebt ein Leben!

Wovon wissen Sie: Das werde ich nie wieder machen können?
Bei der Sportprüfung im Abitur konnte ich im Bodenturnen eine Rolle rückwärts in den Handstand. Das werde ich wohl nie wieder machen können. Aber diese Erkenntnis kam mir schon sehr viel früher, da war von Alter noch überhaupt keine Rede.

Das habe ich Sie schon mal gefragt: Wieso können Politiker – aller Erfahrung nach – nicht rechtzeitig aufhören?
Wahrscheinlich, weil sie Angst vor der Bedeutungslosigkeit haben. Viele kandidieren so lange, bis sie nicht mehr gewählt werden. Ich habe die andere Variante vorgezogen: selbst zu entscheiden, wann ich womit aufhöre.

Sie traten 2015 nicht mehr als Fraktionsvorsitzender an. Eine Befreiung?
Ja.

Eine Erlösung gar?
In dieser religiösen Kategorie denke ich nicht. Mich hätte die Fraktion möglicherweise auch noch als 90-Jährigen gewählt. Viele würden sofort merken, dass ich vielleicht nur noch Unsinn

erzähle, aber ich ja nicht. Und keiner sagt's einem! Deshalb war es mir so wichtig, über den richtigen Zeitpunkt selbst zu entscheiden.

Was änderte sich?
Meine Kinder und ich dachten, dass wir mehr Zeit miteinander hätten. Irrtum. Von nun an luden mich Leute ein, die mich vorher nicht eingeladen haben. Und die, die mich vorher eingeladen hatten, luden mich weiterhin ein. Da beide denken, dass ich weniger eingeladen werde, schicken sie mir doppelt so viele Einladungen, und da ich ein grauenhaft schlechter Nein-Sager bin, knallen bei mir nach wie vor ständig die Zeitfenster.

Das muss anders werden?
Sag ich jeden Tag. Aber ich bin trotzdem entlastet. Die Verantwortung ist geringer.

Was war das Schönste, das Ihnen Ihre Kinder sagten, als Sie nicht mehr im Amt waren?
Sie haben gesagt, Papa, du hörst uns jetzt anders zu.

Plötzlich redeten Sie nicht mehr so oft im Bundestag.
Das stimmt, und das hat mich beschäftigt, ich gebe es zu. Als außenpolitischer Sprecher war ich dann wieder öfter dran. Außerdem hat mich die Aufgabe gereizt und die Tatsache, dass wir außenpolitisch ein paar Veränderungen einleiten sollten. Außenpolitik hat mich schon immer interessiert.

Sollte es Altersbegrenzungen für Politiker geben?
Es gibt welche, zum Beispiel für Kommunalbürgermeisterinnen und -bürgermeister, auch für Landrätinnen und Landräte. Aber in der Landes- und Bundespolitik gibt es solche Grenzen nicht. Vielleicht sollte man bei der Kanzlerin oder dem Kanzler über eine Begrenzung der Amtszeit nachdenken. Bei Abgeordneten geht es nicht, weil das passive Wahlrecht nicht eingeschränkt werden darf. Das Grundgesetz steht dagegen.

Was könnte Sie im Bundestag an der Funktion des Alterspräsidenten reizen?

Dass ich bei der Eröffnung des neuen Bundestages ohne Redezeitbegrenzung sprechen darf. Für mich fast ein Traum. Außerdem genösse ich den Unterschied zwischen der Art meines Empfangs im Bundestag am 3. Oktober 1990 und der wahrscheinlichen anderen Art meines Empfangs als Alterspräsident des Bundestages.

Müssen Sie bei dem Gedanken, 2025 Alterspräsident des Bundestages werden zu können, gegen Ihre Eitelkeit kämpfen?

Weniger das. Mehr geht es um die Frage, ob ich mir eine gewisse Genugtuung gönne.

Kommt bei diesem Gedankenspiel noch mal der Zorn hoch – über das Verhalten der CDU/CSU, als Stefan Heym Alterspräsident wurde?

Zornig war ich damals, sehr zornig. Er kommt nicht mehr hoch, aber vergessen werde ich es nicht.

Wie begegnen Ihnen junge Abgeordnete?

Ich denke, zumeist respektvoll. Man muss für diesen Respekt allerdings etwas tun.

Was denn?

Ungebetene Ratschläge vermeiden.

Aber Ratschläge sind doch nötig!

Ich sage jungen Abgeordneten immer: Ihr könnt acht Jahre, also zwei Legislaturperioden, in den Bundestag gehen, wenn ihr jung seid. Aber macht danach etwas völlig anderes und kommt dann wieder zurück. Wenn ihr vom 20. Lebensjahr an bis zur Pension nicht rausgeht, dann passieren drei furchtbare Sachen mit euch. Die Erste: Ihr glaubt irgendwann, dass die Bundestagsdrucksachen das wirkliche Leben widerspiegeln. Und das ist ein schwerer Irrtum. Die Zweite: Ihr verliert die Verbindung zu vielen Teilen der Bevölkerung. Und die Dritte, das ist dann der Höhepunkt: Ab einer bestimmten Jahreszahl in der Politik seht ihr auch so aus wie eine Bundestagsdrucksache.

Guter Tipp.
Ich glaube aber nicht, dass die jungen Leute auf mich hören werden.

Bitte drei Ratschläge für die Älteren und Alten.
Zunächst müssen die Alten lernen, die Privilegien des Alters anzunehmen und nicht abzuweisen, nur um jünger zu wirken. Junge Leute können einem durchaus die Tasche oder den Koffer tragen, auch für einen Älteren in öffentlichen Verkehrsmitteln aufstehen, etc. Darüber hinaus dürfen die Alten zu sich selbst nicht geizig sein, sondern müssen sich etwas gönnen, um zufriedener und besser gelaunt zu sein. Letzteres ist auch ein Vorteil für ihre Kinder und Enkelkinder. Und dann müssen die Alten aufhören, den ganzen Tag über Krankheiten zu quatschen, weil man davon nicht gesund wird.

Haben Sie Angst vorm Sterben?
Nein.

Sie haben mal gesagt, beim Sterben müsse die Reihenfolge stimmen. Was heißt das?
Kinder haben ihre Eltern zu beerdigen und nicht Eltern ihre Kinder. Diese Reihenfolge ist natürlich, alles andere furchtbar.

Was wäre, vielleicht, Ihr letzter Wunsch oder Wille?
Dass ich nicht dazu komme, einen letzten Wunsch oder Willen zu hegen, weil ich ohne Krankheit, ohne ein Pflegefall zu sein und auch ohne andere Leiden einfach mit dem Hörer in der Hand sterbe oder nach einer wunderbaren Nachtruhe nicht wieder aufwache.

Haben Sie schon ein Testament gemacht?
Selbstverständlich!

Was soll auf Ihrem Grabstein stehen?
Nichts, ich möchte in der Ostsee beerdigt werden. Allerdings bestehe ich darauf, dass die Urne geöffnet und die Asche ins Meer geschüttet wird. Dann hoffe ich auf einen Windstoß, so, dass alle Trauergäste etwas davon abbekommen. So kommen sie aus dem Lachen nicht mehr heraus, und meine Asche liegt dann im wahrsten Sinne des Wortes seelenruhig am Boden des Meeres.

Wie halten Sie sich fit?
Schwimmen, Radfahren, Wandern, Tischtennis, Skifahren. Ich halte Gewicht und will trotzdem gut essen.

Mögen Sie Austern?
Sind ein bisschen glibschig.

Trinken Sie Hafermilch?
Nein.

Wann werden auch Sie Vegetarier?
Nach dem Tod.

JA ODER NEIN

Herr Gysi ...
Ich habe im Moment wenig Zeit.

Habe verstanden. Dann antworten Sie also bitte nur kurz.
Vorbemerkung. Das erinnert mich an ein Interview, das Willy Brandt 1971 der ARD gab. Der Journalist befragte den Bundeskanzler nach dessen vorausgegangenem Treffen mit Frankreichs Staatschef George Pompidou. Weil für drei Fragen nur eine Sendezeit von einer Minute und dreißig Sekunden festgelegt worden war und Brandt daher angehalten wurde, sehr kurz zu antworten, gab er sichtlich amüsiert nur äußerst einsilbige Antworten: »Ja.« – »Doch.« – »Nein.« – »Ja.«

Sind Sie ein guter Schachspieler?
Nein.

Haben Sie Höhenangst?
Ja.

Schon immer gehabt?
Nein.

Beten Sie heimlich?
Nein.

Schaffen Sie es, immer pünktlich zu sein?
Nein.

Können Sie Skat?
Ja.

Kennen Sie Ihre Blutgruppe?
Ja.

Wirkt auch jedes Gänseblümchen mit am Gleichgewicht der Welt?
Ja.

Schrieben, schreiben Sie Tagebuch?
Nein.

Joggen Sie?
Nein.

Schunkeln Sie gern?
Eher nicht.

Fahren Sie selbst noch Auto?
Ja.

Die Robe für die Gerichtsverhandlung schon mal vergessen?
Ja.

Wären Sie lieber 1,80 Meter groß?
Nein.

Sind Sie vergnügungssüchtig?
Nein!

Wollen Sie noch Minister werden?
Nein!

Gehen Sie gern auf Friedhöfen spazieren?
Ja.

Haben Sie Angst vor Hunden?
Nein!

Mögen Sie Knoblauch?
Ja.

Hat Heimat für Sie eine Flagge?
Nein.

Lieben Sie das Leben?
Ja.

Sind Sie ein geduldiger Beifahrer?
Absolut.

Wird alles gut?
Nein.

So, ich danke Ihnen. Antworten Sie das nächste Mal wieder ausführ-licher?
Vielleicht.

Hans-Dieter Schütt

GYSIS ANTWORT AUF FELLINI:
»SCHLAGZEUG, PICCOLOFLÖTE«

Den Politiker Gregor Gysi halte ich, trotz seiner juristisch be-
dingten Nähe zu den dunklen Seiten des Lebens, für einen arg-
losen, man kann sagen: hellen Menschen. Dieses Urteil über
einen Grundzug ist unverblümte Ehrerweisung.

Arglos heißt hier: friedlich, friedliebend. Sich solch eine Art
im Betrieb der Politik zu bewahren, setzt – da täusche sich niemand – kämpferische, zielbewusste Qualitäten voraus. Und
Logik. Die bestechen will, bestechen muss. Um der Unbestech-
lichkeit willen. Um das eigene Weichgesottene zu behaupten, ist
es in Abständen nötig, hartgesotten zu sein und zu bleiben.

Das logisch Herleitbare ist sein Gardefeld. Er ist da frohgemut
kühl. So, wie er sich über einen Beweis, über eine Argumenta-
tionskette freut, so freuen sich wahrscheinlich Mathematiker.
Mathematikern sagt man Nähe zur Poesie, überhaupt zum Mu-
sischen nach. Juristen eher nicht. Woran mag das liegen, obwohl
Juristen doch so dicht am Menschen sind? Vielleicht haben
Mathematiker ein weit offeneres Verhältnis zur Phantasie? Ein
Bonmot sagt, Pythagoras sei berühmt geworden, weil er seinen
ebenso berühmten Satz – erfunden habe. Juristen dürfen nicht
erfinden, sie müssen herausfinden. Nüchtern.

Kürzlich las ich zufällig, die Zahl 14 sei Imaginärteil der be-
tragsmäßig kleinsten nichttrivialen Nullstelle der Riemannschen
Zetafunktion. Hermetische Sprache der Mathematik. Aber wenn
man sich einlässt, spürt man den Zauber, der allem innewohnt,
was Draußenstehenden undurchdringlich vorkommen muss.
Hermetisch ist die Sprache der Juristen auch. Doch ihr fehlt der
Schmuck. Der lenkt nur ab. Gregor Gysi, der Verteidiger und
Oppositionelle, interessiert sich für Seelengeheimnisse und gesellschaftliche Betriebsgeheimnisse, aber sein Handlungsort ist

nicht irgendein Schwebe-Balken, sondern der Boden der Tatsachen. Dass ein Beweis wahr, aber auch nicht die ganze Wahrheit sei – ich kann mir vorstellen, dass ihm so eine Behauptung zu blumig, also irreführend vorkommt.

Es ist erstaunlich, wie er unterwegs seine Umgebung wahrnimmt, Menschen, die auf ihn zukommen. Er ist wach für Anerkennung. Er genießt sie. Er hat sie sich erkämpft und will sie – ohne beliebig werden zu müssen – nicht wieder gefährden. Er trifft auf ehrliche Gewogenheit und übertriebene Freundlichkeit, mühsam unterdrückte Antipathie und ungespieltes Interesse. Auch falsches Lächeln kommt vor. Er kennt sich aus in Gesichtszügen. Wahrscheinlich kann man ihn dennoch kurzfristig täuschen, denn da ist sie: besagte Arglosigkeit! – er blickt gern in zugewandte Gesichter, und die lassen sich bekanntlich inszenieren. Mitunter sieht er absichtsvoll nur die Gesichter, nicht die Masken. Und wenn er sie sähe, die Masken, er hielte sich zunächst trotzdem an die Gesichter – wenn sie nur der Rolle zuarbeiten, die jenes öffentliche Bild ergibt, in dem Gysi glänzen darf.

Glänzen soll! Weiter glänzen möge! Denn so viel glänzt nicht im Politikbetrieb, und es ist ja beileibe nicht gespielt oder inszeniert, wenn ihm nahezu überall im gesellschaftlichen Gelände, beim x-beliebigen Gang durch Deutschlands Groß- und Kleinstädterei, dieser ganz besondere Aufmerksamkeitsschub widerfährt – und also vorüberschlendernde Familien ein Selfie erbitten, junge Leute das Victory-Zeichen entbieten, als fände tatsächlich ein Sieg statt, und selbst die schwerst Tätowierten ermunternd herübergrüßen, die Abgerissenen desgleichen. »Mensch, Gregor!«, das ist Pop, das ist Populismus, das ist manchmal auch nur ein bisschen aufblitzende Pappkameraderie in allgemeiner Langeweile und Distanzkultur. Vor allem aber ist es Anerkennung: von Gysis glaubwürdigen Tönen und einem geradlinigen Auftreten.

Zur Geschichte der Linkspartei gehörte von Anfang an die wadenbeißerische, unanständige, von Geifer diktierte Demütigung dieser politischen Person Gysi. Durch sämtliche etablierte Parteien der Bundesrepublik. Der Frontmann von SED, PDS und Linke wurde medial zum Symbol des Suspekten, und Gysis Wirkung – die sich eben auch in Schulterklopfen, ermunternden Zurufen und kämpferischem »Bleib so!« ausdrückt – kommt dem nahe, was Hannah Arendt so beschrieb: »Dem Paria ..., der außerhalb der Gesellschaft steht und aller (politischen) Welt suspekt ist, gehörte die Sympathie des Volkes, das offenbar in ihm wiederfand, was an Menschlichem in der Gesellschaft nicht zu seinem Recht kommt.«

Letztlich zielt Gysi auf Einvernehmen, dafür streitet, nervt, kämpft er. Das einigende Kommuniqué ist ihm lieber als der Brandbrief. Übereifer war nie sein Fall. Er ist mit vielen Fasern noch immer Partei, aber wirkt doch auch, als habe er Partei als Erlebnis schon hinter sich. Ihn umgibt inzwischen etwas Alterspräsidiales, er ist inmitten also ein frei Flottierender, er genießt das, kommt freilich nicht wirklich aus den Bedeutungslasten heraus, die mit seiner Person verbunden sind, zur Genesis der Partei gehören und ihn in der Pflicht zur Ratgeberschaft halten.

Das gibt diesem politischen Original nach wie vor etwas Unstetes. Er hat einen bewundernswerten Instinkt dafür, wie Außenseiterschaft, also kritisches Hineinleuchten in die Schattengebiete der Gesellschaft, doch günstig zu verbinden sei mit der Gabe, sich zu sonnen. Ohne je in den Verdacht zu geraten, ihm gehe es um einen Platz an der Sonne. Gunstbegehren und eine bleibend kräftige Energie für Opposition – warum auch sollte beides einander ausschließen? Zumal nach all dem, was Gysi politisch und in Medien zu erdulden, zu überstehen hatte.

Gysi ex machina. Es waren die Berliner Massendemonstration am 4. November 1989 gegen staatliche Verkommenheit sowie ein nachfolgender Dezemberprotest der Parteibasis vorm Hause des Zentralkomitees gegen die neue SED-Nummer Eins Egon Krenz, und plötzlich war er da: ein Politiker neuen Typs. Der sich rechtzeitig zum Glücksfall jener Partei auswuchs, die gerade damit beschäftigt war, an der Wahrheit zugrunde zu gehen.

Diese Anwaltskarriere gehörte zum geradezu pfiffigsten Schlag des Zufalls und der Lebenswillkür gegen das einst so obligate wie lähmende Kaderprinzip. Gysis erste entscheidende Leistung im Winter des ostdeutschen Reformvergnügens 1989/90 bestand darin, dass er inmitten der zerbrechenden Gewissheiten doch die Weitersagbarkeit des sozialistischen Gedankens anstieß – und Bereitwillige für die Schaffung einer neuen Aufbruchsschar um sich sammeln konnte. Gysis Rhetorik schaffte das Kunststück: Sie vermied peinliche Ähnlichkeiten mit unannehmbar gewordenen alten Texten, und doch konnten seine ideologiekritischen Reden und ungesteiften Erneuerungsbeschwörungen folgenreich wirken. Sie wurden von einer verunsicherten Restmannschaft als Fortschreibung des eingeübten weltanschaulichen Bestandes wahrgenommen – und angenommen. Gysi wirbelte und warb. Aus besagter Restmannschaft war dann ziemlich schnell und auf verblüffend psychologiesichere Weise eine bunte Truppe geworden.

Er war Parteivorsitzender, und er war Oppositionsführer im Deutschen Bundestag. Alles hat er durch, hat vieles ertragen müssen: diese zermürbenden Beleidigungen, auch diese fortwährenden charismatischen Defizite in der Führung der eigenen Partei. Es ist eben auch links ausgeprägt, wie überall: sich festzuhaken an Posten und Positionen, und es gibt auch links diesen verlässlich reagierenden Nerv für Verschleiß – in rechthaberischen Kleinkriegen, auf politischen Nebenschauplätzen, bei stimmenkostender Prinzipienreiterei. Die Linke als Provinz, wie alles und jeder und jede: Anpassung, Taktik, Egoismus, Denunziation. Demokratie? Immer wählen wir im Grunde nur uns selber und erschrecken vor den Spiegelbildern, die uns dann regierend oder opponierend entgegentreten. Dies ist das leidige Grundgesetz. Es ist jenes Elend, in dem auch jede linke Kraft ihre Fähigkeit zum Sisyphos ausbilden musste und muss.

Nicht jeder Politiker schafft es wie selbstverständlich ins Feuilleton. Dort gilt – wenn es um Qualität gehen soll – ein Verbot für Farblosigkeit. Wichtig sei allein Politikers Rede darüber, es sei etwas faul im Staate Dänemark? Ach, ohne Hamlet ist doch Dänemark, also der Staat, ein Schmarren. Politiker und Shakespeare? In »Was ihr wollt« trägt einer den trefflichsten Namen: Bleichenwang. Mehr Shakespeare kann man bei Politikern nicht verlangen. Schiller auch nicht. Schillern schon. Gysi besteht die Prüfung – mit links. Gysi schillert. Und stets hatte Gysi auch mit Neid zu kämpfen.

War sein Entschluss 2015, nicht wieder für den Fraktionsvorsitz zu kandidieren, nicht auch von deutlicher Genugtuung einiger PDS-Mitglieder begleitet, die dem Star der Partei Ich-Propaganda, Imagepflege und Unterhaltungswert vorgeworfen hatten? Die dessen Selbstbewusstsein mehr und mehr als Frucht von Selbstvergessenheit interpretierten? »Genossen«, die in jenem erstarkenden Mittelmaß, das sie doch selber waren, ihre Chance sahen? Was ja nie ein Problem wäre, hielten solche Leute ihre eigene gekommene Stunde nicht auch noch fatalerweise für eine Chance der Partei. So sah die dann auch aus. Was man ihr heute noch ansieht.

Während unserer Gespräche erwähnte ich den italienischen Filmregisseur Federico Fellini, der gemeint hatte, jedem Menschengemüt entspräche ein Musikinstrument. Welches Instrument denn ihn, Gregor Gysi, erzähle? Er gestand, noch nie darüber nachgedacht zu haben, überlegte aber nicht lange und nannte die Mischung aus »Schlagzeug und Piccoloflöte«. Das trifft's: Polemiker und Besänftiger zugleich. Er kann Trommelstöcke schwingen und bleibt doch ein Zurückhaltender. Er pocht auf etwas, und verlässt den leisen Ton nicht. Er flötet nicht, und er bringt auch niemandem die Flötentöne bei. Es bleibe, so schreibt Bernd Ulrich, stellvertretender Chefredakteur der ZEIT, »der Anwalt Gysi immer auch der Romantiker Gregor«. Er teilt aus, aber stets obsiegt ein nahezu gütiger Ausgleichswunsch und ein Harmoniewille, der noch dort aufrechterhalten wird, wo andere – etwa in parteiinternen Konflikten – weit härtere, schärfere Töne bevorzugen und diese Entschiedenheit auch vom Elder Statesman ihrer Partei erwarten.

Er ist der Typus des Parlamentariers, »der das Richtige immer wieder vergeblich gesagt hat. Das hat seine Intelligenz geschärft, nicht beschädigt. Aber dies Vergebliche liegt auf dem, was er sagt, wie ein Film.« Schrieb der Publizist und Reporter Roger Willemsen im bereits erwähnten Buch »Das Hohe Haus«, ein Bundestag(e)buch: In allen Plenarsitzungen des Jahres 2013 saß er im Reichstag, beobachtete »das Entscheidungszentrum der Demokratie«. Er brachte nicht nur den Laptop mit auf die Besuchertribüne des Parlaments, sondern auch ein Kissen. Früh also die Erfahrung, hier müsse eine Härte abgemildert werden, die der Kopf an den Körper meldet: die Härte des Absitzens und Aussitzens. Ja, mitunter ist da auch das Gefühl, man sitze ein. Oder sei ausgesetzt: gleichsam einer Reptilisierung des parlamentarischen Gebarens – so zahlreiche Schutzpanzer, so große Zuschnappgier, so häufige Krokodilstränen, so elende Echsengeduld beim Desinteresse, so variantenreiche Lauerstellungen im trüben Wasser der Selbstgewissheit und Fraktionskumpaneien.

Während meiner Gespräche mit Gysi spielten Willemsens Beobachtungen oft eine Rolle: im Blick auf so viele Leute im Parlamentarismus, die ihr Leben der faden Gesundheit des unangreifbaren Standpunktes opfern. Gysi würde es niemals so krass sagen, wie es der Reporter sagte: »Es gibt Menschen, die laufen herum, und ihr Gesicht will nirgends hin als ins Bett.« Aber ein Buch des Linke-Politikers trägt den Titel »Was Politiker nicht sagen«, und das ist ebenfalls, aus klarer Kritik heraus, der Verweis auf eine Utopie vom öffentlichen Reden: sich nicht auszuruhen im sturen Attackieren; nicht haltzumachen im stupiden Propagieren. Stattdessen Bekenntnis zur Wahrheit, dass keine Rede klüger ist als andere Reden.

Würde diese Wahrheit beherzigt, wäre weniger Verachtung an den Mikrophonen, weniger Beleidigungstrieb in den Zwischenrufen, weniger Zerstörungslust, wenn Vertreter anderer Parteien eine Argumentation aufzubauen versuchen. Politik wäre nicht mehr nur ein Panorama von zu viel Leuten, die sich unablässig als gerechtfertigt und gerettet vorkommen. Fast ein jeder ein eigener Supermarkt, überschwemmt mit Stanzen für den schnellen Verbrauch. »Rahmenbedingungen geschaffen. Gestaltungsspielraum eröffnet. Hausaufgaben gemacht. Verantwortung übernommen.« In solch stereotyper Redeweise offenbart sich eine Daseinsnot, die süchtig danach ist, in jedem Problemfeld rasch einen Weg zu finden hin zu eigenen Verdiensten. Natürlich zügelt Gysi, der genau das oft aufspießt und anspricht, nicht seinen Hinwendungswillen. Er verteidigt, trotz allem. Und er weiß, dass der Politikbetrieb auch viel Kompetenz aufweist, Redlichkeit, Verantwortungskraft, meist dort, wo man es nicht vermutet und wo Medien nichts anlockt.

Es ist bemerkenswert, wie der deutsche Journalismus sich quotenbewusst abrackert: Für Zeitungen und Sender scheint Gysi das Auslaufmodell zu sein, das aber noch immer publikumslockend wieselt. Einerseits ist er – nach wie vor, zu jeder Zeit – eine Story wert; ich habe auf Reisen mit ihm die Häufung der Interviewanfragen und Porträtwünsche und Kommentarbitten wahrnehmen können, freundlichste Ansinnen, mitunter fast devote Anfragen, unverhohlene Sympathie. Aber andererseits, in der medialen Ausführung, schlägt dann auch gern das oberste Gebot zur Distanz durch, es wird naturgemäß am Beweis gearbeitet, journalistisch vor allem eines zu beherrschen: Entblätterung und Entwertung.

Man bedient sich an ihm, achtet aber streng darauf, nicht zu wohlwollend zu wirken. Ihn bewundern und doch auch sticheln, ihn gar belächeln, das will und muss unbedingt zusammengehen. Es ist legitim und handwerkliche Pflicht, bleibt so aber auch jenes geläufige Geschäft mit den bekannten Klischees, das Gysi kaum mehr in Wallungen versetzt, ob die Reizworte nun Stasi, oder Sahra Wagenkecht oder Entertainment oder Russland heißen. »Gysi ist aus dem Urlaub zurück und tritt braun gebrannt vor das Bundestagsplenum. Einen knappen Satz widmet er der Verantwortung Russlands für den Angriff auf die Ukraine – und schon ist Gysi mittendrin in einem unguten Geflecht aus historischen Anekdoten, juristischen Spitzfindigkeiten und moralischen Ablenkungsmanövern.« So schnell ist ein antimilitaristisches Denken diskreditiert (»Tagesspiegel«, im März 2023).

Marktplätze, etwa von Wismar und Torgau, von Bamberg und Wernigerode, Husum und Weimar, Nürnberg und Cottbus. Spaziergänge, etwa durch Kaltenkirchen und Pirna, Crimmitschau und Heringsdorf, Dresden und Bielefeld. Kulturhausgarderoben, etwa in Baden-Baden und Kiel, Pößneck und Gera. Das Warten hinter Theatervorhängen in Stuttgart und Magdeburg, München und Wismar. Oder Gespräche im Auto, wenn er denn nicht pausenlos Briefe diktiert, Akten liest oder sonst wie das Büro betreibt oder auf dem Handy »Wer wird Millionär?« und Solitaire und Skat spielt. Gysi gegen Gysi. Er mag sich als Gegner, da weiß man mit Sicherheit, ein Sieger zu sein.

Ich sehe ihn bei seinen Auftritten und frage: Wann ist ein parlamentarischer Redner wirklich bei sich selbst? Wann überhaupt ist der Mensch wirklich bei sich selbst? Und wer weiß, wie lange Gysis Partei noch den allseits Zukurzgekommenen ihre Solidarität erklären kann, aber das Wort doch ausgerechnet im Parlament nimmt, dort also, wo die Ungerechtigkeiten beschlossen und besiegelt werden. Wer weiß auch, wie überhaupt in einem Zeitalter des expandierenden Individualismus noch Chancen bestehen für kollektive Zukunftsideen. Vielleicht schafft es eine Linke irgendwann, gegen allen Anschein, eine Triebkraft kommender Frühe zu sein. Vielleicht aber stolpert sie eines Tages der Moderne hinterher wie ein überlasteter Gepäckträger mit einem Berg alter Koffer.

Alles wünschenswert Bessere dieser Welt wird von der Frage belastet sein, wie es gelingt, individuelle Weisheiten und Einsichten auf soziale Institutionen zu übertragen. Was für die einen Möglichkeitsräume eröffnet, das gilt den anderen als Arena des Scheiterns, des immerwährenden Ruins. Melancholiker und Macher, Schwermütige und Weltverbesserer, auf Abbruch Existierende und jene, denen die neuen Ufer nie ausgehen – sie alle scheinen auf zwei ganz und gar wesensverschiedenen Planeten zu leben, die aber zufällig den gleichen Namen tragen: Erde.

Einmal, es war in Lutherstadt Wittenberg, gingen wir zum Veranstaltungsort und mussten, einer frühabendlichen Demonstration wegen, einen nicht vorgesehenen Umweg einschlagen. In einer der Seitenstraßen, die nun ungeplant zu passieren waren, standen Mannschaftswagen der örtlichen Polizei. Niemand wusste, dass zufällig Gregor Gysi hier entlanggehen würde. Plötzlich öffnete sich, mit einem Ruck, die Schiebetür eines der Transporter, ein Polizist in schwerer Uniform-Montur kam in Eile und einigermaßen verblüfft heraus und hielt Gysi ein Buch hin: »Was Politiker nicht sagen«. Das lese er gerade mit Gewinn, er blätterte die Seiten vor: Vieles habe er schon angestrichen, und nun dieser unglaubliche Zufall einer Begegnung, er habe seinen Augen nicht getraut, und er bitte um eine Unterschrift.

Der Linke und der Polizist. Der Ordnungskritiker und der Ordnungshüter. Staates Opponent und Staates Schützer. Das passte in landläufig linkem Verständnis nie wirklich zusammen. Bei Gysi durchaus. Jener Moment in Wittenberg besaß etwas von Bekräftigung und Gleichnis: Den Auftrag, eine Gesellschaft zu verändern und zu erhalten, teilen sich in der Demokratie viele Geistes- und Gemütswelten, und Linkssein ist für Gysi kein Mittel, sich mit Rauschzuständen ideologischer Feindlichkeit zu versorgen. Es ist ihm eine Kunst der Mitte: von allen Seiten Lehren anzunehmen. Lob sowieso. Und so öffnen sich sogar Polizeiwagen, als öffne sich eine Festung. Und drinnen also einer, der während des Bereitseins für einen Einsatz – Gysi liest.

Gregor Dampf in vielen Gassen, die er sich zu Alleen formt. Überall zu Hause, nirgends daheim? Gysi ist populär. Wer populär ist, lebt in Resonanzen, aber nahezu ohne Chance, auch die unvermeidbare Folge jeder öffentlichen Existenz zu offenbaren: Einsamkeit. »Jeder schlägt seine Schlacht allein.« Wieder Schiller. Welche Schlacht? Wann ist sie zu Ende? Wer kämpft noch mit? Kämpfen alle, die man an seiner Seite wähnt, den gleichen Kampf? Der lesende Polizist – ich denke an den lesenden Arbeiter. Den lässt Brecht fragen, ob der große Cäsar nicht wenigstens einen Koch bei sich hatte. Alles ist kleiner, fasslicher, banaler geworden. Wir fragen, wo es in der Nähe eine Currywurst zu kaufen gibt.